HISTOIRE
DE LA
RÉVOLUTION
DE 1848

PAR GARNIER-PAGÈS

DEUXIÈME ÉDITION

TOME PREMIER
CHUTE DE LA ROYAUTÉ

PARIS
PAGNERRE, LIBRAIRE-ÉDITEUR
RUE DE SEINE, 18

1866

Tous droits de traduction et de reproduction réservés.

HISTOIRE

DE LA

RÉVOLUTION

DE 1848

DEUXIÈME ÉDITION

I

PARIS. — TYPOGRAPHIE DE HENRI PLON,
RUE GARANCIÈRE, 8.

AVANT-PROPOS.

Une monarchie est toute-puissante; elle est solidement organisée; entourée de princes, jeunes, espoir et fondement d'une longue dynastie, elle s'étaye sur une pairie choisie par elle, et sur une chambre élective dont elle gouverne la majorité; elle possède une administration vigoureusement centralisée, une armée vaillante et disciplinée; elle dispose de toutes les forces vives, de tous les trésors de la nation; par le télégraphe, elle imprime instantanément sa volonté au pays entier; par les chemins de fer, elle peut, en quelques heures, concentrer toutes les troupes éparses sur le territoire; la magistrature est dans ses mains, la justice est rendue en son nom; elle dirige les grands travaux publics; elle souffle à son gré ou la paix ou la guerre; elle préside aux destinées de l'État. — Tout à coup, cette monarchie si splendide, si richement constituée, si bien protégée par ses moyens, s'écroule et disparaît.

Pour expliquer ce phénomène en apparence impénétrable, on a voulu en trouver les causes dans les profondeurs d'une conspiration ténébreuse, éclatant comme la foudre, frappant par surprise, et brisant le trône après l'avoir renversé.

Lorsqu'on lira ce récit dicté par la conscience et non par les passions, on pourra saisir les faits à leur origine, les suivre dans leur progression logique, les analyser, les comprendre; et l'on y puisera cette conviction que la chute de Louis-Philippe a été le *suicide* de la royauté par le roi.

Écrire l'histoire de cette révolution a été pour moi non pas une vaine satisfaction, mais l'accomplissement d'un devoir, devoir immense, sacré, dont j'ai assumé la responsabilité devant la nation, devant Dieu !

Depuis longtemps j'aurais pu mettre au jour les premiers livres de mon œuvre : je ne l'ai pas voulu. J'ai cru devoir attendre que le temps eût refroidi mes impressions, pour relire et retoucher ce que j'aurais écrit sous l'influence du moment. La crainte de m'être laissé maîtriser par mes émotions n'était pas fondée; j'avais eu tellement la volonté d'être loyal envers ceux dont je combattais la politique, franc et sincère envers ceux dont je partageais les opinions, et impartial envers tous, que je n'ai rien eu à modifier dans mes appréciations. Chacun peut voir du point de vue où il est placé : historien, j'ai dû dépouiller l'homme et rendre à chacun ses paroles dans leur pureté, ses théories dans leur étendue. Loin d'avoir envenimé la polémique des partis, je l'ai adoucie sans rien lui enlever de sa vigueur. Je sais combien il est difficile de paraître juste lorsqu'on parle de ministres déchus, d'hommes d'État rentrés dans la vie privée, de dynastie proscrite. Sans rien celer des événements et des fautes qui motivèrent leur chute, j'ai fait mes efforts pour ne pas dépasser la limite, ni rester en deçà du but. Je n'ai jamais eu de fiel dans le cœur : on n'en trouvera nulle trace dans mon ouvrage.

Si, dans la crainte de me laisser entraîner, par l'animation de la lutte récente, à trop de sévérité envers un gouvernement tombé, j'ai ajourné cette publication, j'ai cru devoir également attendre avec patience l'heure de la justice pour la Révolution de 1848, pour la République qui en est sortie comme nécessité d'ordre et de liberté, pour le Gouvernement provisoire si attaqué par ses adversaires, si calomnié par ses ennemis, si méconnu par ses amis mêmes. Cette heure a-t-elle sonné? Je le crois. La justice que l'on refuse quelquefois aux vainqueurs, on l'accorde sans peine aux vaincus.

Après les phases diverses survenues depuis cette époque, on comprend mieux les difficultés des premiers jours, les travaux, les douleurs de la création. Parmi les membres du Gouvernement provisoire, les uns sont morts, épuisés de veilles, de fatigues, d'émotions; d'autres gémissent dans l'exil; les moins frappés ont repris modestement leur labeur quotidien. Tous sont sortis du pouvoir moins riches ou plus pauvres qu'en y entrant. Les gouvernants de la République de 1848, après une dictature presque absolue, se sont retirés, les mains pures, la tête haute, sans une tache d'or, sans une tache de sang. S'ils ont commis des fautes, on leur tiendra compte de la grandeur des devoirs à remplir. Ils avaient reçu la France dans une tempête violente : la royauté se suicidant; le trône détruit; l'autorité tombée dans la rue; le peuple bon, honnête, victorieux, mais prêt à se laisser emporter aux enivrements de la victoire; une crise industrielle, commerciale, métallique; le trésor vide; une dette flottante d'un milliard; une politique isolée des peuples et des rois. — Le pouvoir a été constitué, l'anarchie évitée, la peine de mort abolie, la crise éteinte par des mesures hardies, vigoureuses, sans papier-monnaie, sans banqueroute, la dette liquidée, le commerce et l'industrie sauvés par des institutions de crédit durables, et le drapeau de la France relevé plus haut que jamais en Europe.

Pour peindre le tableau d'une époque aussi variée, aussi remplie par l'infinie multiplicité des épisodes et des personnages, et dont chaque scène est un drame, j'ai senti mon insuffisance, et j'ai appelé à mon aide la coopération de tous.

Plus de mille personnes, ministres, députés, magistrats, généraux, officiers, soldats de l'armée, de la garde nationale, de la garde municipale, commerçants, ouvriers, journalistes, citoyens de tous les états, de toutes les conditions, qui ont plus ou moins participé aux faits dont je donne le récit, ont bien voulu me confier leurs témoignages. Pagnerre, secrétaire général du Gouvernement provisoire, a mis à ma disposition les notes rédigées pendant les séances du Conseil, où les pensées et les paroles saillantes de chaque membre étaient à l'instant même recueillies. Ceux de mes anciens collègues qui ne sont pas éloignés de la France m'ont communiqué leurs souvenirs. Je leur en exprime ici ma profonde reconnaissance, ainsi qu'à tous ceux qui m'ont secondé dans mes travaux, ou qui m'ont prêté le concours de leurs confidences. Cette œuvre est donc l'œuvre de tous; chacun y reconnaîtra sa page. Je n'ai eu d'autre mérite que celui d'avoir consacré douze années de ma vie à coordonner les actes et les preuves, à les grouper, à les contrôler les uns par les autres, et à en faire jaillir la vérité, claire, évidente, incontestable : la vérité, premier devoir et premier talent de l'historien.

CHUTE DE LA ROYAUTÉ.

CHAPITRE PREMIER.

Élections de 1846. — Ministère et Opposition en présence. — Organisation des partis dans la Chambre. — Organisation des forces électorales dans le pays : Comité central des élections de la Seine; son but; son influence; sa composition; sa circulaire relative aux élections signale vivement les vices de la loi électorale. — Le vote Pritchard devient une arme dans les mains de l'Opposition. — But du ministère; espoir de l'Opposition. — Manifestation et promesse de M. Guizot au banquet de Lisieux. — Attentat du 29 juillet contre le roi; il produit en province, sur les élections, un effet favorable au gouvernement; mais, à Paris, l'Opposition nomme onze députés sur quatorze. — En résumé, l'armée ministérielle compte deux cent soixante-dix membres contre cent quatre-vingts opposants. — Un nouveau groupe de députés surgit : celui des conservateurs progressistes. — Le résultat des élections réjouit également les conservateurs et les radicaux : ceux-là, fiers de leur nombre; ceux-ci, résolus à une action plus étendue et plus vive. — Ouverture des Chambres; session de dix-huit jours. — Discours du roi; son assurance sur l'avenir réservé à sa famille. — L'Opposition accuse le ministère de fraudes électorales. — Le résultat de cette session est la solidarité bien acquise du parti conservateur avec le gouvernement. — La session et le renouvellement par tiers des Conseils généraux témoignent encore de la puissance du parti conservateur; mais les élections municipales sont peu favorables à la politique du Cabinet; celles de la garde nationale lui sont hostiles. — Au cœur même de la nation le système du gouvernement est condamné. — Fraudes dans le service maritime, à Rochefort; elles sont poursuivies. — Fraudes à Toulon; incendie dans l'arsenal; l'enquête administrative, substituée à l'action de la justice, ne découvre rien. — La magistrature s'immole à la politique; elle fait de la répartition des annonces judiciaires une subvention indirecte de la presse gouvernementale dans les départements. — Autre cause de mécontentement : la disette est prédite par tout le monde, et le gouvernement, dans sa sécurité, dédaigne les avis de tous; des troubles éclatent; les Conseils municipaux, la charité publique s'inquiètent et agissent; le gouvernement fait une enquête et déclare que les esprits doivent être rassurés; les troubles continuent. — Nouveau sujet d'inquiétude : sous la triple influence de la disette, de l'augmentation des dépenses et du système d'exécution appliqué aux chemins de fer, une crise financière se déclare; déficit du budget; insuffisance de l'épargne; nécessité de spéculations; engouement pour les valeurs; pénurie de la Banque; dépréciation des valeurs. — Situation de l'Europe : Russie; Prusse; Autriche; puissances secondaires; Suisse et Sonderbund; Angleterre. — Politique des Bourbons de France sur l'Espagne; projet des mariages espagnols; négociations, à Eu, avec lord Aberdeen; bases et réserves posées par l'Angleterre; lord Palmerston succède à lord Aberdeen; polémique injurieuse de la presse anglaise contre Louis-Philippe; division entre les deux Cabinets; les mariages espagnols se concluent au détriment de l'alliance anglaise. — L'Europe profite de cette mésintelligence : la Russie prête son appui au mariage du duc de Bordeaux avec la princesse de Modène; la Prusse, l'Autriche et la Russie suppriment la République de Cracovie. — L'année 1846 finit sous ces sombres auspices.

I

La Chambre nommée en 1842 avait duré quatre ans. Contraires ou favorables, les événements de cette période n'avaient cessé d'affermir la situation parlementaire du Cabinet, que MM. Guizot et Duchâtel dirigeaient avec une autorité de plus en plus égale, sous la débile présidence du vieux maréchal Soult.

La Chambre, au contraire, s'était chaque jour plus affaiblie, et par sa durée et par ses votes. Un renouvellement intégral était devenu indispensable : les élections générales furent fixées au 1er août 1846.

Quel en serait le résultat? Le gouvernement, ses amis et ses ennemis le connaissaient d'avance. Comme en 1842, le terrain de la lutte était circonscrit dans les bornes les plus étroites; comme en 1842, les questions parlementaires n'intéressaient que les surfaces, et ne touchaient directement ni le cœur du pays ni ses entrailles; comme en 1842, les hommes qui détenaient l'autorité étaient résolus à agir sur les mêmes éléments, par les mêmes moyens. Donc, comme en 1842, les intérêts personnels, surexcités et satisfaits, donnaient la certitude d'un Parlement assoupli à toutes les directions du pouvoir.

II

L'Opposition toutefois ne se découragea point : à la circulaire publique du ministre de l'intérieur aux préfets, elle répondit par ses manifestes; à l'action occulte de l'administration, par une activité, des efforts, une discipline jusqu'alors inconnue, désormais inébranlable.

Dans la Chambre, quatre groupes distincts correspondaient aux grandes divisions de l'esprit et des intérêts publics dans le pays : le centre gauche, la gauche dynastique, l'extrême gauche ou les radicaux; enfin, le parti légitimiste.

Les deux premières fractions, qui, depuis quelques années, se rapprochaient chaque jour davantage par l'analogie de leurs sentiments, de leurs espérances, de leurs interprétations dogmatiques, se fondirent dans un même comité.

L'action des radicaux parlementaires, nécessairement distincte, se combina néanmoins avec celle du comité de la gauche, dans des rapports constants dont la loyauté réciproque ne se démentit jamais.

Il n'en fut pas ainsi des légitimistes. Le secours que

les radicaux leur avaient partout apporté, dans une circonstance récente où leur honneur se trouvait en jeu, ne fut point reconnu. Par des causes qui tenaient à une décomposition intérieure, dont les effets devaient éclater plus tard, fâcheusement pour la République et surtout pour lui-même, le parti légitimiste combattit partout les candidatures radicales : celles notamment de M. Dupont de l'Eure, du général Thiard, de M. Garnier-Pagès, etc.

III

En dehors et à côté de cette organisation des forces parlementaires, se constituait en même temps l'organisation des forces électorales. Sous le nom modeste de *Comité central des électeurs de la Seine*, quelques hommes intelligents ressuscitaient, à vingt années de distance, le comité de la Société *Aide-toi, le ciel t'aidera,* c'est-à-dire un centre où devaient venir se rencontrer, se combiner, s'entraîner dans un mouvement identique, les principes, les idées, les aspirations, les indignations, les dévouements, qui sont l'âme, le cœur, la vie même de la démocratie moderne, et sa raison d'être.

Le Comité central, composé de délégués élus par les comités électoraux de chacun des arrondissements du département, résumait et représentait ainsi toutes les nuances libérales et démocratiques. Réunies, et non confondues, sous le drapeau commun de la souveraineté du peuple, les différentes forces de l'Opposition à Paris servaient de lien et de stimulant aux diverses fractions de l'Opposition parlementaire. Bientôt la puissance du Comité central allait éclater au dehors, et rayonner sur toute la France. Esprit de conciliation ou calcul, le parti radical y était inférieur en nombre; mais son activité lui en assurait la direction. Le bureau, formé de cinq membres, lui appartenait presque entièrement : M. Pinguet, riche négociant, y représentait seul l'Opposition dynastique; MM. Recurt, vice-président; Pagnerre, secrétaire; Labélonye, trésorier; et Demennynck, vice-secrétaire, s'étaient dès longtemps signalés par leurs opinions radicales.

La circulaire du Comité relative aux élections fut d'une habileté remarquable. Elle se bornait à mettre en lumière, mais avec une science des détails et une précision jusque-là vainement cherchées, les anomalies, les non-sens, les vices, les iniquités de la loi électorale. Cent vingt mille électeurs ne nommaient que cent quatre-vingt-un députés, tandis que quatre-vingt-dix-huit mille en nommaient deux cent soixante-dix-huit! La majorité parlementaire était donc en minorité non-seulement dans le pays, mais dans le corps privilégié des censitaires, dans ce qu'on appelait alors le pays légal! Comment maintenir plus longtemps une telle inconséquence? Perpétuer de si criants abus, n'était-ce pas semer dans les consciences les germes d'une explosion inévitable?

IV

La presse indiqua un autre terrain de combat non moins redoutable pour le parti conservateur. Toute la politique extérieure de ce parti s'était pour ainsi dire condensée en un vote, acte de réparation juste suivant lui, acte de faiblesse suivant l'Opposition, et qui restera, dans les souvenirs de l'histoire, sous ce nom fameux : « L'indemnité Pritchard. » Les Pritchardistes ! Cette appellation de dédain, devenue une arme de lutte, désigna aux colères du patriotisme les députés auxquels on reprochait ce vote. L'Opposition adopta pour ses candidats, sans tenir compte de leur origine ni de leurs affinités, tous ceux qui avaient refusé de le subir. En vain, les journaux du gouvernement s'épuisaient en efforts pour arracher le trait empoisonné; il fut maintenu malgré une défense habile et prolongée.

V

Ainsi préparée, la lutte devait être ardente. Conquérir la majorité du corps électoral, assurer définitivement sa prépondérance politique et sociale par l'universelle influence d'une administration partout présente, dominer les électeurs par les intérêts, soumettre les esprits par la peur, c'étaient là le but et l'espoir du ministère.

L'Opposition de gauche espérait encore arrêter le mouvement qui entraînait hors de sa sphère la monarchie constitutionnelle, et la sauver en l'épurant, en lui rendant la moralité et la dignité.

Pour les partis hostiles, ils avaient au fond du cœur la pensée que cette monarchie jouait son dernier enjeu, et que la victoire même lui serait plus fatale que la défaite.

A la veille du vote, le chef réel du Cabinet, M. Guizot, jugea utile une évolution qui parut étrange. Soit condescendance pour ceux des siens dont la qualification de conservateurs-bornés offensait les principes ou la vanité, soit peut-être quelque inconsciente perception de la vérité des choses, on le vit emprunter à l'Opposition ses armes, son langage. Décidé à ne rien accorder, il osa, dans un banquet, s'engager et dire aux électeurs de Lisieux, dont il était le député : « L'Opposition vous promet le progrès : le parti conservateur est seul en mesure de vous le donner. » Paroles imprudentes, puisqu'elles n'étaient pas sincères, qui donnèrent lieu à des discussions retentissantes! Manifestation plus imprudente, puisqu'elle autorisa cette série de banquets qui, l'année suivante, promena dans tout le pays les revendications du patriotisme, et précipita vers une révolution le mouvement des esprits et des colères soulevées.

VI

Lorsqu'un événement est décidé dans les décrets de la Providence, tout y sert. Un acte de folie vint seconder l'action, déjà irrésistible, du Cabinet sur les élections. On était au 29 juillet. La population, répandue dans Paris et principalement aux alentours des Tuileries, célébrait la fête de la Révolution ou celle de la dynastie. Entouré de sa famille, le roi vint au balcon du palais s'offrir aux applaudissements et à la curiosité. A ce moment, deux coups de pistolet partent du jardin. Était-ce un crime? On le crut à la première minute ; mais, quelques instants après, le gouvernement était détrompé. Le lendemain, Paris savait, et l'instruction de la Cour des pairs le démontra plus tard, que Joseph Henri était un malheureux insensé, non un assassin.

VII

Instruits à la hâte par le télégraphe, les préfets font afficher dans tous les colléges électoraux la nouvelle du forfait. Aucun d'eux n'en indique ni l'origine ni le vrai caractère. Plusieurs même l'accompagnent de proclamations sinistres. Sous cette impression, les cœurs s'indignent, les esprits s'émeuvent, l'opposition s'émousse. La majorité se modifie dans un certain nombre de villes, surtout dans celles où l'égalité des forces nécessite un second ou un troisième jour d'élection.

A Paris, la vérité sur-le-champ connue ne permit point ce trouble des consciences. La victoire de l'Opposition y fut complète. Sur quatorze mille votes, elle en réunit plus de neuf mille ; sur quatorze députés, elle en nomma onze. Dans deux arrondissements, elle ne fut battue que de quelques voix. Le second arrondissement de Paris était alors celui qui, dans toute la France, comptait le plus grand nombre d'électeurs. Centre principal des richesses de la capitale, il renfermait dans son sein l'état-major de la finance, de la banque, de l'industrie, du commerce. Depuis 1830, le parti conservateur y avait constamment gardé la majorité. Il la perdit cette fois. Après une lutte de deux jours, le candidat de l'Opposition, M. Berger, l'emporta de quatre-vingts voix sur M. Jacques Lefebvre, député sortant et candidat conservateur. C'était un avertissement significatif, un trait de lumière projeté sur la situation : le gouvernement aima mieux s'irriter que voir.

Le ministère se consola de son revers à Paris par sa

victoire dans les départements. Sa majorité sortit de l'urne plus nombreuse qu'auparavant. Son armée comptait plus de deux cent soixante-dix membres contre cent quatre-vingts ; l'élément le plus souple, celui des fonctionnaires, était encore accru.

VIII

Les élections avaient donc empiré le mal au lieu de le guérir. Le seul principe d'amélioration que les hommes prévoyants découvraient dans la nouvelle majorité, c'était un groupe (cent neuf) de députés nouveaux. Sans autre entrave que le patronage ministériel, sans engagements personnels avec les actes de la précédente législature, libres encore des entraînements que crée l'esprit de corps dans les partis, on pouvait espérer qu'ils apporteraient quelque modification salutaire à la direction générale des affaires. C'était parmi eux surtout que devait se recruter cette fraction du parti conservateur dont la prudence s'effrayait d'une immobilité systématique au milieu d'une société pleine de mouvement. Prenant au sérieux le discours de Lisieux, ils réclamaient des changements devenus nécessaires, et s'intitulaient conservateurs progressistes. Le journal *la Presse* était leur organe. Mais leurs dispositions, leurs espérances et leurs discours n'avaient d'autre pouvoir que d'aigrir contre eux l'esprit de leurs chefs. Ceux d'entre eux qui avaient quelque expérience savaient bien d'ailleurs que rien ne prévaudrait contre les exigences obstinées qui dominaient M. Guizot lui-même. Et celui-ci, en effet, se préparait à écraser de son docile dédain les prétentions des progressistes, dès qu'elles se produiraient à la tribune. Naïveté ou trahison, tel était le double écueil où devait se briser cette louable mais impuissante velléité.

IX

Deux classes d'hommes se réjouirent également du résultat des élections : les conservateurs et les radicaux ; ceux-ci plus clairvoyants que ceux-là. Au dire des premiers, « les vœux du pays étaient manifestes et ses volontés péremptoires. Pendant quatre années, les partis hostiles n'avaient cessé de prétendre qu'ils avaient la majorité dans la nation. La nation consultée venait de leur répondre par un vote écrasant ! »

Tout ce qui efface les nuances intermédiaires profite aux extrêmes. C'était là le résultat le plus évident des élections. Affaiblie dans le pays légal, diminuée dans la Chambre, l'Opposition de gauche sentait fuir sous ses pieds le terrain parlementaire. Un seul moyen lui restait : laisser à l'écart les vaines tactiques, les intrigues de couloir ; faire appel aux principes ; susciter les passions généreuses, les nobles sentiments, les grandes idées de liberté ; reconquérir enfin dans la nation la position définitivement perdue au sein de la Chambre ! Le parti radical le comprit avec l'infaillible vivacité de l'instinct ; et il mit à pratiquer ce plan une habileté qu'il n'a pas toujours retrouvée depuis.

X

La session devait être uniquement consacrée à la vérification des pouvoirs. Elle s'ouvrit le 17 août, et dura dix-huit jours. Le discours de la couronne n'eut de remarquable que l'assurance avec laquelle le roi, jetant sur sa politique un regard satisfait, parla de l'avenir réservé à sa famille.

De violents débats succédèrent immédiatement. L'Opposition accusa le ministère de fraudes monstrueuses dans les élections de Cosne, d'Embrun, de Vendôme, de Quimperlé. Les faits les plus graves de corruption publique et privée furent signalés. La majorité couvrit tout de ses votes complaisants. Une seule élection, celle de Quimperlé, fut cassée, après un jugement de cour d'assises.

De ces discussions rapides resta un fait capital, la solidarité du parti conservateur. Désormais, la majorité était liée au gouvernement. Elle devait vivre avec lui, tomber avec lui, et tout entraîner dans sa chute.

XI

Toutefois, quelles que fussent à cet égard les prévisions des hommes sages, tout semblait tranquille au dedans. La session des Conseils généraux, ouverte immédiatement après la clôture de la Chambre, montra le parti conservateur également puissant dans ces assemblées secondaires. Le renouvellement par tiers qui se fit en novembre ne le diminua point.

Il n'en fut pas tout à fait de même des élections municipales, qui eurent lieu à la fois dans toute la France. En général, les présentations furent peu favorables à la politique du Cabinet.

Les élections de la garde nationale, qui s'accomplissaient en même temps, offrirent un caractère d'hostilité encore plus marqué. Les divers comités de la gauche et de l'extrême gauche, le Comité central, la presse, voyaient dans ces élections le moyen d'opposer la nation au pays légal et de prendre sur ce plus large terrain une éclatante revanche des échecs parlementaires. Presque partout, le succès répondit aux efforts; à Paris, la victoire fut complète.

Ainsi, plus on plongeait dans les entrailles de la nation, plus on découvrait la faiblesse des racines du pouvoir. Vigoureux à la surface, au fond les sources de sa vie se tarissaient. Ce qui en restait s'épuisait encore par la déconsidération successive des agents secondaires de toutes les parties de l'administration et de la magistrature elle-même.

XII

Des fraudes considérables ayant été découvertes, à Rochefort, dans la manutention des vivres de la marine et dans diverses branches du service maritime, il fut constaté qu'elles remontaient à une époque déjà éloignée. Trente-quatre accusés avaient été renvoyés devant la justice : parmi eux, plusieurs fonctionnaires publics, assez haut placés dans la hiérarchie.

Ici au moins la justice avait pu sévir. Mais on rappelait avec amertume que des fraudes semblables ou plus graves avaient été signalées dans l'arsenal de Toulon; qu'en exécution d'une loi nouvelle, des inspecteurs étaient partis avec mission de vérifier et d'établir les comptes du matériel; que, le jour même de l'arrivée de ces commissaires à Marseille, 1er août 1845, un incendie terrible avait subitement éclaté au Mourillon, dévorant, dans l'espace de quelques heures, pour plusieurs millions de francs de bois de construction. Cet incendie était-il le résultat d'un accident ou d'un crime ? Le feu simultanément aperçu sur plusieurs points à la fois, des traces de matières incendiaires trouvées dans les décombres, fournissaient la preuve du crime. Quels en étaient les auteurs ? Sur les ordres du gouvernement, l'action de la justice s'était arrêtée aux portes de l'arsenal. Une enquête administrative ne découvrit rien. Et, par cela même que les coupables étaient inconnus, le soupçon public les chercha partout.

Quant à la magistrature, une loi politique lui avait fait un présent funeste. Chargée de désigner, chaque année, les journaux auxquels serait dévolu le droit d'insérer les annonces judiciaires, elle immolait, chaque année, la justice à la politique. L'intérêt général exigeait que ces annonces fussent publiées par les feuilles les plus répandues : la magistrature les attribuait exclusivement aux journaux ministériels, quelque restreinte que fût leur publicité. Partialité fatale autant qu'inique, dénoncée au début avec une clairvoyance divinatoire par Garnier-Pagès l'aîné, audacieusement contestée par les ministres avec les engagements les plus solennels, et qui, dénaturant l'action des magistrats, compromettait leur autorité morale.

XIII

D'autres causes de mécontentement s'amoncelaient ailleurs. Quand un peuple est exclu de la vie politique, il peut pardonner provisoirement cette usurpation de ses droits à celui qui se préoccupe sérieusement de sa vie matérielle. C'est là le secret de tous les despotes ; et quelques-uns y ont réussi. Mais étouffer à la fois la vie politique, la vie morale et la vie matérielle, nul n'aura jamais une telle puissance. Or, le gouvernement de Louis-Philippe, uniquement soutenu par des privilégiés, était accusé par l'Opposition de montrer dans toutes les questions qui intéressaient la dignité ou le bien-être des classes populaires la plus grande indifférence. Ainsi, des rumeurs, vagues d'abord, puis de plus en plus consistantes, dénonçaient une insuffisance de récolte qui pouvait rendre l'hiver désastreux pour les pauvres. Averti, sollicité, pressé de pourvoir à la terrible éventualité d'une disette, le ministère dédaignait ces avis quand il ne les traitait pas de factieux. Le prix des grains commençait à monter d'une manière alarmante ; la subsistance même de la nation se trouvait menacée. Le ministère s'obstinait dans la sécurité.

Dès les premiers jours d'octobre, dans Paris et sur d'autres points du royaume, des troubles éclatèrent, causés par la cherté progressive du pain. Cependant le prix des blés montait de jour en jour ; à la fin du mois, il était en moyenne à 26 fr. 36 c. l'hectolitre. Les troubles redoublèrent. Immédiatement et partout, les municipalités essayèrent de pourvoir au péril. A Paris, le Conseil municipal vota les fonds nécessaires pour maintenir le prix du pain à 40 centimes le kilogramme. Mais la hausse persiste ; le mal s'étend ; la prévoyance municipale et la charité privée deviennent insuffisantes ; de plus larges mesures sont indispensables ; on les sollicite de toutes parts ; on réclame la libre importation des grains étrangers ; on fait observer que le moment approche, si même il n'est déjà venu, où les glaces supprimeront les arrivages de la Baltique, comme les tempêtes ceux de la mer Noire. Le ministère répond que la pénurie n'est pas à craindre, que le produit de la récolte n'est pas encore officiellement connu, que les résultats de l'enquête préliminaire ordonnée par l'administration sont de nature à rassurer les esprits.

Personne ne fut rassuré. La disette gagna de proche en proche. L'imprévoyance du gouvernement et son insouciance, dans une question où la vie matérielle du peuple se trouvait en jeu, furent de plus en plus clairement démontrées. Les troubles continuèrent; la haine s'accrut.

XIV

En même temps s'annonçait, par des symptômes redoutables, une crise financière qui se développa rapidement, qui atteignit plus tard des proportions terribles, et dont le gouvernement de cette époque portera la responsabilité devant l'histoire, d'autant plus justement qu'il n'en a pas porté le poids.

Cette crise était due à trois causes principales : l'augmentation toujours croissante des dépenses de l'État, la disette, le système adopté pour l'exécution des chemins de fer.

En 1830, le budget s'élevait à 1 095 millions; en 1840, à 1 179 millions; 1846 l'avait vu monter à 1 606 millions. Et de 1840 à 1846, malgré un accroissement de recettes évalué chaque année à 40 millions en moyenne, l'ensemble des excédants des dépenses sur les recettes avait atteint le chiffre de 433 millions.

La disette, par la nécessité d'achats considérables

de grains à l'étranger, avait occasionné une immense exportation de numéraire.

Quant aux chemins de fer, un gouvernement sage les eût créés successivement; il eût porté d'abord toute son action sur les deux grandes lignes du nord au midi et de l'est au sud-ouest; il se fût bien gardé surtout d'abandonner à des compagnies de capitalistes le monopole de l'industrie des transports. Mais le gouvernement de Louis-Philippe cédait à d'autres conseils. En vue d'une influence électorale, il éparpillait sur tous les points du territoire à la fois l'apparence d'une entreprise universelle. Sous une funeste pensée de reconstruction aristocratique, il aliénait, au profit de quelques corporations puissantes, la plus précieuse portion du domaine public et l'un des premiers attributs de la souveraineté.

De là des conséquences désastreuses, presque immédiates. En moins de deux années, les compagnies avaient demandé à la Bourse 1 300 millions et le Trésor un emprunt de 200 millions; soit 1 500 millions. A la fin de 1846, 600 millions avaient déjà été encaissés; 900 millions restaient à réaliser. Il fallait, en outre, pourvoir à 1 milliard de travaux publics entrepris par l'État.

Et ces chiffres n'étaient point encore les chiffres vrais! Deux sources conduisent les capitaux sur le marché: l'épargne, la spéculation. Quand l'épargne ne suffit point, la spéculation supplée. Or, en 1846, la France était loin d'avoir épargné 1 500 millions; la spéculation se déchaîna. Les actions, valeurs réelles, mais qui ne reposaient encore que sur des probabilités plus ou moins élastiques, furent enchéries à des taux fabuleux. Riches, pauvres, avares, prodigues, rentiers, propriétaires, industriels, commerçants, tous furent envahis par la folie du jeu. Ce fut, non pas une circulation, mais un déplacement de richesses immense, subit, déréglé. Trouble profond dans les fortunes, dans les salaires, dans les consciences! A la vérité de situation il fallut substituer la fiction; aux forces réelles de la production, des forces empruntées; à ces flots d'argent que la tempête avait détournés de leur cours, une circulation artificielle et de complaisance réciproque.

La Banque, récipient impulseur et régulateur du mouvement des capitaux sérieux, ressentit elle-même le contre-coup. Du 1er juillet 1846 au 1er janvier 1847, son encaisse diminua de 172 millions. Ses besoins continuent; le numéraire va manquer; elle est réduite à négocier à Londres un emprunt de 25 millions en lingots, qu'elle fait venir à Paris. Elle augmente simultanément de 1 pour cent le taux de ses escomptes.

Nouvelle cause de crise : le crédit se resserre; le commerce et l'industrie languissent; les marchandises invendues s'accumulent dans les magasins. Alors la scène change. Le doute succède à l'enthousiasme; les imaginations se refroidissent; on se demande ce que valent en réalité ces deux milliards d'actions qui surchargent le marché; la peur pénètre; elle déprécie outre mesure ces mêmes valeurs que l'engouement avait démesurément grossies. La baisse se précipite; les rentes elles-mêmes sont entraînées; le crédit général fléchit; et déjà ceux dont la vue a plus de portée entrevoient quelque inévitable désastre.

XV

Quel était cependant l'état de l'Europe? La Russie, tête et bras de l'absolutisme, était ouvertement hostile. La Prusse, occupée de ses difficultés intérieures, demeurait neutre pour le moment. L'Autriche, sous un vieillard sceptique et fatigué, se prêtait aux transactions. Les puissances inférieures obéissaient aux diverses influences de leurs intérêts, de leurs goûts, de leur voisinage, du mouvement des esprits. Un seul État se troublait, la Suisse. Sous le prétexte peu sincère d'une question religieuse, sept cantons, tous catholiques, avaient entrepris de former une ligue particulière séparée du reste de la Fédération. Cette ligue, le Sonderbund, soumise aux inspirations de l'Europe, était favorisée par le ministère français. Avec l'Angleterre, les relations du gouvernement de Louis-Philippe, d'abord intimes, presque subordonnées, bientôt hésitantes, puis délicates, devenaient enfin menaçantes. Les causes de froideur venaient d'Espagne. Elles remontaient aux interprétations du traité de la quadruple alliance, et elles allaient s'aggraver par une question plus grosse d'intrigues que d'importance : le mariage de la jeune reine, Isabelle II.

Pour quiconque étudie l'histoire sans préoccupation des idées reçues, c'est une question très-douteuse de savoir si l'accession de la maison de Bourbon au trône d'Espagne n'a pas été également funeste à ce pays et à la France. La politique de Napoléon, calquée sur celle de Louis XIV, éclaire ce problème d'une lueur sinistre. Par tradition de famille et de pensée, Louis-

Philippe échauffait dans son cœur, sous une triple passion de roi, de père et de vieillard, le projet d'obtenir pour son plus jeune fils, M. le duc de Montpensier, la main de la reine Isabelle, ou du moins celle de sa sœur, l'infante Luisa-Fernanda. Le gouvernement anglais croyait avoir un intérêt contraire. Depuis quatre ans, la question s'agitait incidemment, par intervalles. Des prétendants étaient tour à tour mis en avant, puis écartés, lorsque, dans une visite de courtoisie, faite au château d'Eu par la reine Victoria, le roi, estimant favorable cette occasion d'hospitalité, posa définitivement la question. Elle fut débattue entre lord Aberdeen et M. Guizot, sur les bases suivantes : L'Angleterre n'admettait pas plus en 1846 qu'elle ne l'avait admis en 1702, que les deux couronnes de France et d'Espagne pussent être un jour réunies sur la même tête. Vaine prévision assurément! Elle n'admettait pas non plus un accroissement de la puissance française en Espagne par l'accès direct d'un prince français au pied du trône. En conséquence, elle repoussait formellement toute idée de mariage du duc avec la reine. Pour la main de l'infante, le gouvernement britannique ne signifiait aucune exclusion; mais, dans le but de sauvegarder contre toute éventualité les conséquences du traité d'Utrecht, il demandait que ce mariage fût consommé alors seulement que la reine d'Espagne aurait un héritier, par qui la succession au trône serait garantie contre l'avénement de la famille d'Orléans.

Au dire des ministres anglais, whigs et tories, ces bases furent acceptées par M. Guizot et par le roi lui-même, qui prit l'engagement personnel d'y conformer sa politique. Peu rassurée cependant, l'Angleterre observait d'un œil inquiet et Madrid et Paris : elle craignait un manque de foi. Croyant avoir à se plaindre des procédés du roi, la reine Victoria retirait cette affection respectueuse qu'elle avait souvent témoignée. Déjà les relations diplomatiques s'embarrassaient, lorsque, le 1ᵉʳ juillet 1847, les tories furent remplacés par les whigs. A lord Aberdeen succédait lord Palmerston.

Ce ministre, homme éminent, d'une susceptibilité ombrageuse pour tout ce qui touche à la grandeur de son pays, qu'il aime passionnément, avait contre M. Guizot et contre le roi, outre les griefs publics, des rancunes particulières qu'un récent voyage à Paris n'avait point adoucies. Contenue d'abord, son hostilité éclata dans la presse anglaise, notamment dans des articles du *Times* attribués à un des membres du Cabinet whig, jadis ambassadeur en Espagne. Cette polémique, dirigée contre la personne du roi, devint tellement directe et furieuse, que les journaux français, ne pouvant la reproduire, durent se borner à en indiquer le sens. Pour être plus polies, les relations officielles entre les deux gouvernements n'en étaient pas moins aigres. Reprenant, mais avec une roideur cassante, la politique de lord Aberdeen, lord Palmerston insistait pour que le mariage de M. le duc de Montpensier avec l'infante n'eût lieu qu'après la naissance d'un héritier de la reine. S'autorisant de cette hostilité, M. Guizot équivoquait sur les engagements du château d'Eu. Asservi à la passion du roi, il parlait, comme le vulgaire des courtisans, de la grande politique de Louis XIV, fermait les yeux sur les périls de cette politique, poursuivait les négociations avec une ardeur fébrile, et sacrifiait, pour un mince profit de famille, cette alliance anglaise à laquelle il avait lui-même fait de si grands et de si douloureux sacrifices. En même temps il prenait avec son antagoniste un ton de hauteur étrange.

Cependant, le duc de Montpensier partit pour Madrid. Le 10 octobre, son mariage avec l'infante eut lieu à l'Escurial, une heure après celui de la reine. L'alliance anglaise était définitivement rompue.

XVI

Attentive aux progrès et à l'éclat de cette mésintelligence, l'Europe en profite sans délai.

Sous les auspices patents de l'empereur de Russie, on vit se consommer le mariage du chef de la maison de Bourbon avec une princesse de Modène. Menace non douteuse à la dynastie d'Orléans! excitation nouvelle aux partisans de la légitimité contre l'usurpation!

Autre conséquence plus grave : La République de Cracovie subsistait, garantie par les traités de 1815; elle inquiétait ses trois puissants voisins, comme un remords et comme une espérance. Moins d'un mois après les mariages espagnols, la Prusse, l'Autriche et la Russie, sans en référer aux puissances signataires, supprimaient ce dernier débris de la nationalité polonaise. Cet attentat émut profondément l'Europe : les petits États se troublèrent; l'Angleterre protesta énergiquement, la France mollement. De ces deux protestations isolées, les trois puissances tinrent un égal compte : les trois chancelleries en accusèrent réception.

Telles étaient les circonstances assez sombres au milieu desquelles finissait l'année 1846. La société française abordait cette série d'épreuves et de souffrances qu'elle n'a pas encore épuisée!

CHAPITRE DEUXIÈME.

Ouverture de la session de 1847. — Le discours du roi, plein de sérénité, est d'un laconisme étudié; la presse radicale en signale les faiblesses; la presse ministérielle et le Corps diplomatique étouffent ces critiques sous leurs flatteries. — Aveu et explications du ministère relativement à la crise. — L'encaisse de la Banque diminue de 100 millions en trois mois. — Le ministère demande à élever de 65 millions le chiffre des bons du Trésor; il se déclare, d'ailleurs, tout à fait rassuré. — Déficit de 243 millions dans le budget. — Cherté du blé; troubles; meurtre de Buzançais; répression par les armes et par l'échafaud; le gouvernement s'emploie enfin à l'importation des subsistances. — Discussion sur les mariages espagnols dans les Chambres : cette question partage l'Opposition; un nouveau groupe de députés se forme sous la conduite de MM. Dufaure et Billault; une majorité considérable donne raison au système du gouvernement. — La fortune politique de Louis-Philippe est à son apogée. — Sans attendre la discussion du budget, M. Duvergier de Hauranne interpelle le gouvernement sur l'état des finances; son amendement est repoussé. — L'Adresse est votée par 248 voix contre 84. — Nouvelle gloire du gouvernement : lord Normanby et M. Guizot se réconcilient sous l'influence de l'ambassadeur d'Autriche; et le czar achète à la Banque de France 50 millions de rentes. — Mort de M. Martin du Nord; M. Hébert lui succède au ministère de la justice; ce choix paraît un acte de colère; la Chambre y répond en remplaçant à la vice-présidence M. Hébert par M. Léon de Malleville; irritation du Cabinet et violentes attaques de la presse ministérielle. — Réforme électorale : proposition Duvergier de Hauranne; M. Duchâtel nie l'existence même de la question en dehors de la Chambre; M. Guizot prétend que le progrès est dans la modération des excès de la liberté, et il fait la leçon aux conservateurs progressistes; la proposition est rejetée par 252 voix contre 154. — Réforme parlementaire : proposition Rémusat; exclusion des officiers et des fonctionnaires des maisons du roi et des princes; hostilité de M. Thiers contre la Cour; la proposition est rejetée par 219 voix contre 170; cent vingt-neuf fonctionnaires ont voté dans cette majorité déjà diminuée. — Le parti radical entrevoit son triomphe dans ces défaites. — Paroles de M. Garnier-Pagès à M. Guizot. — Impuissance du Cabinet; M. Desmousseaux la caractérise : Rien! rien! rien! — Échafaud de Buzançais. — La session de la Chambre devient une session de Cour d'assises. — Malversation dans la manutention des vivres de la guerre, à Paris; vols dans les fournitures de l'État; sévices et désordres de l'administra-

CHAPITRE DEUXIÈME.

tion navale, signalés par MM. d'Angeville et Benoit Fould; la majorité couvre le ministère. — Affaire Teste et Cubières. — Modification ministérielle : M. Guizot sacrifie les trois ministres qui ont le plus souffert dans les discussions parlementaires; résistance de M. Lacave-Laplagne; la nomination des trois nouveaux ministres paraît dans *le Moniteur* du 10 mai; ils sont pris tous les trois en dehors des Chambres; mécontentement des conservateurs; le roi et les ministres les apaisent ainsi que M. Lacave-Laplagne; et le ministère est définitivement constitué; c'est le dernier de la monarchie de Juillet. — Satisfaction des radicaux en voyant pousser à ses derniers termes le système gouvernemental. — Création de prélats de cour, de nobles. — La Chambre des pairs s'émeut de l'atteinte portée à sa dignité dans un article de *la Presse*, signé par M. Émile de Girardin, qui accuse en même temps le ministre de l'intérieur d'actes de corruption; elle demande à la Chambre des députés l'autorisation de faire paraître M. de Girardin à sa barre. Dans la discussion sur cette autorisation, M. de Girardin soutient hardiment ses accusations; MM. Duchâtel et Guizot lui répondent; la Chambre des députés accorde l'autorisation; la Chambre des pairs acquitte M. de Girardin; il revient à la Chambre des députés soulever et raviver le débat par de nouvelles accusations; il demande une enquête ou une information judiciaire; sur la proposition de M. de Morny, 225 voix contre 102 lui répondent en se déclarant satisfaites des explications fournies par le Cabinet. — Discussion sur l'Algérie : elle dévoile de nouveaux désordres. — La majorité commence à se refroidir. — Le ministère, qui avait favorisé l'insurrection catholique en Suisse, combat l'insurrection libérale en Portugal. — Coupes abusives dans les forêts de la Liste civile. — Fraudes de l'agent comptable de l'hospice du Gros-Caillou. — Jugement et condamnation de MM. Teste, Cubières, Parmentier; la presse ministérielle s'empresse de faire valoir la haute conduite de la justice dans cette affaire. — Discussion du budget : déficit énorme; précautions et alarmes de la majorité; demande et vote d'un emprunt de 350 millions. — Chute de tous les projets de loi d'affaires. — Dernière révélation de concussion faite par *le National*. — Les *Débats* résument avec tristesse toute la session.

I

SESSION DE 1847.

Le roi, en personne, ouvrit la session, le 11 janvier. Il aimait ces occasions solennelles de montrer en public que le temps n'avait point d'empire sur sa verte vieillesse. Entouré de cette brillante famille qui était sa confiance et son orgueil, il semblait avoir même oublié les certains avertissements de la mort. Son discours, empreint d'une sérénité imperturbable, ne contenait que deux paragraphes importants : l'un relatif aux mariages espagnols, l'autre à l'incorporation de Cracovie. Se bornant à annoncer aux Chambres le mariage de son dernier fils, le roi négligeait d'en indiquer les conséquences diplomatiques. Plus explicite sur la question de Cracovie, il faisait savoir que son gouvernement avait protesté « contre cet événement inattendu, contre cette infraction aux traités, qui changeait l'état de choses fondé en Europe par les traités de Vienne. »

Par une coïncidence étrange, où l'antique superstition aurait cherché quelque présage, le message du président de la République des États-Unis arriva le même jour à Paris. La franchise et l'étendue de ce document formaient avec le laconisme étudié du discours royal un contraste significatif que la presse républicaine ne manqua pas de signaler. Mais la presse ministérielle répondait par des éloges enthousiastes ; et, parlant au nom du Corps diplomatique, dans la réception du 1ᵉʳ janvier, le Nonce avait prodigué au roi les louanges et les flatteries.

II

La vérité, par malheur, était moins flatteuse. Dans le budget de 1848, présenté le lendemain, le ministère avouait, en les dissimulant, les effets de la crise financière sur l'industrie, le commerce et l'agriculture. Il en donnait pour causes la disette, les inondations, la dépression des rentes et des actions industrielles. Quant à la crise métallique, il cherchait aussi à expliquer, par des raisons autres que les vraies, la situation de la Banque, dont l'encaisse avait baissé de 100 millions en trois mois (1er octobre 1846, 163 millions; 31 décembre, 63 millions). Pour parer aux difficultés immédiates, il demandait l'autorisation d'élever de 210 à 275 millions le chiffre des bons du Trésor. Il terminait en déclarant, avec un optimisme bien étrange s'il était sincère, que dans peu les traces des rigueurs de la Providence auraient disparu. Cependant le budget présenté s'élevait à 1 368 millions pour le service ordinaire, à 176 millions pour le service extraordinaire; ce qui faisait un total de 1 544 millions. Avec les crédits reportés de l'année précédente et ceux qui avaient été votés dans l'année, il devait monter à 1 610 millions.

La recette n'était que de 1 366 millions. Il y avait donc un déficit de 243 millions, sans compter les crédits extraordinaires, supplémentaires et complémentaires, dont la monarchie elle-même, avec la paix et toutes les faveurs du temps, aurait subi la nécessité.

III

La sécurité du Cabinet n'était pas même altérée par l'aggravation continue des troubles causés par la hausse croissante du prix des subsistances. Déjà le blé se vendait en moyenne, dans toute la France, à 29 fr. 92 centimes l'hectolitre. Fomentée par l'ignorance, la peur de la faim, plus irritante que la faim même, soulevait, principalement dans le Centre et dans l'Ouest, des bandes de paysans armés. Ivres d'angoisses et de colère, ils parcouraient le pays, montaient la garde le long des routes, s'opposaient par la force à la circulation des grains, ne sachant pas qu'ils ajoutaient ainsi à l'intensité du mal. Dans ce soulèvement des passions les plus aveugles et les plus farouches, tous les excès étaient possibles. A Buzançais, dans l'Indre, la rage de ces malheureux s'égara jusqu'au meurtre.

Il ne s'agissait plus que de comprimer le désordre par la force armée, le gouvernement s'y empressa. Des mouvements de troupes furent ordonnés. Le ministre de la guerre demanda l'autorisation de verser dans les cadres un supplément de sept mille hommes. Enfin, on prit les mesures nécessaires pour activer l'importation des denrées alimentaires, pour aider aux prodiges incomplétement efficaces de la charité municipale et particulière. Plus tôt décrétées, ces mesures eussent peut-être empêché l'effusion du sang dans les campagnes et sur l'échafaud.

IV

Cependant l'affaire des mariages espagnols revint dans la discussion de l'Adresse à la Chambre des pairs. M. de Broglie, qui devait être ambassadeur à Londres, se chargea de justifier et de glorifier la politique du Cabinet. M. Guizot parla à son tour : on entendit avec surprise sortir de sa bouche si exercée des mots violents et malheureux.

L'Angleterre fut plus calme. Les hommes d'État de tous les partis, lord John Russell comme sir Robert Peel, affectèrent d'amortir les passions au lieu de les exciter. Lord Palmerston répondit simplement par la publication intégrale de tous les documents propres à éclairer la question.

En France, cette question des mariages avait divisé les esprits et même l'Opposition. Cet acte d'indépendance, presque d'hostilité, après tant d'humiliations subies, flattait en secret l'opinion et l'illusionnait. Heureux de se relever de leur vote dans l'affaire Pritchard, les conservateurs ne cessaient de répéter dans leurs journaux, dans leurs conversations, à la tribune :

« Non, pour des bagatelles nous n'avons pas voulu brouiller l'Europe. Mais, vous le voyez, quand il s'agit d'une grande affaire, d'une question politique vraiment sérieuse, nous ne manquons ni de fermeté ni de hardiesse. » Les parties adverses répondaient :

« Toutes les fois que les intérêts seuls du pays ont été engagés, vous avez tout sacrifié à votre repos, à la sécurité de la dynastie. Mais cette alliance anglaise, que vous n'avez jamais osé secouer, alors même que l'honneur vous le commandait, vous la rompez brutalement aujourd'hui dans un problématique intérêt de famille. Pour des satisfactions nationales vous n'avez pas voulu braver un refroidissement ; pour une satisfaction dynastique vous risquez le repos du monde. »

Ce langage n'était pas celui de l'Opposition tout entière : conviction chez les uns, prétexte pour les autres, un certain nombre de députés, jusque-là hostiles, embrassèrent sur cette question les vues de la Cour. Un nouveau groupe se forma sous la conduite de MM. Dufaure et Billault.

La Chambre était ainsi diversement partagée, lorsque la discussion de l'Adresse commença.

M. Garnier-Pagès arrivait d'Espagne. Il avait vu les

choses de près; il les montra dans leur vrai jour : pour conclure le mariage, le gouvernement français avait exclusivement appuyé, afin de s'en appuyer ensuite, un seul parti; il avait ainsi jeté tous les autres dans les bras de l'Angleterre; donc, au lieu d'avoir grandi, l'influence française s'était amoindrie en Espagne.

M. Guizot fuyait la lutte. Désireux, disait-il, d'imiter la réserve des ministres anglais, il laissait toutes les attaques sans réponse et demandait la clôture des débats. L'Opposition y inclinait. Se voyant divisée, elle désirait un autre champ de discussion. Mais M. Thiers l'y ramena, et rattacha par un lien manifeste la destruction de la République de Cracovie à la rupture de l'alliance anglaise, conséquence directe des mariages. M. Guizot répondit avec superbe à son antagoniste :

« L'affaire des mariages espagnols est la première grande chose, permettez-moi le mot, la seule grande chose que nous ayons faite seuls, complétement seuls, en Europe, depuis 1830. »

Une majorité considérable donna son adhésion à ces paroles. Ainsi le système triomphait. La fortune politique du chef de la maison d'Orléans était à son apogée. La France lui obéissait; l'Europe l'acceptait enfin. Il n'avait eu d'abord que des alliances princières, maintenant il en avait de royales. Plein de lui-même, il jetait sur le présent un regard de complaisance, sur l'avenir un regard tranquille..... Un an de plus, et il va quitter fugitif, proscrit, la terre de France! Comme si Dieu ne s'était plu à l'élever si haut que pour le précipiter davantage!

V

Cependant, amis ou ennemis, conservateurs, opposants, radicaux, tous les hommes sérieux s'accordaient à reconnaître que le plus grand péril c'était l'état des finances. L'impatience publique ne permit pas d'attendre jusqu'à la discussion du budget. M. Duvergier de Hauranne invita la Chambre à aviser. En présence des charges qui grevaient si dangereusement le Trésor, il demandait que des mesures fussent prises pour ramener l'ordre et l'économie dans les services publics. Il établissait, par des chiffres puisés aux documents officiels, que, toute déduction faite, il restait un milliard au moins dont le ministère était responsable, et qui devait être payé sur les budgets subséquents. Recherchant ensuite les causes d'un mal si profond et si menaçant, il le trouvait surtout dans la multiplicité des concessions de chemins de fer; concessions approuvées, favorisées, excitées même par le ministère : « Pourquoi cela ? Ah ! il faut bien le dire : c'est que l'on était à la veille des élections générales, c'est qu'il s'agissait de satisfaire, avant tout, toutes les convoitises, toutes les cupidités locales ; c'est qu'on s'inquiétait assez peu de provoquer une nouvelle catastrophe financière, pourvu qu'on ajoutât quelques voix au chiffre de la majorité. » Et l'orateur jetait en finissant ce cri d'alarme prophétique : « Vous n'avez plus de finances ! »

Son amendement fut repoussé, et l'Adresse votée par deux cent quarante-huit voix contre quatre-vingt-quatre.

Ainsi la majorité était nombreuse, docile, déjà disciplinée. La joie fut vive à la Cour, plus vive dans le camp ministériel. Cette première expression politique de la nouvelle Chambre comblait, si elle ne les dépassait, toutes les espérances.

L'Opposition était vaincue sur tous les points, et de plus divisée en elle-même. Débarrassé enfin d'une minorité impuissante, le gouvernement allait aborder librement, efficacement, les grandes questions, les affaires.

VI

Deux faits se produisirent bientôt après, qui achevèrent d'éblouir la Cour et le Cabinet.

A la suite de démentis réciproques, lord Normanby et M. Guizot s'étaient brouillés. L'ambassadeur d'Autriche, M. d'Appony, réunit chez lui les deux adversaires et les réconcilia. La question des mariages parut oubliée; l'ancienne cordialité sembla revenue.

Dans le but de faciliter les achats de grains dans son empire, l'empereur de Russie prit à la Banque de France cinquante millions de rentes contre des lingots. Il fallait donc qu'il eût une bien haute idée de la stabilité du pouvoir en France! Jamais gouvernement n'avait obtenu d'un gouvernement étranger une si décisive preuve de confiance! La gloire du Cabinet était complète. Exagérant à dessein la valeur politique de cet acte, il oubliait la destruction violente, par les mêmes mains, d'un État libre, la République de Cracovie.

VII.

Le 13 mars, l'un des membres du Cabinet mourut, dans des circonstances mystérieuses qui occupèrent la curiosité publique : c'était M. Martin (du Nord), ministre de la justice. Violent au début, afin de monter, en s'élevant il s'était adouci. La Cour commit la faute de le remplacer par M. Hébert, magistrat grave, doué d'un talent remarquable, mais de formes abruptes, esprit chagrin, plus compromis qu'aucun par des sévérités sans mesure. Ce choix, qui parut un conseil de colère, non de politique, étonna les hommes sages; il ne fortifia point le Cabinet dans la Chambre, et l'affaiblit dans le pays.

On ne tarda pas à le voir. M. Hébert était vice-président de la Chambre; il fut remplacé par l'un des membres les plus incisifs de l'Opposition, M. Léon de Malleville. Cette nomination inattendue n'était qu'un avertissement : des hommes très-sincèrement dévoués non-seulement à la Cour, mais au Cabinet, y avaient donné les mains. Au lieu de comprendre, le Cabinet s'irrita; il jeta un cri d'alarme. La presse le fit retentir, et, sans merci, elle épuisa contre les défectionnaires toute l'artillerie de ses sarcasmes. Colères dénuées de justice et de prudence! fatal égarement d'un orgueil qui s'obstinait en vieillissant!

Désormais les événements passaient devant les yeux de ces hommes d'État sans les attirer, devant leur intelligence sans l'éveiller. En eux, la vanité seule paraissait encore sensible et vibrante.

VIII

L'Opposition avait enfin compris qu'il fallait susciter l'opinion publique. Sur l'insistance des membres de l'extrême gauche, elle s'était décidée à toucher la vraie question. M. Duvergier de Hauranne présenta une proposition de réforme électorale; M. de Rémusat, une proposition de réforme parlementaire. C'était le double et véritable point d'attaque. Les conservateurs progressistes en autorisèrent la discussion, incertains d'ailleurs s'ils suivraient jusqu'au bout. Les radicaux appuyèrent franchement cette réforme, quoique incomplète, qui était à leurs yeux un premier pas vers le suffrage universel, principe et but de leur politique.

IX

Les bases de la proposition de réforme électorale étaient : l'abaissement du cens à 100 francs; l'adjonction des capacités; l'augmentation du nombre des députés, de quatre cent cinquante-neuf à cinq cent trente-huit.

Trop de raisons sérieuses militaient en faveur d'un si modeste redressement. M. Duvergier de Hauranne exposa celles de son parti avec une verve admirable de bon sens et d'esprit : « A qui la loi actuelle attribuait-elle, en fin de compte, la puissance politique? A la majorité de la population? Non. A la majorité des contributions? Non. A la majorité des intérêts? Non. A la majorité des propriétaires, des agriculteurs, des industriels, des commerçants? Non. A la majorité des professions libérales? Non. Des aptitudes électorales? Pas davantage. Or, plus les droits politiques sont restreints, plus il importe que ceux à qui la loi les refuse soient convaincus que ces droits s'exercent dans l'intérêt de tous, et en vue de la liberté, de la grandeur, de la puissance nationales. Si l'on pouvait jamais dire avec quelque apparence de raison que, par un abus déplorable, les droits politiques ne servent plus qu'à élever, qu'à enrichir ceux qui les possèdent; si l'on pouvait croire, comme l'honorable M. Dufaure en exprimait dernièrement l'inquiétude, que la législation électorale tend aussi à reconstituer à petit bruit je ne sais quelle aristocratie intrigante et solliciteuse, aussitôt, croyez-le bien, naîtrait un grave danger, non-seulement pour telle ou telle loi politique, mais pour l'ensemble de nos institutions et pour le gouvernement tout entier. »

On a depuis imputé à ce vif esprit d'avoir déchaîné la Révolution. Il ne l'a point déchaînée, il l'a vue; vainement il l'a signalée. Il parlait à la passion; la passion ne l'a point entendu. Le personnage de Cassandre est l'une des plus profondes créations du génie humain!

Comment en effet obtenir d'un corps politique qu'il brise volontairement le moule dont il est sorti? La Chambre accueillit comme insultantes les paroles de l'orateur; et M. Duchâtel, ministre de l'intérieur, qui devait être mieux que personne instruit de l'état des esprits, poussa l'imprudence de ses flatteries envers les passions de la majorité jusqu'à dire que le pays était profondément indifférent à toute idée de réforme :
« Personne ne s'en occupe. De toutes les questions qui peuvent être traitées et résolues dans la Chambre, c'est certainement celle-là qui fixe le moins les regards et l'attention..... Si la question n'a pas été soulevée, c'est

qu'elle n'existe pas dans l'opinion; c'est qu'elle est factice; c'est qu'elle n'a pas de vie réelle dans le pays; c'est qu'elle n'a point de racines. Elle va de la Chambre au pays; elle ne vient pas du pays à la Chambre. »

Le *Moniteur* ajoute : « (Assentiment au centre.) » Le ministre et sa majorité s'aveuglaient réciproquement. Ils parlaient et approuvaient de la sorte, à quelques heures, pour ainsi dire, d'une révolution qui va s'accomplir aux cris de *Vive la réforme!* La révolution sortit directement de cet inhabile et irritant défi.

Où étaient cependant ces magnifiques promesses du discours de Lisieux; ces engagements solennels à la veille des élections; ce progrès que l'Opposition promettait vainement, que le parti conservateur pouvait seul donner? A ces questions, posées par M. Odilon Barrot devant le nouveau groupe des conservateurs progressistes, M. Guizot répondit qu'il prouverait son zèle infatigable pour le progrès par un projet de loi sur la liberté d'enseignement; par un projet sur le régime pénitentiaire; par un projet sur la réforme du régime colonial. « Le vrai progrès, » dit-il ensuite, « est, pour le pouvoir, de modérer les excès de la liberté, et de ne céder à ses exigences que quand elles résultent d'un besoin réel, senti et reconnu par la majorité de la nation. »

Il termina par de sévères et paternels avertissements aux jeunes conservateurs; il leur représenta qu'ils étaient bien nouveaux dans la vie parlementaire pour rompre une majorité qui avait fait de si grandes choses et qui en promettait de plus grandes encore. Au surplus, il leur laissait toute leur liberté : le Cabinet entendait garder la sienne.

On peut, sans injustice, dire de ce ministre qu'il

n'était point un homme d'État. La suite des événements l'en a hautement convaincu. Il n'était qu'un homme de tribune, un tacticien d'assemblée; mais il l'était admirablement. Profondément versé dans la connaissance des mobiles qui agissent sur la partie inférieure du cœur humain, il surpassait tous ses rivaux dans l'art de séduire et d'effrayer. Il maniait avec une supériorité incomparable toutes les armes de la discussion, et surtout le dédain. Sa déclaration superbe lui réussit. Effrayé de sa velléité d'audace, le groupe des jeunes conservateurs recula. Sur quatre cent six votants, la proposition de réforme électorale ne réunit que cent cinquante-quatre voix.

X

Un mois plus tard, la lutte recommençait sur la proposition de réforme parlementaire présentée par M. de Rémusat. Depuis longues années, les bons esprits observaient l'augmentation croissante du nombre des fonctionnaires publics dans la Chambre. A la longue, le Parlement ne serait plus que la succursale de l'administration. Les partisans les plus dévoués de la monarchie représentative s'inquiétaient à bon droit de voir s'altérer ainsi le ressort essentiel de leur gouvernement. En 1840, M. Thiers, ministre, avait pris l'engagement de pourvoir au mal : une lettre malencontreuse et suspecte d'un membre du Cabinet ajourna sa promesse. Mais elle resta, et, à travers beaucoup d'hésitations, elle reparut, chaque année, sous des formes différentes.

M. de Rémusat reproduisait un amendement proposé, l'année précédente, par M. O. Barrot, en demandant l'exclusion de la Chambre contre les officiers et les fonctionnaires des maisons militaires et civiles du roi et des princes. — C'était une dénonciation d'hostilités à la Cour ; et M. Thiers l'avait précisée dans un discours tellement acéré, qu'il parut une attaque personnelle au roi et une renonciation à toute idée de reprendre le pouvoir avant la fin du règne. Moins agressif, M. de Rémusat se renferma dans les généralités de la question.

Par l'organe des deux principaux ministres, le gouvernement repoussa la réforme parlementaire comme il avait repoussé la réforme électorale. Deux cent dix-neuf voix lui donnèrent gain de cause ; cent soixante-dix protestèrent. La majorité était diminuée. Les insultes prodiguées aux progressistes commençaient à porter leurs fruits.

Cent vingt-neuf fonctionnaires avaient repoussé la réforme parlementaire ! Il devenait évident pour tout le monde que le gouvernement représentatif était faussé : en majorité dans la Chambre, l'administration se représentait elle-même ; la représentation nationale manquait à la France. La France, inévitablement, serait bientôt contrainte d'aviser. Voilà ce que le parti radical comprenait à merveille. Aussi, loin de s'affliger de ces défaites réitérées, il s'en réjouissait. M. Garnier-Pagès disait à M. Guizot : « Malgré vos mépris anticipés, le suffrage universel aura son jour. »

Ce fut en effet une faute capitale que cette obstination de la Cour, du Cabinet, du parti conservateur. Une concession aurait produit une trêve ; elle eût offert au moins un prétexte de satisfaction. La résistance détermina la lutte. En brisant tout espoir, elle déchaîna tous les désirs.

XI

La session durait depuis trois mois, et les projets d'affaires, promis au début, n'arrivaient point. Le ministère semblait atteint d'une impuissance dont on eut plus tard le secret. Cette impuissance fut constatée par M. Desmousseaux de Givré, conservateur à ciel ouvert, qui, parcourant à grands traits toutes les négations, tous les faux-fuyants des années précédentes, caractérisa toute la politique du Cabinet dans cette exclamation fameuse : « Rien ! rien ! rien ! » Autant ce mot était cruel, autant il était juste. Après dix ans écoulés, après une révolution terrible, il est resté. L'histoire l'a recueilli et le gardera.

XII

La situation du pays s'empirait. Une hausse non interrompue mettait le prix du blé entre 32 francs 35 et 49 francs 70 centimes. Si le crime pouvait jamais être excusé, cette famine était peut-être de nature à diminuer l'horreur des précédents désordres; aussi les plus indulgents s'apitoyaient sur le sort des condamnés de Buzançais. Le gouvernement lui-même hésita, dit-on; mais, soit nécessité de l'exemple, soit besoin de rigueur, l'échafaud fut dressé, et l'arrêt de mort fut exécuté avec un appareil inusité.

XIII

Le reste de la session allait revêtir un caractère plutôt judiciaire que politique. A entendre ces révélations, ces accusations, ces défenses, vous eussiez dit une Cour d'assises, non plus une assemblée politique.

L'année précédente avait vu mourir le directeur de la manutention des vivres de guerre à Paris. Cet homme passait pour le modèle des comptables ; on citait comme exemple sa rare probité ; le gouvernement avait poussé la confiance jusqu'à ne point exiger de lui le cautionnement prescrit par les règlements. C'était un fripon. L'administration de la guerre l'avait su et n'avait point sévi. Bien plus, un employé inférieur ayant dénoncé au ministre les fraudes et les malversations de son chef, le ministre avait frappé l'honnête dénonciateur, qui fut tué par ce coup. Par une indulgence dont on cherchait vainement les motifs, on avait ensuite alloué au prévaricateur, dans ses écritures faussées, des déchets fictifs. Le déficit, dont les premières traces remontaient à plusieurs années, dépassait quatre cent mille francs. Quand cette triste vérité apparut, la Chambre ordonna immédiatement une enquête ; le ministère obtint qu'elle serait conduite par ses agents. Un rapport suivit. La Chambre en demanda communication ; le ministère refusa. L'Opposition s'indigna du refus ; la morale publique s'en offensa profondément.

L'Opposition établit que des vols épouvantables, véritable spéculation de meurtriers, avaient eu lieu, en Algérie, sur la nourriture des soldats et sur des médicaments falsifiés ; à Brest, sur la nourriture des marins ; dans un grand nombre de garnisons, sur la nourriture des chevaux ; que des blés, refusés en Algérie comme nuisibles à la santé des troupes, n'avaient été reçus que par les ordres impérieux et réitérés du ministre ; qu'au témoignage même de la Cour des comptes, des livraisons de charbon de terre ayant été rejetées d'abord par les commissaires vérificateurs, il avait fallu violer le consentement de ces employés par une injonction directe et formelle du gouvernement. De tout ceci l'Opposition présentait les preuves nombreuses, décisives, écrasantes ; le ministère essaya à peine une justification par subterfuges.

Encore meurtri d'une discussion récente, dans laquelle il avait péniblement impressionné la Chambre tout entière en essayant de pallier des actes de barbarie atroce commis par des maîtres d'esclaves, le ministre de la marine, M. de Mackau, eut à essuyer des coups d'autant plus cruels qu'ils étaient portés par des mains amies. Un ancien officier de marine, M. d'Angeville, dénonça hautement, et avec les faits les plus concluants, les désordres de l'administration navale, l'insuffisance des approvisionnements ; il indiqua comme unique remède une enquête parlementaire. C'était une déclaration de non-confiance.

Comparant ensuite notre marine à celle de l'Angleterre, un autre membre de la majorité, M. Benoît Fould, montra « que la première, beaucoup plus dispendieuse que la seconde, était beaucoup moins puissante. Les sacrifices faits par le pays étaient énormes : quatre-vingt-treize millions avaient été alloués afin de pourvoir les magasins d'un matériel suffisant ; et les magasins étaient vides ! et les plus puissants efforts ne pouvaient triompher des abus, des irrégularités, des gaspillages endémiques dans l'administration des arsenaux ! » Aussi, décidé à continuer son appui au ministère dans les questions politiques, en présence de l'affreux désordre où se trouvaient plongées les finances, M. Fould était résolu à lui refuser sa voix dans toutes les questions financières.

Le ministère persista à ne point découvrir ses agents, même indignes; la majorité couvrit le ministère.

XIV

On n'était pas au bout. Sur cette terre si longuement et si profondément ensemencée, les scandales germaient sur tous les points, comme produits naturels du sol. Le jour même de la fête du roi, au milieu des félicitations officielles, on en vit éclater un qui devait dépasser tous ceux dont se révoltait la conscience publique.

Une correspondance, révélée dans un procès et publiée par esprit de vengeance, dévoila un crime de concussion, commis par un ancien ministre qui siégeait à la Chambre des pairs, M. Teste, président de Chambre à la Cour de cassation. M. de Cubières, lieutenant général, écrivant à un propriétaire des mines de Gouhenans, demandait que l'on mît à sa disposition un certain nombre d'actions, destinées à obtenir un appui nécessaire dans le sein du conseil des ministres. Il ajoutait : « Ne vous montrez pas disposé à compter sur notre bon droit, sur la justice de l'administration. Rien ne serait plus puéril. N'oubliez pas que le gouvernement est dans des mains avides et corrompues; que la liberté de la presse court risque d'être étranglée sans bruit un de ces jours; et que jamais le bon droit n'eut plus besoin de protection. » Ses conseils avaient été suivis. Quarante-cinq actions, disait-on, avaient été données au ministre des travaux publics pour la concession de deux mines, l'une de houille, l'autre de sel gemme ; et ces actions, sur-le-champ revendues, avaient procuré au coupable une somme de cent mille francs.

Du sein des tribunaux, cette révélation éclata dans la presse, et de la presse à la tribune. Sur une interpellation de M. Muret de Bort, député conservateur, qui, d'accord avec le ministère, avait voulu devancer l'Opposition et détourner ainsi le coup, M. Dumon, ministre des travaux publics, tout en niant les faits qui lui paraissaient, disait-il, trop invraisemblables, déclara cependant que le Cabinet allait donner l'ordre de poursuivre.

A la Chambre des pairs, M. Teste dénonça l'accusation comme absurde et protesta de son innocence. M. de Cubières appela sur sa conduite les investigations de la justice. La Chambre des pairs fut convoquée.

XV

Cependant, au milieu de ces tristes désordres, les grands corps de l'État rivalisaient de flatteries et de servilité pour cacher le mal, au lieu de rivaliser de zèle et de probité pour le guérir. Jamais les adulations ne dépassèrent celles qui furent portées aux pieds du roi le 1er mai, jour de sa fête.

A ce moment la décomposition, dont les symptômes se montraient partout, se manifestait dans le sein même du ministère. M. Guizot voulait se débarrasser des trois ministres qui avaient le plus souffert dans les discussions précédentes. Les ministres de la guerre et de la marine étaient résignés à la retraite ; mais le ministre des finances, M. Lacave-Laplagne, refusait obstinément sa démission. Les fautes signalées étaient celles du Cabinet tout entier, non les siennes; il ne voulait point, par une démission volontaire, en paraître seul coupable et responsable. En vain le maréchal et le roi lui-même réclamaient-ils instamment ce sacrifice; en vain offraient-ils les compensations les plus séduisantes, le ministre demeurait inébranlable. On passa outre; et la modification du ministère fut annoncée dans le *Moniteur* du 10 mai.

XVI

M. Lacave-Laplagne était remplacé par M. Dumon, qui, des travaux publics, passait aux finances; M. Jayr, pair de France, préfet du Rhône, remplaçait M. Dumon aux travaux publics; le général Trézel devenait ministre de la guerre; le duc de Montebello, pair de France et ambassadeur à Naples, était nommé ministre de la marine et des colonies.

Des trois nouveaux ministres, tous absents de Paris, deux avaient accepté le ministère par le télégraphe; l'acceptation de l'autre était présumée : elle arriva plus tard. M. Jayr, dont les grandes compagnies financières ont depuis apprécié et employé les talents, était tout à fait inconnu dans le monde politique. Le général Trézel, brave soldat, malheureux à la guerre, acceptait une tâche qui semblait au-dessus de ses forces. M. de Montebello était jugé peu propre à diriger la marine. Ces choix d'hommes nouveaux étonnaient; on y cherchait vainement une explication plausible. Pourquoi, dans cette nouvelle accession, pas un seul membre de la majorité ? Parmi ces nombreux compétiteurs, plus ou moins désignés par leurs antécédents, leurs positions, leurs aptitudes, ne s'en était-il pas trouvé un seul capable d'un portefeuille ? ou plutôt, les portefeuilles offerts n'avaient-ils pas été refusés ? La situation était-elle donc tellement désespérée qu'il ne se trouvât plus personne pour en partager directement la solidarité ? Toutes ces questions agitaient les esprits au dehors ; dans la Chambre, elles irritaient les amours-propres et commençaient à troubler les dévouements. Un débat immédiat eût été fatal au Cabinet reconstitué. M. Lacave-Laplagne était amèrement blessé ; il se montrait pressé de s'expliquer, de demander compte à ses collègues de la veille, et il avait de nombreux amis. Mais M. O. Barrot eut la générosité ou commit la faute d'accorder à M. Guizot un délai de quarante-huit heures. Dans cet intervalle, le roi et les ministres parvinrent à calmer l'irritation de M. Laplagne et le mécontentement des conservateurs, qui avaient vu avec chagrin l'intrusion de ministres tous pris en dehors de leurs rangs. Quand le débat s'ouvrit, il était déjà épuisé : M. Guizot glissa habilement sur les motifs de l'acte ; le ministre congédié se vengea par des mots aigres de l'insulte qui lui était faite. Le Cabinet nouveau, définitivement constitué, devait être le dernier de la monarchie !

XVII

Si les membres les plus clairvoyants du parti conservateur ne dissimulaient plus leurs alarmes, les radicaux faisaient éclater ouvertement leurs satisfactions et leurs espérances. Avec une audace de sincérité qui eût passé pour trop maladroite si les yeux du roi n'eussent pas été fermés à toute lumière, ils se félicitaient hautement du maintien de MM. Guizot et Duchâtel à la tête du pouvoir. En poussant aux derniers termes de son exagération le système du roi, ces deux hommes faisaient admirablement les affaires de la démocratie; dévoués aux catastrophes, ils précipiteraient inévitablement la chute de la monarchie.

Inspirée par le ministère, la presse ministérielle affectait seule une sereine confiance.

XVIII

Dans le mouvement général des choses, aux époques même les plus terribles ou les plus tristes, la comédie n'abandonne jamais ses droits.

La France était déshabituée des prélats de cour. M. Guizot en institua, par l'organisation du chapitre de Saint-Denis. La cour de Rome et quelques évêques le remercièrent, dit-on, de son zèle pour la foi catholique; la saine partie du clergé de France laissa voir qu'elle désapprouvait.

Le reste fut moins sérieux. M. Guizot avait assez d'orgueil pour rester plébéien : il fit des nobles. Des créations du règne, il y avait déjà le duc Pasquier, le duc d'Isly, le comte de Salvandy. La cour royale entérina les lettres patentes du duc de Montmorot, du comte Siméon, du comte Martin, et une foule d'autres. Les historiens spéciaux de la noblesse recueilleront leurs noms.

XIX

Affaibli par sa recomposition, par l'inexpérience manifeste de ses nouveaux membres, par ces discussions répétées qui éclairaient tant de désordres, le Cabinet allait s'amoindrir davantage encore dans un débat où se trouvait plus personnellement impliqué le ministre de l'intérieur, M. Duchâtel. Le 3 juin, M. de Pontois, pair de France, vint appeler l'attention de la Chambre sur un article du journal *la Presse*, signé par M. Émile de Girardin, député. On y lisait : « Un faible journal, qu'il n'a dépendu ni du ministère ni du procureur général, M. Hébert, de ruiner et de détruire ; à qui on a fait un procès qui lui a coûté 170 000 francs ; à qui on a suscité une concurrence qui a vécu pendant quinze mois au prix de 1 100 mille francs, sans y comprendre le trafic des priviléges de théâtre vendus 100 000 francs, des promesses de pairie vendues 80 000 francs, des lettres de noblesse, des croix d'honneur, des audiences et même des sourires de ministre...... »

L'un des faits mentionnés dans cet article portait une atteinte grave à la considération de la pairie. Si cette opinion se répandait que la pairie n'était plus le prix des grands services, l'apanage des grandes situations conquises ou transmises, et que d'indignes compétiteurs la pouvaient obtenir à prix d'argent, elle tombait dans le mépris. M. de Pontois réclamait, en conséquence, que le gérant de *la Presse* fût traduit à la barre. Malgré l'opposition du ministère et après deux épreuves douteuses, la Chambre des pairs décida qu'elle demanderait à la Chambre des députés l'autorisation de poursuivre M. Émile de Girardin. L'article incriminé remontait à plusieurs jours. Un pair, M. de Boissy, l'avait déjà signalé à la Chambre, mais vainement; sa parole ardente et trop répétée était privée d'autorité; le ministère avait pu garder le silence. Mais, le 16 juin, lorsque la discussion sur la réclamation de la pairie s'ouvrit à la Chambre des députés, il ne fut plus possible d'éluder. Dans l'état des esprits, au milieu des inquiétudes et des soupçons trop bien justifiés par les débats antérieurs et par le procès Teste-Cubières, cette discussion ne pouvait manquer d'être violente; la violence y déborda.

M. de Girardin met d'abord l'honneur de la pairie hors de cause. Plein de respect pour ce grand corps, il a attaqué le ministère seul; le ministère est seul coupable; et M. de Girardin le provoque hautement à la lutte, comme un homme assuré des faits qu'il avance. Ce qu'il a dit, il le soutient; il le prouve; il le corrobore par une accusation plus grave : Le Cabinet a promis, au prix de 1 200 000 francs, un projet de loi en faveur des maîtres de poste ruinés par l'établissement des chemins de fer; et l'accusateur demande que la Chambre se forme en comité secret afin de pouvoir ainsi développer librement, complétement, ces affirmations déjà si précises. Aussitôt M. Duchâtel, indigné, insiste pour que la séance reste publique. Il repousse avec énergie toutes les accusations comme calomnieuses, et il y oppose des dénégations formelles.

Il fut avéré, cependant, que le Cabinet avait connu les intrigues coupables dont le privilége d'un nouveau théâtre lyrique avait été l'objet. Ce privilége, concédé à un journaliste ministériel, avait été immédiatement vendu par lui à un entrepreneur, contre une somme de 100 000 francs.

Sur le grief relatif à la pairie, on remarqua que M. de Girardin était moins explicite : affirmant avec assurance, il hésitait à prouver. D'où venaient ces réticences? Ayant révélé le vendeur, voulait-il maintenant couvrir l'acheteur? On pensa que des raisons particulières retenaient la vérité sur ses lèvres. Cependant il cita un fait qui lui était personnel : il se fit fort de produire une lettre par laquelle le ministère avait offert la pairie au général de Girardin, sous la condition que *la Presse* abandonnerait les hostilités. Le fait était vrai ; la preuve en main, écrasante. M. Guizot chercha à détourner le coup en lisant une lettre par laquelle, à une époque antérieure de dix ans, M. É. de Girardin avait lui-même spontanément offert le même service contre la même faveur. La Chambre renvoya les contendants, l'un devant l'opinion, l'autre devant la Chambre des pairs.

XX

Le débat ne devait point en rester là. Acquitté par la Chambre des pairs, M. de Girardin revient à la Chambre des députés avec un ardent besoin de vengeance ; et, dès le 25 juin, il ravive la lutte avec plus d'acrimonie et de résolution. A l'occasion du budget de l'intérieur, il laisse voir qu'il n'a pas dit tout ce qu'il sait ; il se plaint que M. Duchâtel ait publié son propre discours, aux frais du trésor public, sans y joindre les réponses de son adversaire ; il répète ensuite ses accusations avec une précision nouvelle ; il demande que, pour les éclairer, soit contre le ministère, soit contre lui-même, la Chambre ordonne une enquête ou une information judiciaire.

Il semblait difficile de reculer; mais le ministère ne voulait à aucun prix laisser pénétrer la lumière au fond des choses. On vit alors, avec un indicible étonnement, le chef de la justice émettre cette doctrine vraiment inouïe, « que le gouvernement ne pouvait permettre l'intervention de la justice, attendu qu'il ne croyait pas à l'existence des faits allégués. »

M. de Girardin revient à la charge. Si les faits déjà énoncés ne suffisent pas, il en a d'autres : « Le Cabinet a racheté, au prix de 30 000 francs, ces mémoires accablants, où l'un des administrateurs du journal *l'Époque* racontait tous les détails de cette affaire du théâtre lyrique revendu 100 000 francs. Un personnage, très-connu du ministère, a remis 25 000 francs à l'entrepreneur, qui se disait ruiné par l'achat de son privilége. Deux ministres ont participé à l'agiotage sur les actions des chemins de fer. »

Toutes les consciences étaient torturées par les péripéties de ces pénibles débats. Ils dégénérèrent bientôt en provocations de combat personnel, véritable scène de prétoire! Il y fallait un terme. Mais, au lieu de prononcer un jugement, la Chambre fit un acte de parti : 225 voix contre 102 adoptèrent, sur la proposition de M. de Morny, un ordre du jour, par lequel « la majorité de la Chambre se déclarait satisfaite des explications fournies par le Cabinet. »

C'était une victoire de Pyrrhus. Célébré par la presse ministérielle comme le triomphe de la vérité sur le mensonge, de la probité sur la calomnie, le vote des *satisfaits* parut à l'Opposition la condamnation irrévocable du Cabinet, de la majorité, du roi. Irrévocablement solidaires de cette politique désastreuse, le roi, la majorité, le ministère étaient hautement accusés d'impuissance. Dans cette universelle dislocation, les chefs du ministère perdaient même leur talent. Le gouvernement s'écroulait.

XXI

Parmi tous les signes qui annoncent la chute prochaine d'un gouvernement, l'un des plus certains est l'esprit de désobéissance toléré dans les chefs militaires. Le jour où, vainqueur de l'Italie, Bonaparte cessa d'ouvrir les dépêches de son gouvernement, le Directoire était mort, le 18 brumaire était fait.

Or, contre la volonté exprimée des Chambres et au mépris des ordres envoyés par le Cabinet, le maréchal Bugeaud entreprenait la guerre de Kabylie. Et le gouvernement, auquel il avait désobéi, lui obéissait à lui-même, en élevant son armée d'Afrique de 94 000 à 102 000 hommes, à l'insu des Chambres, malgré leurs décisions antérieures. La sensation fut grande à cette nouvelle ; elle s'accrut par d'autres détails.

MM. Gustave de Beaumont, Dufaure, Garnier-Pagès, avaient récemment visité l'Algérie. Ils racontèrent ce qu'ils avaient vu : le port d'Alger mal commencé, mal conduit, mal achevé, — condescendance secrète aux jalousies de l'Angleterre ! — les fortifications des côtes entièrement négligées ; la colonisation mal dirigée ; les concessions de terrain tardives et irrégulières ; la guerre intestine dans le sein de l'administration ; les luttes anarchiques d'Alger avec Paris, du ministre de la guerre avec le gouverneur général ; la banque d'Alger, institution de crédit indispensable à la colonie naissante, ordonnée par la loi, pas encore constituée ; les dilapidations de toutes sortes et partout. L'Opposition demandait, en conséquence, si le temps n'était pas enfin venu de réduire l'effectif de l'armée, d'introduire une législation régulière, de diminuer une dépense de plus en plus onéreuse, incessamment accrue par les crédits supplémentaires, et bientôt insupportable.

XXII

Pas une voix ne s'élevait du sein de la majorité pour la défense du ministère. Il y trouvait des votants, pas un orateur. Cette majorité suivait encore, mais comme par l'entraînement involontaire d'une impulsion antérieure. La sympathie n'y était pas ; la foi n'y était plus. Une discussion survenue à propos des affaires du Portugal en fournit un frappant exemple.

On a vu qu'une révolte s'était organisée en Suisse contre l'autorité du pouvoir central. Le même fait venait de se produire en Portugal. Mais, tandis qu'en Suisse le gouvernement français prenait parti pour l'insurrection contre le gouvernement, en Portugal, de concert avec l'Angleterre, il prenait parti pour le gouvernement contre l'insurrection. Pourquoi cette contradiction ? disait l'Opposition. Parce que, des deux insurrections, l'une était libérale et l'autre contre-révolutionnaire. Dans son inconséquence apparente, le Cabinet était logique. En Portugal comme en Suisse, il oubliait également son origine, il reniait également le principe de liberté, la Révolution ! M. Guizot se défendit mal ; et quand M. Luneau s'écria « que la politique suivie par le Cabinet était une politique de renégats », la majorité s'émut et négligea de le rappeler à l'ordre.

XXIII

A propos d'une loi sur le reboisement des forêts, l'administration de la liste civile se vit directement attaquée. Un membre, peu hostile d'ailleurs à la dynastie, vint dénoncer des abus commis dans les forêts du domaine de la couronne, dont le roi n'était qu'usufruitier.

XXIV

En même temps on apprenait la fuite de M. Lagrange, agent comptable de l'hospice du Gros-Caillou. Véritable spéculateur de meurtre, il avait volé sur les aliments des malades. On ne put le saisir. M. Villemain, sous-intendant militaire, qui avait découvert et dénoncé le crime, se vit retirer la surveillance des hôpitaux ; on parla même de l'exiler à Vernon ; mais il refusa d'y aller. On n'osa pas pousser plus loin.

XXV

La Chambre et le public frémissaient encore de tous ces incidents, lorsque les débats du procès Teste-Cubières s'ouvrirent au Luxembourg.

Le 7 juillet, M. Teste avait déposé, entre les mains du roi, sa démission de pair de France et de président à la Cour de cassation. Pour paraître devant ses juges, il ne voulait que son innocence ; il n'avait pas besoin d'emmener avec lui le cortége de ses dignités ; il les reprendrait après que son innocence aurait été reconnue et vengée. Durant les premiers jours il se défendit avec une sérénité d'intelligence et une fermeté d'attitude qui impressionnèrent diversement, car, malgré l'apparat de ses premières protestations, l'esprit public était tourné contre lui. Mais, le 11, une vérification officielle des registres du Trésor public ayant été ordonnée, il fut constaté que, le 12 septembre 1843, date précisément assignée à la livraison des actions de Gouhenans, M. Teste avait placé, en bons du Trésor, une somme de 95 000 francs. Cette révélation accablante abattit la tenue du coupable, jusque-là imperturbable. Retiré dans sa prison, il essaya de se donner la mort. Le coup, sorti d'une arme sans force, ne pénétra point. Comme l'indignation contre son audace était profonde, on ne crut pas à la sincérité du suicide et la pitié ne s'émut point. Le lendemain, il refusait de se présenter devant les juges, devant le public.

L'arrêt fut rendu le 17. Le principal coupable était condamné à la dégradation civique, à trois ans de prison, à 94 000 francs d'amende et au versement de 94 000 francs dans la caisse des hospices de Paris, à titre de restitution. Le général Cubières et M. Parmentier étaient frappés de la dégradation civique et d'une amende de 10 000 francs. Dix jours plus tard, la même peine fut prononcée contre un autre complice, d'abord contumace, et vint donner à cette triste affaire un dernier retentissement.

Pour couvrir ces plaies honteuses, la presse ministérielle insistait sur le grand exemple de répression que le gouvernement n'avait pas hésité à poursuivre. Elle faisait valoir les actives investigations des juges et l'égalité devant la loi, consacrée et fermement manifestée par le châtiment de si hauts coupables. Mais ces réflexions avaient peu d'empire sur la masse des esprits, moins satisfaite des châtiments qu'occupée du crime et curieusement inquiète de ce qu'il révélait.

XXVI

Les derniers jours de la session étaient enfin arrivés. Suivant l'usage établi par le besoin d'échapper au contrôle, c'était l'époque de la discussion du budget. Devant une Chambre fatiguée, convaincue de sa propre impuissance; sous un ministère disloqué, mal reconstruit, insuffisant au débat; au milieu d'une agitation extérieure soulevée par tant de pénibles scandales, qui affectaient jusqu'aux plus dévoués à la dynastie d'Orléans, un examen sérieux n'était pas possible. Commencée le 21 juin, la discussion était close le 16 juillet.

Le budget était fixé :

Pour le service ordinaire, à	1 366 066 370 fr.
Pour le service extraordinaire, à . .	88 518 500
TOTAL. . . .	1 454 584 870 fr.
Plus, pour les crédits restés ouverts aux travaux publics et reportés sur 1848.	101 241 969
ENSEMBLE	1 555 826 839 fr.
A cette somme il faudrait ajouter plus tard : crédits supplémentaires prévus.	54 177 237
TOTAL GÉNÉRAL. . . .	1 610 004 076 fr.

On laissait pour mémoire les crédits extraordinaires et complémentaires, surcharges habituelles plus inévitables maintenant que jamais.

La recette était évaluée :

Service ordinaire. 1 346 599 010 fr.	
— extraord^{re}. 20 298 500	1 366 897 510
En sorte que le déficit prévu, dès le commencement de 1847, sur l'exercice de 1848 était, au minimum, de	243 106 566 fr.

XXVII

Pour atténuer ce sinistre état financier, la commission du budget, entièrement composée d'amis du Cabinet, proposa de réduire de moitié les 100 millions demandés pour les travaux extraordinaires ; elle refusa 7 millions sur les traitements ou sur de nouvelles créations d'emplois ; et, par l'organe de son rapporteur, elle exprima les plus vives alarmes. Plusieurs membres de la majorité insistèrent sur les périls d'une situation qui se résumait en un découvert de 765 millions, non compris la majeure partie des fonds des caisses d'épargne, immobilisés en rentes pour une somme de 289 millions. De l'aveu unanime, dix années tranquilles ne suffiraient pas à couvrir ce déficit, en y employant même toutes les réserves de l'amortissement.

Vainement l'ancien et le nouveau ministre des finances, M. Lacave-Laplagne et M. Dumon, s'efforçaient de rassurer la Chambre et le pays sur un avenir si chargé de menaces. Leurs protestations intéressées se perdaient dans le vide. Les actes démentaient d'ailleurs les paroles. Le 7 juillet, M. Dumon réclamait l'autorisation de contracter un emprunt de 350 millions. Certes, cet emprunt était indispensable. Mais le plus simple bon sens démontrait que, coïncidant avec les appels de fonds des compagnies de chemins de fer et avec une émission de bons du Trésor, surélevés à 275 millions et dont le taux était maintenu à cinq pour cent, il pèserait d'un poids très-lourd sur le crédit public. Ce n'était qu'un inconvénient contre un péril. L'emprunt fut voté. Le 23 juillet, au moment du vote, comme s'il eût entrevu les cruelles épreuves que cette situation lui réservait à lui-même, M. Garnier-Pagès lança cette apostrophe : « Vous ne sortirez pas de cette situation fatale, parce que vous aurez à satisfaire des avidités insatiables avec lesquelles vous ne voulez pas rompre. Sur vous tombera la responsabilité du mal qui se fait et se fera! »

XXVIII

Le reste de la session ne fut qu'un désarroi. Culbutés les uns sur les autres, tous les projets de loi d'affaires : chemins de fer de Paris à Lyon, de Lyon à Avignon, de Versailles à Chartres, tombaient, au milieu des murmures de la Chambre. Les ministres, les commissions, se rejetaient à l'envi la responsabilité de la déroute. Ils ne réussissaient qu'à se convaincre d'une mutuelle impuissance.

XXIX

Dernier écho des pénibles débats dont la session avait été remplie, un scandale nouveau affligea ses derniers jours. En juillet, *le National* publiait un acte, sous seing privé, où l'un des contractants, ami intime d'un ministre, s'engageait, moyennant une prime de quatre cent cinquante actions de 1 000 francs chacune, à faire présenter et voter un projet de loi pour le chemin de fer de Paris à Meaux.

Le concessionnaire était un ancien préfet; l'acte remontait à 1841, et il portait la formalité authentique de l'enregistrement. L'audace des marchands du temple dépassait toutes les bornes. Le ministère public ne poursuivit pas.

XXX

Il n'y eut sur cette triste session qu'une opinion, qu'un cri. Déplorable et stérile tout à la fois, elle avait montré à nu toutes les plaies du gouvernement, ses dilapidations, ses abus, son inertie fatale. L'évidence du mal frappait même les yeux de ses amis, les affligeait, et les ramenait, de force, à l'aveu de la vérité. « La session n'a pas été bonne, » disait tristement le *Journal des Débats*. « Elle a mal commencé; elle a mal fini. Le Cabinet s'est endormi dans sa victoire électorale. Ce n'est pas seulement le ministère, c'est le parti conservateur qui ne résisterait pas à une seconde session semblable à celle qui vient de s'écouler. Le ministère s'est présenté sans idées, sans projets pour occuper la Chambre. La majorité n'a guère été moins blâmable. Elle s'est divisée, et des dissidents inexpérimentés se sont passé des fantaisies qui ont coûté cher. Ils ont nommé M. Léon de Malleville vice-président; ils ont autorisé la lecture de la proposition Duvergier. Ce sont là des fautes graves qu'il serait dangereux de recommencer. Une session qui s'ouvrait sous de si heureux auspices se termine tristement, et l'événement le plus grave en sera un fatal procès. La session prochaine, si elle n'était pas meilleure, en serait funeste. Il faut que chacun songe à réparer le mal : que le ministère se décide enfin à gouverner, et que la majorité sache se soumettre à une discipline. »

A ces accents de désespoir répondaient, comme un écho lointain, les cris de guerre du Sonderbund, qui se préparait à la guerre civile avec les armes que lui faisait secrètement passer un gouvernement issu de la Révolution de 1830.

CHAPITRE TROISIÈME.

Le ministère et les forces extra-parlementaires sont en présence; sécurité du ministère. — État de ces forces : la gauche; le centre gauche; le tiers parti; l'extrême gauche; les radicaux exclusifs. — L'extrême gauche et les radicaux exclusifs ont le même but, mais ils diffèrent sur les moyens. — Ce dissentiment, représenté par *le National* et *la Réforme*, éclate vivement à la suite du discours de M. Ledru-Rollin, au Mans, et de celui de M. Garnier-Pagès, à Verneuil; ces deux journaux soutiennent et développent la lutte; des conciliateurs s'entremettent et font nommer un comité mixte où les deux fractions sont représentées; rédacteurs et comités du *National* et de la *Réforme*. — Les Sociétés secrètes : leur impuissance, leur abandon. — Les Écoles : réveil de leur esprit politique; leurs journaux; leur comité. — Le socialisme : Saint-Simonisme; doctrine Buchez; Fouriérisme; Sectes communistes; Cabet; Louis Blanc; Achille Comte; Pecqueur; Proudhon; Vidal; Louis Bonaparte; tourbe des sectes anonymes. — Le peuple se laisse pénétrer lentement par les promesses du socialisme; le gouvernement s'y montre indifférent et dédaigneux; la gauche et le centre gauche n'y prennent garde; les radicaux s'en préoccupent, mais en différant là encore sur les moyens; afin de s'entendre, ils forment une réunion proposée par les rédacteurs de *l'Atelier*; la discussion porte particulièrement sur les deux principes de l'association volontaire (soutenue par M. Corbon) et de l'association forcée (soutenue par M. Louis Blanc); le premier système réunit le plus d'adhérents. — Organisation active du Comité central des électeurs de la Seine; il relie les forces de l'Opposition.

I

Les Chambres fermées, la Cour et ses ministres se trouvaient seuls en présence des forces extra-parlementaires. Ignorance ou mépris, ils s'en inquiétaient peu.

Ces forces étaient de diverses natures; leur action sur les événements ultérieurs, si elle fut simultanée, ne fut point identique. Il est nécessaire d'en montrer l'ensemble et d'exposer les détails de leur organisation. On comprendra mieux ainsi non-seulement les faits et leurs résultats, mais aussi leur vrai caractère et leurs causes.

II

En majeure partie elles se discernaient, dans le pays comme dans la Chambre, par des noms parlementaires. Il y avait le parti de la gauche, celui du centre gauche, le tiers-parti, celui de l'extrême gauche radicale, puis ceux que les dynastiques appelaient radicaux exclusifs, les Écoles, enfin ce qui restait des Sociétés secrètes.

III

La gauche comprenait les hommes qui gardaient encore les illusions de 1830. Ils avaient pris au sérieux les promesses de l'Hôtel de ville ; n'espérant guère plus rien de Louis-Philippe, ils ne désespéraient pas encore de la dynastie. Recrutés uniquement dans la bourgeoisie libérale, ils reconnaissaient pour chef M. O. Barrot. Depuis seize ans, il était, sans rivalité, leur orateur à la Chambre. MM. Bethmont, Luneau, Havin, Lherbette, G. de Beaumont, Corne, Glais-Bizoin, Deslongrais, Léon Faucher, F. de Lasteyrie, Gaultier de Rumilly, Creton, Bureaux de Pusy, Drouyn-de-Lhuis, les la Fayette, Isambert, Crémieux, Abattucci, Pierron, le secondaient. Le journal *le Siècle*, dirigé par M. Perrée, administrateur, et par M. Chambolle, rédacteur en chef, était leur organe le plus répandu.

IV

Non moins influent, mais moins nombreux, le centre gauche se recrutait dans le même élément; par ses chefs, il attirait quelque chose des classes plus élevées. Ayant plusieurs fois occupé le pouvoir, toujours la politique du roi l'en avait fait descendre. Aussi son opposition au gouvernement personnel était irréconciliable. Imbu des maximes anglaises, il avait formulé celle-ci, qui est demeurée célèbre : Le roi règne et ne gouverne pas. Il la propageait ardemment, et voulait l'imposer, par le pays, à la Cour. M. Thiers en était l'arbitre et l'orateur principal; MM. de Malleville et de Rémusat, les membres les plus influents; M. Duvergier de Hauranne, le négociateur avec les partis et le publiciste; MM. Vivien, Jules de Lasteyrie, Paillet, Feuilhade-Chauvin, Roger du Nord, Berger, Ganneron, Vavin, etc., les membres les plus actifs. *Le Constitutionnel*, dirigé par MM. Véron et Merruau, était le journal du centre gauche.

V

Le tiers-parti n'était qu'un état-major de généraux et d'officiers sans soldats. Il n'avait dans le pays que des influences personnelles. MM. Dufaure, Billault, de Tocqueville, Lanjuinais, aidaient les autres fractions de l'Opposition; avec leur secours, avec le concours des conservateurs progressistes et l'influence de M. Molé, ils aspiraient à recueillir l'héritage de M. Guizot.

VI

Peu nombreuse dans la Chambre, l'Opposition radicale s'appuyait dans le pays sur une masse de sympathies et de forces que les partis monarchiques et le gouvernement lui-même connaissaient mal. Elle avait pour chefs parlementaires les membres d'une réunion formée sous la présidence de M. Dupont de l'Eure ; François Arago et le général Thiard en étaient les vice-présidents ; MM. Carnot, Garnier-Pagès, les secrétaires. On comptait parmi les autres membres MM. Marie, Courtais, Subervic, Teulon, Maurat-Ballanche. M. Ledru-Rollin s'en était séparé.

L'extrême gauche avait dans le corps électoral les sympathies et le concours de tous les hommes généreux, qui eux-mêmes regardaient comme injuste le privilége dont le hasard les avait investis, et qui ne s'en servaient que pour le détruire. Elle entretenait dans la bourgeoisie des relations fort étendues, par une correspondance active avec de nombreux citoyens, presque tous indépendants et de caractère et de fortune. Agriculteurs, industriels, négociants, avocats, avoués, notaires, en rapports continuels avec les artisans, les ouvriers et les paysans, ils connaissaient à fond leurs intérêts, leurs besoins, leurs misères, leurs aspirations, et tout ce qu'il y a de grandeur, de noblesse, de génie instinctif dans le cœur du peuple. Enfin, par ses relations, par ses principes, par ses infatigables revendications du droit, par le suffrage universel incessamment réclamé, par ses déclarations de foi républicaine, par cette activité chaleureuse que donnent seules les fortes convictions, la gauche radicale ralliait sous son drapeau les masses populaires.

VII

Les radicaux exclusifs professaient les mêmes principes. Ils voulaient l'abolition du privilége électoral, le suffrage universel, la République. Dévoués, ardents, pleins de mépris pour la tactique parlementaire, d'un enthousiasme sincère, mais un peu rude et sombre, ils appelaient aux combats de l'avenir les cœurs froissés, les intérêts méconnus, les droits violés, les passions aigries, les souffrances, les colères, les désespoirs de la démocratie. M. Ledru-Rollin était la notabilité la plus éclatante, sinon le chef de ce parti.

VIII

Ces deux éléments du parti républicain différaient, on le sent déjà, profondément et sur des points bien importants. Tous deux voulaient le suffrage universel, la République, l'avénement de la démocratie; mais ils les voulaient par des moyens différents et par une différente conduite.

Les uns, pleins de foi dans la puissance de leur cause, convaincus qu'ils portaient en eux le droit, la raison, la justice, en espéraient le triomphe de la conscience publique éclairée. La propagande persévérante de la parole, de la presse, de la tribune, leur paraissait le meilleur moyen de succès, le seul certain et définitif. Les complots, les conspirations, les émeutes! ils les trouvaient dangereux et inefficaces. Le sang ami ou ennemi était, suivant eux, un mauvais ciment à l'édifice de l'avenir. La République ne serait définitivement fondée que le jour où elle serait acceptée par la volonté libre de la France. Vouloir l'imposer par la force serait une erreur, une faute.

Les autres, plus impatients, plus imbus de pratiques révolutionnaires que des principes de la Révolution, plus désireux, à leur insu, de venger le peuple que de l'affranchir, proclamaient qu'il n'y a pas de droit contre le droit; qu'un peuple soumis par la force à un gouvernement usurpateur a toujours le droit et le devoir de renverser par la force ce gouvernement; que la République étant le seul gouvernement légitime, il est légitime d'en essayer la conquête toujours et par tous les moyens : sociétés secrètes, conspirations, émeutes, révolutions; et qu'enfin si une nation, maintenue dans l'ignorance de ses droits et de ses devoirs par une trop longue domination, répugne à la République, il est permis de la lui imposer par la dictature.

IX

Le dissentiment n'était pas nouveau dans le parti républicain. Dégénéré presque toujours en antagonisme, en querelles fâcheuses, trop souvent même en combats personnels, il semble une des infirmités congénères de la démocratie. Des trépas illustres et funestes l'ont inscrit en caractères sanglants dans les fastes de la première Révolution; 1830 le vit renaître, puis s'amortir quelque temps sous la commune pitié qu'inspiraient les victimes des malheureuses tentatives de 1832, 1834 et 1839. Aux derniers jours de la monarchie, à la veille de ce nouvel avénement de la République, si ardemment poursuivi, espéré et désespéré, il allait éclater encore.

Son influence a été si considérable, qu'il est nécessaire d'en marquer avec soin les premières manifestations. Des deux conduites, quelle est la bonne? quelle est la mauvaise? quelle est celle qui a produit la République? quelle est celle qui l'a perdue? Il importe de le savoir, non-seulement pour la vérité des situations et la juste part des responsabilités, mais pour l'éducation du parti républicain. L'histoire est à la fois le jugement du passé et l'enseignement de l'avenir.

X

La double tendance se manifestait de temps à autre dans les deux organes du parti, *le National* et *la Réforme*, avec une acrimonie intermittente, lorsque, après la session de 1845, M. Ledru-Rollin prononça un discours devant les électeurs du Mans. Il y attaquait ouvertement tous les partis qui n'étaient pas républicains, surtout la gauche et le centre gauche; il leur reprochait, avec les paroles les plus acerbes, d'avoir compromis l'Opposition dans la question de la régence. A l'entendre, les luttes soutenues par MM. Thiers et O. Barrot contre la politique du Cabinet n'avaient d'autre mobile que l'ambition des portefeuilles; l'un était coupable de trahison, l'autre tout au moins de faiblesse. M. Ledru-Rollin se défendait d'ailleurs avec beaucoup de force et d'éloquence contre les accusations de communisme, calomnies dans lesquelles le royalisme enveloppait le parti républicain tout entier.

M. Garnier-Pagès arrivait au Mans. Il représenta à M. Ledru-Rollin que les élections devaient avoir lieu l'année suivante ; qu'en vue pour ainsi dire du scrutin, il lui paraissait peu habile de provoquer de telles hostilités ; que les députés radicaux ne parvenaient à la Chambre que par le concours de la gauche et du centre gauche ; enfin, qu'une rupture n'aurait d'autre effet que d'affaiblir toutes les parties de l'Opposition au profit du royalisme, d'exclure de la Chambre tous les députés radicaux et lui-même. Un nombre assez important des électeurs du Mans appartenaient en effet à la gauche, et donnaient leurs voix à M. Ledru-Rollin ; ils pouvaient être froissés, blessés : ne valait-il pas mieux se concilier leur affection ? Cette observation si opportune ne fut pas inutile à la réélection du député de la Sarthe.

M. Garnier-Pagès s'empressa de saisir l'occasion d'émettre en public les idées d'union qu'il croyait utiles au triomphe de la démocratie. Ayant accepté, quelques jours après, un banquet des électeurs de Verneuil, qui l'envoyaient à la Chambre, il y prit la parole. Après avoir exposé les résultats de la politique royale, il formula les idées de son parti sur les réformes sociales et sur la conduite à tenir : il combattait nettement la politique d'exclusivisme et d'isolement, comme contraire au progrès, comme fatale à toute opinion qui veut se propager et grandir.

XI

Sur la conduite à tenir, le discours de M. Garnier-Pagès était donc la contre-partie de celui de M. Ledru-

Rollin. Aussitôt la dissidence marquée par les orateurs reparut dans les deux journaux. En l'absence de M. Marrast, malade depuis plusieurs mois, *le National* était alors rédigé par M. Duclerc. Lié d'une amitié fraternelle avec M. Garnier-Pagès, M. Duclerc partageait ses idées; il avait les mêmes sentiments et les mêmes vues. Profondément versé dans l'histoire des choses et des hommes de son temps, il était convaincu que, livrés à leurs seules forces, les républicains n'auraient jamais la puissance de fonder la République; et que, si la République fondée devenait le gouvernement exclusif d'un parti, elle périrait bientôt par la réaction combinée de tous les autres. Il soutint et développa, avec une inflexible vigueur de caractère et de talent, les idées émises par M. Garnier-Pagès.

La Réforme les combattit avec âpreté. Tandis que *le Journal des Débats* accusait M. Thiers et M. Odilon Barrot d'accepter la République en tendant la main à M. Garnier-Pagès, *la Réforme* accusait celui-ci d'effacer les républicains devant les dynastiques et de se rallier à la monarchie. Toute la presse avait pris part à cette lutte, où les républicains s'efforçaient, les uns d'agrandir le champ de leur action, les autres de le rétrécir; ceux-là de rayonner, ceux-ci de se retrancher; ceux-là d'attirer et d'absorber les éléments les plus purs des partis voisins, ceux-ci de les repousser comme à jamais indignes; les uns de faire prévaloir une politique d'attraction et de conciliation, les autres une politique de défiance et d'exclusion.

Ainsi envenimée, la lutte menaçait de quelque rupture violente. Des républicains, étrangers à ces contentions et qui les voyaient avec inquiétude, s'entremirent comme moyen de rapprochement. Ils proposèrent de former un comité, destiné en apparence à recueillir de l'argent pour les Polonais insurgés, où les deux fractions en lutte seraient également représentées. Dans sa composition générale, ce comité comprenait tous les hommes importants du parti républicain. On prit dans son sein une commission exécutive composée : pour *le National*, de MM. Marrast, Goudchaux, Courtais ; pour *la Réforme*, de MM. Flocon, Lamennais, Ledru-Rollin. Promoteur le plus actif de cette union, M. Guinard leur fut adjoint.

L'hostilité cessa momentanément à Paris. Il y eut de part et d'autre quelques efforts sincères de paix définitive. Mais les animosités couvaient, entretenues par les soupçons blessants et les imputations malveillantes que les voyageurs de *la Réforme*, principalement M. Caussidière, colportaient dans les départements contre la feuille rivale et contre l'extrême gauche.

XII

Le National était alors dirigé par un homme d'un grand sens et d'une grande vertu, M. Charles Thomas, avec le concours d'un écrivain qui poussait jusqu'au sublime et qui a payé de sa vie l'ardeur de son dévouement à la République, M. Dornès. Il était rédigé en première ligne par Armand Marrast, qui avait pour collaborateurs MM. Léopold Duras, Edmond Adam, Barthélemy Hauréau, Frédéric Lacroix, Albert Aubert, Forgues, Dumont, Gustave Héquet, Terrien, Littré. A raison de quelques dissentiments, MM. Bastide et Duclerc avaient donné leur démission, en juillet 1846.

Un comité, composé de MM. Marie, Courtais, Goudchaux, Martin (de Strasbourg), etc., mettait les députés de l'extrême gauche en rapport avec *le National*, qui recevait leurs communications.

A côté du *National*, inspiré par le même esprit, M. Degouve-Denuncques rédigeait avec talent un office de correspondance pour les journaux des départements.

La Réforme avait aussi son comité de direction, ainsi composé : MM. Ledru-Rollin, Étienne Arago, Baune, Dupoty, Félix Avril, Ferdinand Flocon, Ribeyrolles, Guinard, Joly, Lemasson, Lesserré, Louis Blanc, Lamennais, Schœlcher, Pascal Duprat, Recurt, Vallier; M. François Arago figurait sur les listes, mais n'assistait pas aux réunions. M. Flocon était le rédacteur en chef. M. Ledru-Rollin représentait seul cette fraction du parti radical à la Chambre des députés.

Les deux journaux exerçaient sur la jeunesse des Écoles une influence à peu près égale. Mais les affiliés des Sociétés secrètes ne se rattachaient qu'à *la Réforme*.

XIII

Ces Sociétés, d'ailleurs, avaient perdu toute importance. Aux *Amis du peuple*, issus de la Révolution de 1830, avaient succédé les *Droits de l'homme*; aux *Droits de l'homme*, dissous après l'insurrection d'avril 1834, la *Société des familles*; à celle-ci, vers la fin de 1836, la *Société des saisons*. Conduite aux barricades, le 12 mai 1839, par MM. Barbès et Blanqui, la *Société des saisons*, rompue par la défaite, essaya de survivre. Mais, des meneurs les plus importants, les uns étaient morts, les autres dans les prisons ou dans l'exil. Reconnaissant enfin la périlleuse inefficacité des moyens occultes, les moins aveugles y avaient renoncé. L'organisation nouvelle ne comprenait plus guère qu'un millier d'individus enrégimentés par un comité formé de MM. Caussidière, Albert, Boivin, Grandménil, Léoutre, Leroux et Lucien de la Hodde. Ce dernier, qui avait travaillé au *Charivari* et à *la Réforme*, était depuis longtemps à la solde de la police. Un moment, M. Flocon avait fait partie de ce comité; mais, en prenant la rédaction de *la Réforme*, il s'était retiré. Impuissants pour l'action, sans force réelle, sans racine dans le peuple, sans influence sur le parti républicain, livrés à tous les yeux comme à toutes les suggestions de la police, en proie aux soupçons réciproques, par prudence ou par impossibilité dépourvus de munitions et d'armes, les membres des Sociétés secrètes n'étaient plus que le reflet d'un foyer qui s'éteint, une copie, une ombre.

XIV

Dans les Écoles, au contraire, l'esprit politique se ranimait. Vers 1845, des étudiants avaient conçu le projet de se créer un organe spécial. Ils fondèrent le *Journal des Écoles*, et constituèrent ainsi un nouveau centre de propagande politique [1]. Plus tard, sous l'inspiration de M. Genillier, professeur de mathématiques, des conférences furent instituées, où ces jeunes gens discutaient entre eux des questions de politique et de

---

[1] Les fondateurs étaient MM. Arthur Mangin; Pillette; les frères Bocquet; Camille de Mont-Mahou; Bataillard; Vernet; Bourjon; Charvet; Broca; les frères Bratanio, etc. En 1846, par imitation de ce qui se faisait à *la Réforme* et au *National*, les Écoles eurent aussi leur Comité polonais.

philosophie. Enfin, en 1847, plusieurs rédacteurs du *Journal des Écoles* ayant fait scission, cette feuille fut remplacée par *la Lanterne du quartier latin*. Un très-petit nombre d'entre eux étaient affiliés aux Sociétés secrètes.

XV

A côté de ces organisations politiques, en dehors de leur action, mais s'y mêlant quelquefois et par des voies diverses, s'agitait depuis plusieurs années une propagande socialiste.

Le socialisme se divisait en écoles multiples, subdivisées elles-mêmes en une infinité de sectes, presque d'individualités.

XVI

Vers le milieu de la Restauration, le descendant d'une famille historique, Saint-Simon, avait produit un corps de doctrine. Quelques élèves, groupés autour de lui, donnèrent au dogme nouveau le nom de saint-simonisme, du nom du maître. Basée au début sur le christianisme, la doctrine saint-simonienne proclamait le progrès indéfini de la perfectibilité humaine. Elle contenait une religion, une philosophie, une science. La religion avait pour but la réhabilitation de la chair. La philosophie dérivait du panthéisme. La science était résumée dans cette formule : A chacun selon sa capacité ; à chaque capacité selon ses œuvres. Comme organisation sociale, la doctrine supprimait les nationalités, divisait par toute la terre les hommes en catégories hiérarchisées, dont les membres, classés par le pouvoir, étaient reliés entre eux par l'amour de l'inférieur pour le supérieur. Le chef de la doctrine *se posait*. Après des divisions nombreuses, nées de divergences d'opinions dans les principes et dans leur application, les derniers saint-simoniens restés groupés autour du *père*, logiciens rectilignes, admirent, comme conséquence naturelle de leur religion, l'abolition de la propriété individuelle et du mariage, la communauté de biens et de femmes.

Cependant il est juste de reconnaître que, parmi beaucoup d'idées fausses, de conceptions bizarres, dominait un sincère amour de l'humanité, une généreuse ardeur de procurer l'amélioration morale et matérielle du sort de tous par le progrès des institutions humaines. Pour y parvenir, il fallait connaître et la nature entière de l'homme et le monde; il fallait connaître et vérifier toutes les idées, toutes les conceptions, quelles qu'elles fussent. Effort surhumain! Ce travail fut entrepris. Une foule de jeunes hommes, pleins de mérite et de talent, séduits par la nouveauté de la doctrine et par sa mystérieuse audace, se mirent à l'œuvre. Et de ce cratère en ébullition sortirent pêle-mêle de folles erreurs et des vérités profondes, des tentatives absurdes et des essais fructueux, des prédications insensées et des enseignements féconds.

Enfin, après un essai avorté de vie en commun, l'école saint-simonienne se dispersa. Les disciples émigrèrent dans tous les pays, dans toutes les opinions, dans les sectes dissidentes. Les grandes entreprises de l'industrie en absorbèrent le plus grand nombre. Le gouvernement en employa quelques-uns à des missions scientifiques. Deux des principaux entrèrent à la rédaction du *Journal des Débats*. L'un d'eux eut une chaire au Collège de France.

Les hommes les plus importants de l'école saint-simonienne étaient, avant leurs divisions : MM. Enfantin, Bazard, Émile Barrault, Carnot, d'Eichtal, Michel Chevalier, Jules Lechevalier, Pierre Leroux, Olinde Rodrigues, Guéroult, Jean Reynaud, Charton, Auguste Comte, E. Pereire, Ch. Duveyrier.

XVII

Au milieu des premiers disciples de Saint-Simon s'était rencontré un homme d'une haute moralité et d'une instruction profonde, M. Buchez. Longtemps il avait combattu la Restauration dans les ventes du carbonarisme ; il n'avait échappé que par hasard à l'échafaud des quatre sergents de la Rochelle.

Lorsque, sous l'influence de MM. Bazard et Enfantin, le saint-simonisme afficha l'intention de devenir une église, M. Buchez l'abandonna. Le christianisme était sa foi : il en chercha, il en enseigna l'application vraie. Peu de temps lui suffit pour réunir un certain nombre d'adhérents parmi les républicains, les ouvriers, et même parmi les membres les plus éclairés du clergé.

Sa doctrine, tirée de l'Évangile, était contenue dans le triple symbole : *Liberté, Égalité, Fraternité,* base et but de la nationalité française, formule du progrès que la Révolution de 1789 avait pour mission de réaliser dans l'humanité. M. Buchez était donc révolutionnaire républicain. Sa religion était la loi du Christ; son critérium, la morale; son but, l'amélioration du sort de tous; son moyen, le dévouement fondé sur cette belle maxime : « Celui qui veut être le premier parmi vous doit être le serviteur des serviteurs de Dieu. » Conformément à ces principes, M. Buchez résumait ainsi la science économique : association libre et volontaire des travailleurs. De cette conception féconde et sage sortit la première association d'ouvriers fondée à Paris. Consacrée par le temps, elle existe encore aujourd'hui. C'est elle qui a servi et servira de modèle à toutes les associations de travailleurs qui voudront créer une institution durable. Cette association est celle des ouvriers bijoutiers, dont M. Leroy, homme persévérant et dévoué, fut le premier chef, et qui eut pour fondateurs MM. Buchez, Rampal, Garnier-Pagès, Boulanger, etc.

Les journaux qui enseignaient cette doctrine du christianisme révolutionnaire et républicain furent : *l'Européen*, combiné plus tard sous le titre de *Revue nationale*, et *l'Atelier*, le premier journal exclusivement rédigé par des ouvriers.

MM. Corbon, Pascal, Danguy, Roux-Lavergne, Cerise, Boulard, Feugueray, Ott, Bois-le-Comte et Bastide, comptaient parmi les principaux adhérents de M. Buchez.

XVIII

Bien avant Saint-Simon, Fourier avait imaginé une doctrine sociale. Penseur profond, écrivain original, sectaire hardi par l'audace des investigations, par la nouveauté des aperçus, et tout au moins par la bizarrerie, le cynisme et le fantastique des conceptions, ses livres étaient de nature à solliciter la curiosité. Toutefois, ses écrits restèrent longtemps ignorés. Après 1830, quelques disciples propagèrent tout à coup avec ardeur et firent paraître eux-mêmes une multitude d'écrits et de commentaires. La doctrine s'appela le fouriérisme ou l'école sociétaire. Afin que l'on puisse bien comprendre l'action de l'école sociétaire dans le mouvement de 1848, nous en ferons connaître le principe d'après un des adeptes les plus ingénieux et les plus fervents, M. E. de Pompery :

« Fourier croyait à l'harmonie universelle, et, comme conséquence, il prédisait l'harmonie sociale, dont il a donné les lois. Fourier regardait l'*attraction* non-seulement comme la cause des mouvements sidéraux, mais encore comme la loi des mouvements de l'*âme humaine* et des phénomènes sociaux. A ses yeux, toute passion, instinct ou faculté, était un mobile d'activité qui, dans son jeu régulier, produisait le bien. Les passions ne devaient donc pas être comprimées, mais dirigées, attendu que le mal ne venait que de leur faux essor. Si l'attraction était la cause du mouvement et de l'activité humaine, la série était la règle et la forme mathématique. Par série, Fourier entendait cette loi de continuité qui, dans l'espace, groupait et reliait, par transitions insensibles, tous les êtres au sein de la vie universelle, rapprochait et associait, pour former les unités diverses, les générations, les âges, les transformations successives que subissaient toutes les créatures. L'application de cette loi était, selon lui, le seul moyen que l'exercice en fût normal et complet. C'est pourquoi Fourier prétendait que le travail ne serait plus une peine, mais un plaisir, dès qu'il pourrait s'adapter aux lois diverses de l'attraction et de la série.

» Fourier répudiait la communauté. Il voulait l'association libre et volontaire du capital, du travail, du talent. Une commune ainsi associée représente, dans son système, l'alvéole de la société humaine. Il l'appelle phalange, par souvenir de l'idée d'organisation puissante attribuée à la phalange macédonienne. L'édifice unitaire, demeure des habitants d'une commune, recevrait ainsi le nom de phalanstère. »

De là suit que le principe et le but de l'école fouriériste étaient profondément révolutionnaires. Elle ne se proposait rien moins que de changer la base et l'ordre entier des relations humaines. Mais, en même temps, elle était pacifique. Dans la pensée de ses adeptes, il suffirait qu'une seule commune s'établît dans le monde suivant les lois de l'organisation sociétaire, pour que, de proche en proche et par la seule force de l'exemple, le monde se transformât. Quelques tentatives ayant eu lieu et n'ayant pas réussi, les phalanstériens ne se décourageaient pourtant pas; ils affirmaient qu'aucune de ces tentatives n'avait été assez sérieuse pour que le mécanisme industriel de Fourier eût pu être efficacement pratiqué.

Dans ce système, l'organisation politique était forcément secondaire; elle n'était que le corollaire de l'organisation sociale. En conséquence, les phalanstériens professaient une grande indifférence en matière politique. A la longue, cependant, ils avaient compris que les améliorations sociales avaient plus de chances de succès sous un gouvernement démocratique que sous un gouvernement de privilége, sous la république que sous la monarchie. Hostiles à tous les partis, souvent sympathiques au gouvernement dans leurs journaux des premiers temps, *le Phalanstère* et *la Phalange*, ils étaient successivement venus prendre leur place dans les rangs de l'Opposition. Rédigé par un ancien officier d'artillerie, M. Victor Considérant, et par MM. Cantagrel, Hennequin, Vigoureux, Pompery, le Chevalier, Toussenel, etc., le dernier organe du phalanstère, *la Démocratie pacifique*, combattit avec une vigueur de jour en jour plus accentuée M. Guizot et son système.

XIX

Les sectes communistes étaient nombreuses. Une seule avait fait quelque bruit; c'était celle des icariens. M. Cabet, ancien député, longtemps réfugié en Angleterre, en était le prophète. Ayant rencontré l'utopie de Thomas Morus, il y avait puisé l'idée d'un nouvel arrangement de la société. Pour mieux vulgariser son plan, il l'exposa dans une sorte de roman, le *Voyage en Icarie*. Les icariens vivaient en commun. Le pouvoir, dirigeant tous les travaux, classait tous les travailleurs et distribuait les produits du travail collectif, non pas suivant la capacité, mais suivant les besoins de chacun. Par une exception qui fait plus d'honneur aux sentiments des icariens qu'à leur logique, ces communistes de nouvelle sorte conservaient la famille, le mariage et le divorce.

De retour en France, l'auteur du *Voyage en Icarie* avait ressuscité un ancien journal, *le Populaire*. Il y prêchait sa doctrine, montrait l'Icarie comme un nouvel Eldorado, où chacun jouissait d'un bonheur sans mélange, où tous les hommes vivaient également bons, laborieux, dévoués, vertueux et bien portants.

Ces fantaisies, empruntées à tous les utopistes de tous les temps, n'avaient excité que le sourire des penseurs socialistes. Mais la perspective du bonheur dont on jouissait en Icarie avait séduit un grand nombre d'ouvriers honnêtes, à Paris et dans les grands centres industriels. Comparant ces riches tableaux avec les affreuses réalités de leur sort, beaucoup de ces malheureux croyaient que l'Icarie était un pays; ils voulaient y aller, et propageaient avec ardeur parmi leurs compagnons l'idée de la communauté icarienne. M. Cabet, qui avait été un homme politique, déclarait d'ailleurs que son exposition était l'idéal de la perfection où devaient tendre les adeptes; que, pour l'atteindre, un régime transitoire était indispensable; et, en conséquence, il préparait une émigration en Amérique, afin de réaliser l'Icarie de ses rêves sur cette terre classique de la liberté expérimentale.

Il faut rendre à M. Cabet cette justice qu'il proscrivait les moyens de force. Révolutionnaires de principe, les icariens ne l'étaient point de pratique. Ils n'attendaient et ne voulaient le succès que par la prédication et l'exemple.

XX

M. Louis Blanc, écrivain d'un grand talent, ancien rédacteur en chef du journal *le Bon Sens* et de *la Revue du progrès*, quoique jeune encore, était déjà célèbre par une très-remarquable histoire des dix premières années du règne de Louis-Philippe. Occupé d'abord exclusivement de questions politiques, ses prédilections s'étaient bientôt tournées vers les études sociales. Ses sentiments, les idées que ses études avaient éveillées dans sa tête et dans son cœur, se firent jour, avec une précipitation passionnée, dans un écrit intitulé *Organisation du travail*. Cet écrit anathématisait la concurrence, origine et cause permanente de toutes les misères, de toutes les souffrances, de tous les vices, de tous les crimes. Il enseignait l'association non pas volontaire, mais forcée, des divers corps d'état; une fois constituées, ces associations étaient rendues solidaires par le lien d'une association centrale; l'association centrale, c'était l'État. L'État dirigeait les travaux et les payait; quelles que fussent les différences d'aptitudes et de besoins, les salaires étaient égaux. Sous une littérature plus brillante, le système de M. Louis Blanc était donc réellement le communisme. Bien que l'*Organisation du travail* portât partout la trace d'une pensée peu mûre, comme ce livre était empreint d'une rare éloquence, il eut beaucoup de retentissement, fit des prosélytes, et procura à son auteur, avec la popularité, une clientèle. Cette clientèle, animée de tous les feux de la passion révolutionnaire, se rattachait à celle de *la Réforme* par des relations fréquentes. Membre du comité de ce journal, et bien que *la Réforme,* plus particulièrement inspirée par M. Ledru-Rollin, combattît sans ménagement le communisme, M. Louis Blanc fit adopter par ses collègues l'idée d'une pétition tendant à réclamer des pouvoirs publics les améliorations sociales renfermées dans cette formule indéfinie : l'*Organisation du travail.*

XXI

Issus de la même génération d'idées, dévoués à l'ardente investigation du bien, mais le cherchant là où il n'est pas, d'autres écrivains, non classés dans les écoles, s'étaient fait un nom dans le socialisme. C'étaient, en première ligne, MM. Achille Comte, Pecqueur, Proudhon, Vidal.

Louis Bonaparte, prisonnier à Ham, avait publié le résumé de ses méditations dans une brochure intitulée *le Paupérisme*.

XXII

Au-dessous de ces intelligences élevées, la poussière des sectes anonymes! Recrutées parmi les proscrits de la civilisation, parmi les victimes volontaires ou involontaires du vice, il n'y avait de légitime en elles que la souffrance. La Révolution, à leurs yeux, ne devait pas être le redressement, mais une vengeance. Privées de tout, elles désiraient tout. Le mal, c'était le besoin! la satisfaction du besoin, c'était le bien! Partage ou communauté des richesses, des terres, des femmes, des enfants, ces logiciens de la misère et du vice ne reculaient devant aucune conséquence, parce qu'ils ne se sentaient responsables ni devant leur conscience, ni devant la société, ni devant Dieu. Le lendemain d'une victoire de la démocratie, cette horde pouvait être un embarras ; aux mains de quelque Spartacus de club, elle pouvait être un instrument non de guerre civile, mais d'émeute ; contenue par la masse du peuple honnête, elle n'était réellement un péril sérieux pour personne. Mais elle offrait, et c'était là son véritable danger, un texte d'invectives aux calomniateurs de la Révolution.

XXIII

Cependant le socialisme ne pénétrait que lentement dans les masses du peuple. Le mécanisme compliqué des procédés nouveaux, l'obscurité des transitions, contentaient mal leur esprit net et positif. La droiture de leur cœur s'insurgeait contre certaines conséquences. Mais, avec le temps, leur intelligence dégageait du socialisme l'idée fondamentale, l'idée juste, l'idée d'amélioration morale et matérielle. Par une pente inévitable, leurs sympathies allaient aux propagateurs de cette idée ; et la foule prêtait une oreille de plus en plus attentive aux prédications, aux promesses de ces chercheurs, qui affirmaient avoir trouvé le secret de soulager toutes les souffrances et même de guérir toutes les maladies du corps social.

XXIV

Pour le gouvernement, ce problème de la misère, si redoutablement agité parmi les plébéiens, n'existait pas. Socialisme, organisation du travail, concurrence, association, c'étaient là des néologismes baroques, inconnus des gens de goût, et prêtant à la raillerie. Le jour où la pétition du Travail arriva au Palais-Bourbon, la majorité ne s'irrita pas : elle se prit à rire. Parfois, il est vrai, on sentait bien une agitation dans les couches inférieures ; mais cette agitation ne déplaisait pas toujours. A l'heure voulue, le sophisme y prenait son meilleur argument de tribune. Quand M. Guizot croyait avoir besoin de faire un peu tressaillir les privilégiés, il leur criait : « Vous n'avez contre la disposition révolutionnaire des classes pauvres qu'une garantie efficace, puissante : le travail, la nécessité incessante du travail ! » Avilissant ainsi, au point de le montrer comme un châtiment, le travail, que le peuple réclamait comme un droit, comme un impérieux devoir d'assistance! Du péril? au fond il n'y en avait point. Les Sociétés secrètes? on les dominait par la police. On écrasait les coalitions d'ouvriers par la magistrature, l'émeute par l'armée.

Le gouffre creusé par un égoïsme aveugle, entre les classes privilégiées et les classes laborieuses, allait ainsi s'élargissant de plus en plus. Et en haut, personne ne voyait! De la gauche et du centre gauche, comme du gouvernement ou de la majorité, nul ne plongeait par delà le cercle parlementaire. Renverser le ministère Guizot, imposer à la Cour un ministère non servile et une politique plus libérale, dominer ainsi le gouvernement personnel! ni l'ambition des partis dynastiques, ni leurs préoccupations ne s'aventuraient au delà.

XXV

L'horizon des radicaux était plus vaste. Déjà considérée par eux comme un devoir, l'étude sympathique de toutes les questions qui touchaient à la situation des populations ouvrières des villes et des campagnes, à leur amélioration morale et matérielle, commençait à leur apparaître comme une nécessité impérieuse.

Mais ici encore, si de part et d'autre le principe était admis, on différait sur la conduite. Les uns disaient : Le bonheur du peuple est le but; la politique en est le moyen. Donc, conquérons d'abord l'instrument, c'est-à-dire le suffrage universel, la République. Une fois souverain de fait, comme il l'est de droit, le peuple vérifiera toutes les conceptions individuelles et saura, mieux que personne, donner au problème social la solution juste. Les autres soutenaient que les questions de forme étaient des questions secondaires, qu'il fallait appliquer d'abord leurs systèmes, pratiquer leurs combinaisons, en un mot organiser le travail; virtuellement, le reste suivrait.

On reconnut la nécessité d'une tentative d'accord. Sur l'initiative des rédacteurs de *l'Atelier*, une réunion fut convenue, dans laquelle seraient examinés les divers plans d'organisation recommandés par les différentes écoles. Plusieurs séances eurent lieu, en effet, chez M. Marie, où assistaient les députés Marie, Garnier-Pagès, Carnot, Courtais, Chapuys-Montlaville, etc., etc.; MM. Marrast, Dornès, Goudchaux, du *National*; Ledru-Rollin, Louis Blanc, de *la Réforme*; Corbon, Danguy, Pascal, de *l'Atelier*; Leroy et Thibault, de l'association des ouvriers; les représentants des industries unies, MM. Lenoir, Antoine et quelques autres ouvriers.

Les questions successivement traitées peuvent être ramenées toutes à deux systèmes, à deux principes : celui de l'association volontaire, celui de l'association forcée. Le premier eut pour défenseur principal M. Corbon; le second, M. Louis Blanc.

Suivant M. Corbon, le système de l'association libre est le seul juste et le seul efficace. Liberté de l'individu dans l'association ; liberté de l'association dans la nation. Chaque industrie doit pouvoir se retirer de l'association ; chaque association particulière doit être indépendante, maîtresse de ses mouvements, libre de se réunir à d'autres groupes ou de s'en séparer. L'équité, d'accord avec l'intérêt général, exige que chacun soit rétribué selon ses œuvres. Le seul lien nécessaire est l'intérêt commun de société et de nationalité.

Suivant M. Louis Blanc, au contraire, l'association est pour tous les travailleurs une obligation. Que les groupes d'associés soient divers, la nature même des choses l'exige; mais il ne faut pas qu'ils puissent jamais être opposés. Donc, il est nécessaire qu'ils soient dépendants et solidaires les uns des autres. Le lien entre les différentes fractions de l'association universelle est le pouvoir central, l'État, qui dirige tous les mouvements, représente tous les intérêts, distribue tous les travaux, répartit les fruits du travail commun. Le salaire est égal pour tous.

M. Corbon reconnaît les excès de la libre concurrence. Mais, s'il faut détruire les abus, il serait insensé de détruire le principe, qui est le principe même de liberté.

M. Louis Blanc affirme que les maux de la société viennent tous d'une source unique, la libre concurrence; que c'est elle qui tue les forces matérielles et les forces morales des travailleurs; qu'elle produit les grèves, les chômages, l'avilissement des salaires, par conséquent, les maladies, les vices, les crimes, et qu'on n'aura rien fait tant qu'on ne l'aura pas radicalement extirpée.

Vous supposez, dit M. Corbon, que tous les hommes sont également bons, dévoués, laborieux; vous supposez qu'il n'y a plus de vices, plus d'égoïsme, plus de paresse. Or, c'est là malheureusement une hypothèse chimérique. — Aujourd'hui, soit, réplique M. Louis Blanc; mais ces vices dérivent-ils de la nature de l'homme? Non; ils sont le produit d'une vicieuse organisation de la société. Changez le principe actuel, vous aurez changé l'homme actuel qui en est le produit. La solidarité détruira les maux, les vices, les crimes, que l'antagonisme a jusqu'à ce jour enfantés.

Ces discussions se renouvelèrent souvent, et la plupart des membres de la réunion y prirent une part active. Je dois dire que le système de l'association forcée y trouva peu d'adhérents. Il fut combattu avec beaucoup de force par quelques-uns, notamment par M. Ledru-Rollin. M. Louis Blanc se retira.

Sur la proposition de M. Goudchaux, pour qui le problème de l'organisation du travail n'était que le problème de l'organisation du crédit, on décida qu'il fallait tenter de réunir les capitaux suffisants pour favoriser les essais d'associations ouvrières, quelles que fussent d'ailleurs leurs théories et leurs tendances. Le soin d'éprouver le système serait abandonné au temps ; celui de rectifier les fausses conceptions, à la pratique ; celui de décréter les applications définitives, au peuple remis en possession de la souveraineté.

XXVI

En dehors de toutes les classifications de partis et de toutes les sectes, et comme couronnement à ce vaste ensemble des forces du libéralisme et de la démocratie, il y avait enfin le Comité central des électeurs de la Seine, dont nous avons parlé. L'organisation de cette puissante machine était fort simple. Dans chaque arrondissement, un comité ; chaque comité nommait des délégués qui le représentaient dans le sein du Comité central. Par ces délégués, le Comité central communiquait l'impulsion aux comités d'arrondissement, qui la transmettaient aux électeurs de leur circonscription.

Excepté le journal des radicaux exclusifs et les feuilles légitimistes, tous les organes de la presse recevaient et publiaient les communications du Comité central. On voyait, chose inouïe jusqu'alors, concourir au même but, sans se confondre, à Paris : *le Constitutionnel,* organe du centre gauche ; *le Siècle,* organe de la gauche dynastique ; *le National,* de la gauche radicale ; *la Démocratie pacifique*, des phalanstériens; *le Courrier français, la Presse et le Charivari ;* — dans les départements, les feuilles le plus justement accréditées, telles que : *le Journal de Rouen,* rédigé par M. Cazavan ; *le Censeur de Lyon,* par MM. Rittiez et Kauffmann ; *le Propagateur du Pas-de-Calais*, par M. Frédéric Degeorges ; *l'Écho du Nord,* par A. Leleux ; *le National de l'Ouest,* par M. Mangin ; *le Bien public*, de Mâcon, fondé et dirigé par M. de Lamartine ; *le Journal du Havre,* etc., etc.

XXVII

Ainsi : dans le sein du Parlement, trois grandes fractions, le centre gauche, la gauche dynastique, la gauche radicale ; hors du Parlement, la clientèle de ces trois partis ; — en outre, les radicaux exclusifs, les sectes et les masses ; voilà l'état des divers éléments de l'Opposition, dont le but était d'arracher la France au système énervant qui matérialisait le cœur de la nation.

CHAPITRE QUATRIÈME.

M. de Morny, tout en complimentant le roi au sujet des élections de 1846, lui rappelle les promesses de M. Guizot; réponse ironique de Louis-Philippe. — La gauche se décide à recourir à l'agitation pacifique. — Première réunion de toute l'Opposition chez M. O. Barrot; accord de toutes les nuances, chaque principe sauvegardé. — Deuxième réunion : on décide que le Comité central prendra l'initiative du mouvement réformiste; M. Pagnerre est chargé de préparer un projet de pétition pour la réforme électorale et parlementaire; pour obtenir cette réforme, on adopte trois moyens d'action : la pétition, signalant les vices de la loi électorale; des banquets, constatant et cimentant l'accord de toute l'Opposition; un comité mixte, centralisant la direction du mouvement réformiste. — Prévision de M. Garnier-Pagès. — Réunion du Comité central chez M. Pagnerre. — Réunion chez M. de Lasteyrie : on y adopte qu'un banquet sera offert aux députés réformistes par le Comité central et par les comités d'arrondissement du département de la Seine. — Après cette réunion, la direction du mouvement passe aux mains du bureau du Comité central. — Il commence par agir sur les comités d'arrondissement et les entraine. — Les souscriptions pour le banquet, d'abord lentes, affluent et dépassent de beaucoup le chiffre déterminé; le Comité fixe le jour au 7 juillet, et le lieu de réunion au Château-Rouge; après avoir signifié l'interdiction, le ministère la retire; le banquet a lieu le 9; quatre-vingt-six députés y assistent; discours et toasts de MM. de Lasteyrie, Recurt, O. Barrot, Pagnerre, Duvergier de Hauranne, Sénart, Grisier, Riglet, Hamelin, Marie, G. de Beaumont, Chambolle, Frédéric Degeorges, de Malleville; paroles amères et écrasantes de MM. O. Barrot, Duvergier de Hauranne, de Malleville; effet immense de ce banquet en France et à l'étranger. — Le Comité central se met en rapport avec les comités et les journaux des départements; il leur communique son activité et son dévouement. — Banquets à Colmar, Strasbourg, Soissons, Saint-Quentin. — Crime de Léotade. — Assassinat de la duchesse de Praslin par le duc son mari; profonde sensation en France. — Le duc d'Aumale est nommé gouverneur général de l'Algérie. — Le maréchal Soult se retire; M. Guizot devient président du Conseil. — L'agitation des banquets se propage; à celui de Cosne, un premier dissentiment se déclare entre les nuances de l'Opposition : M. Gambon, magistrat, proteste contre un toast au roi, proposé par l'Opposition dynastique; il est suspendu pour cinq ans. — Les radicaux exclusifs, d'abord hostiles aux banquets, se décident à y prendre part : MM. Ledru-

Rollin et Flocon au banquet de Lille; M. O. Barrot veut y faire modifier les toasts, en ajoutant à l'un d'eux une reconnaissance implicite de la monarchie de Juillet; les commissaires refusent; M. O. Barrot et ses amis se retirent. — Au banquet d'Avesnes, M. O. Barrot fait une confession de foi monarchique, sur laquelle il s'était tenu muet jusqu'alors. — Le mouvement des banquets continue. — Les premiers résultats de cette agitation se font sentir : plusieurs Conseils généraux se prononcent pour la réforme; des élections partielles sont contraires au gouvernement; le roi est obligé de remettre à M. Berger la mairie du deuxième arrondissement de Paris. — Les radicaux exclusifs prennent le parti d'organiser des banquets exclusivement radicaux : banquets de Dijon, de Chalon-sur-Saône. — Polémique entre les radicaux exclusifs et les radicaux parlementaires. — Banquets de Montpellier, du Neubourg; les radicaux réformistes y soutiennent leur cause; fusion de toutes les nuances de l'Opposition, sous réserve complète des principes. — Banquet de Rouen; les radicaux réformistes refusent d'y assister, un toast devant être porté aux institutions de Juillet. — Dernier banquet proposé par le douzième arrondissement. — Conséquence de la campagne des banquets : réveil de l'opinion publique.

I.

La session du pays légal était close ; celle de l'opinion publique s'ouvrait. Quelques dispositions préliminaires l'avaient préparée.

On a vu que la proposition de M. Duvergier de Hauranne avait été rejetée le 26 mars. Dès cette époque, le centre gauche et la gauche furent définitivement convaincus qu'il n'y avait plus rien à espérer de la Chambre, de la Cour moins encore. Plus le roi vieillissait, et plus il s'obstinait dans le mépris de tout ce qui n'était pas sa pensée, et plus s'enracinait en lui cette conviction qu'à l'immuable maintien de sa conduite antérieure étaient indissolublement liés et la sécurité de son règne et l'avenir de sa race. On racontait que, peu de temps après les élections de 1846, M. de Morny était allé le complimenter en ces termes :

« Sire, le succès est considérable. Je le crois dû surtout au discours de M. Guizot à Lisieux ; et si Votre Majesté veut en tenir les promesses, aux prochaines élections, l'Opposition n'existera plus ; ses rares défenseurs ne seront plus qu'un objet de curiosité dans le pays. » Le roi, avec un sourire dédaigneux, et appuyant ironiquement sur chaque syllabe, avait répondu : « Quelles promesses ? la réforme ? les in-com-pa-ti-bi-li-tés ? Vous ne connaissez pas ce pays, on ne peut le gouverner qu'avec des fonctionnaires publics. »

Vous ne connaissez pas la France ! Le même mot devait se retrouver dans la même bouche à la veille du 24 février. Les longs règnes aveuglent.

L'Opposition dynastique était donc résolue de chercher, en dehors du Parlement et du pays légal lui-même, la force que lui enlevait à jamais le triple accord du roi, du Cabinet et de la majorité parlementaire, dans la résistance à tout progrès. Ce qui portait au comble son ardeur d'agir, c'étaient les imprudentes provocations de M. Duchâtel. Engagée d'avenir, elle l'était maintenant d'amour-propre. Elle se sentait à la fois perdue et ridicule, si elle n'envoyait, pour réponse à cette railleuse affirmation de l'indifférence du pays, les démentis du pays.

Elle sentait en outre, elle voyait clairement, que, pour être efficace, l'agitation devait être profonde ; qu'il faudrait chercher le sentiment de la nation jusque dans ses entrailles ; que, réduits à leurs seules forces, les partis dynastiques ne pouvaient guère mettre en mouvement que les surfaces ; que le secours du radicalisme était indispensable. Cette nécessité, comprise, fut acceptée.

II

Restait à régler le mode, les conditions, le terrain, la limite de cette coalition des forces réformistes. Une première réunion eut lieu chez M. O. Barrot. Par un excès de conciliation, plusieurs députés légitimistes y avaient été convoqués. Mais il fut bientôt évident que ce voisinage était impossible, et qu'il fallait laisser en dehors d'une action entreprise au nom de la souveraineté du peuple un parti qui regarde comme impie le dogme fondamental de la Révolution. Puis, comme parmi toutes les nuances de l'Opposition libérale et démocratique, la résolution d'agir était sincère ; comme les dispositions réciproques étaient loyales ; comme de part et d'autre, s'il y avait des réserves précises, il n'y avait aucune arrière-pensée secrète, l'accord ne fut point difficile.

« Vous connaissez nos opinions, » disaient les radicaux, « nous sommes républicains; nous restons, nous resterons républicains. Pour nous, il est démontré que la France ne supporte plus les conditions nécessaires de la monarchie; mais nous reconnaissons qu'elle ne comprend pas, qu'elle ne veut pas encore les conditions nécessaires de la République. Donc, si l'avenir est à nous, le présent vous appartient. Prenez-le; réalisez dans sa vérité le gouvernement représentatif; marchez à votre pas, mais sérieusement, dans la voie des réformes et du progrès; donnez à la France la liberté dont elle a besoin ; rendez-lui un peu de prospérité; relevez-la devant l'Europe; faites en un mot une expérience décisive de votre monarchie. Tant que notre foi ne sera pas compromise, vous aurez notre appui. Si vous réussissez, fidèles à nos convictions, nous continuerons de marcher en avant; mais nous ne vous combattrons qu'avec nos idées, avec les armes de la liberté légale. Si vous échouez, au contraire, et pour nous il est certain que vous échouerez, laissez-nous l'espoir que vous chercherez avec nous la vraie formule de notre commun principe : la souveraineté du peuple. »

Les dynastiques répondaient : « Nous l'entendons ainsi. L'isolement, les défiances, les divisions des honnêtes gens de tous les partis, ont maintenu trop longtemps debout un pouvoir qui mène la société aux abîmes. Mettons un terme à ces divisions funestes. Marchons ensemble dans la voie des réformes, marchons-y pacifiquement, légalement. S'il vient un jour, si une circonstance surgit, où l'accord ne soit plus possible, si vous jugez compromise la dignité de votre situation ou la sévérité de vos principes, si nous venons à concevoir pour les nôtres la même inquiétude, nous nous séparerons. Jusque-là, restons unis, en dehors de toutes les questions de forme. Vous voulez un gouvernement moral, un gouvernement qui ne ruine pas le pays, qui cesse de l'abaisser au dehors ; nous voulons, comme vous, ces résultats. Vous croyez que la monarchie constitutionnelle est impuissante à les procurer ; nous croyons le contraire : nous croyons que le gouvernement représentatif n'est incompatible ni avec l'honnêteté, ni avec la dignité, ni avec aucune des exigences d'une démocratie raisonnable. Cette expérience, en tout cas, vaut qu'on la tente ; nous voulons la tenter loyalement. Quand nous croirons le but atteint, nous nous arrêterons ; vous serez libres de continuer. Si nous échouons, au contraire, si l'expérience nous démontre que l'œuvre est impossible, si la république sort des excès ou des misères de la monarchie, eh bien, nous ne sommes inféodés ni à la dynastie ni à la monarchie, nous ne déserterons pas les principes de la Révolution, nous n'émigrerons pas, nous ne serons pas des factieux ; vos tentatives d'organisation républicaine trouveront en nous un loyal concours. »

III

Ces bases convenues, le mouvement ne s'arrêta plus. Une réunion nouvelle mit en présence le centre gauche, représenté par MM. Duvergier de Hauranne et de Malleville ; la gauche, par MM. O. Barrot et G. de Beaumont ; la gauche radicale, par MM. Carnot et Garnier-Pagès ; le Comité central, par MM. Pagnerre, Recurt, Labélonye et Biesta ; et enfin plusieurs députés de diverses nuances, parmi lesquels MM. Berger, Abbatucci, Havin et Thiers. Séance tenante, on décida que le Comité central prendrait l'initiative du mouvement réformiste ; et, sur la proposition de M. Duvergier de Hauranne, M. Pagnerre fut chargé de préparer un projet de pétition pour la réforme électorale et parlementaire.

L'œuvre était difficile et délicate. Il fallait donner satisfaction à des opinions fort diverses, répondre aux exigences des plus résolus sans effrayer les plus timides. Le rédacteur saisit le point sur lequel on était à peu près d'accord : il insista sur les abus de la législation électorale. Remarquable de concision et de netteté, la pétition signalait les inégalités, les imperfections les impuissances, les inconséquences, les hypocrisies, les vices de la loi de 1831 ; elle résumait avec clarté les griefs imputés par tous les partis à cette œuvre de monopole et de corruption. Abandonnant aux législateurs le soin de réaliser les réformes reconnues nécessaires, elle ne contenait aucune proposition explicite; mais, par la nature de ses critiques, par l'expression des principes dont elle réclamait l'application sincère, elle laissait voir que, pour les premiers promoteurs du mouvement réformiste, la seule loi électorale bonne et légitime est celle qui reconnaît et qui consacre comme principe l'égalité des droits, comme base la population, comme forme le suffrage universel.

Communiqué d'abord à MM. Garnier-Pagès, Labélonye, Biesta, le projet reçut leur entière approbation. Mais quel en serait l'effet? N'irait-il pas rejoindre dans l'oubli toutes les pétitions analogues lancées comme au hasard depuis 1840, si, par un moyen d'agitation pacifique, mais soutenue, on ne parvenait, cette fois, à imprimer au mouvement réformiste plus de vitalité, d'ensemble et d'énergie? M. Pagnerre soumit à ses amis une pensée qu'il avait déjà mise en avant en 1846, mais qui n'avait point été accueillie. Il s'agissait d'organiser à Paris un grand banquet, offert par les électeurs de la Seine à tous les députés de l'Opposition qui avaient voté en faveur de la réforme électorale, et à ceux des journalistes indépendants qui l'avaient défendue; on engagerait ensuite les réformistes des départements à faire dans toute la France, entre les deux sessions, des manifestations semblables.

Il fut en outre convenu entre eux que, pour resserrer les liens, des délégués de tous les comités déjà existants — centre gauche et gauche, extrême gauche radicale et Comité central — se réuniraient dans un comité spécial, où seraient représentés tous les journaux réformistes et convoqués les électeurs les plus influents.

Ainsi : un but, la réforme électorale et parlementaire, et, pour l'obtenir, trois moyens d'action : une pétition, destinée à ruiner dans l'opinion la loi de 1831 ; des banquets à Paris et dans les départements, afin de montrer et de cimenter l'accord de toutes les fractions de l'Opposition ; un comité mixte, chargé de centraliser la direction du mouvement réformiste.

IV

A quelques jours de là, vers la fin de mai, en présence des mêmes personnes qui formaient la précédente réunion, M. Pagnerre donna lecture de son projet de pétition. Ce projet fut adopté sans objection et à l'unanimité. Alors le secrétaire du Comité central développa le plan que l'on vient d'énoncer. Il insista sur la nécessité d'une action ouverte ; il indiqua, comme le seul moyen vraiment efficace, une série de banquets à Paris et dans les départements. Que si cette sorte de manifestation avait été quelquefois tumultueuse, les circonstances n'étaient plus les mêmes ; cette fois l'état des esprits et des personnes en assurait le caractère pacifique et régulier ; d'ailleurs, à Lisieux, à Mirande, à Mirambeau, M. Guizot, M. Lacave-Laplagne et M. Duchâtel, en avaient, par leur exemple, démontré la valeur et prouvé la légalité ; enfin, il n'était pas un plus énergique moyen de susciter les réponses du pays aux insolents défis du Cabinet. Après une courte discussion, la réunion adopta l'idée de la propagande réformiste par les banquets, et la création du comité mixte. L'alliance était définitivement conclue.

V

Sortis de chez M. O. Barrot, les membres radicaux de la réunion, MM. Carnot, Pagnerre, Biesta, Labélonye, Garnier-Pagès, marchèrent quelque temps ensemble. Arrivés sur le boulevard, à la hauteur du ministère des affaires étrangères, ils allaient se séparer : « Ma foi, » dit en ce moment M. Pagnerre, « je n'espérais pas, pour nos propositions, un succès aussi prompt et aussi complet. Ces messieurs voient-ils bien où cela peut les conduire? Pour moi, je confesse que je ne le vois pas clairement; mais ce n'est pas à nous radicaux à nous en effrayer. » — « Vous voyez cet arbre, » reprit alors M. Garnier-Pagès; « eh bien, gravez sur son écorce le souvenir de ce jour : ce que nous venons de décider, c'est une révolution. » Neuf mois plus tard, à cette même place, tombaient sous un feu de peloton les premières victimes de Février; issue du mouvement réformiste et d'une résistance systématique à tout progrès, la révolution était faite.

VI

La décision prise, l'exécution suivit. Dès les premiers jours de juin, le Comité central, réuni chez M. Pagnerre, adopta à l'unanimité le projet de pétition approuvé par les comités parlementaires. Le bureau resta chargé des mesures de propagation. Le 8 juin, nouvelle réunion chez M. de Lasteyrie. Là se trouvèrent, pour la première fois face à face, les principaux membres des trois fractions de la gauche, les membres les plus influents du Comité central, les rédacteurs en chef des journaux de l'Opposition dynastique, libérale et républicaine, *le National, le Siècle, le Constitutionnel, le Courrier français, la Démocratie pacifique, le Charivari.* Si quelques personnes parurent un peu surprises de se voir de si près, l'abord n'en fut pas moins cordial ni l'accord moins parfait. Sur la proposition faite par M. Pagnerre au nom du comité des électeurs, on prit, toujours à l'unanimité, les résolutions suivantes :

Le Comité spécial de la réforme est constitué de toutes les personnes présentes ; le Comité central des électeurs est chargé de toutes les mesures relatives à la propagande de la pétition ; un banquet, offert par lui et par les comités d'arrondissement du département de la Seine aux comités parlementaires du centre gauche, de la gauche et de l'extrême gauche, aura lieu dans les premiers jours de juillet ; le nombre des souscripteurs sera fixé à mille, le chiffre de la souscription à 10 francs ; l'on y invitera tous les députés de l'Opposition de gauche qui ont voté la réforme ; tous les toasts seront arrêtés à l'avance.

Après cette réunion, la direction du mouvement réformiste, dans le pays tout entier, passa aux mains du bureau du Comité central. Une souscription de 2,000 à 3,000 francs servit et suffit à acquitter les frais d'impression et de propagation.

VII

Il fallait maintenant reverser dans toutes les parties du Comité central l'active ardeur qui en embrasait la tête. Mais le succès paraissait offrir quelque incertitude. Les comités d'arrondissement n'étaient pas tous également bien organisés; l'habitude d'agir ensemble était bien nouvelle; les éléments divers, déjà rapprochés, n'étaient pas fondus; si le désir d'union existait, l'unité n'existait pas encore. On décida que ces comités seraient successivement réunis, et que des délégués du Comité central, accompagnés des principaux membres de l'Opposition parlementaire, iraient leur porter communication des mesures arrêtées. MM. Duvergier de Hauranne, Malleville, G. de Beaumont, Carnot, Garnier-Pagès, Vavin, Berger, députés; MM. Recurt, Labélonye, Pagnerre, Biesta, Lecomte, Hamelin, Thierry, Ségalas, Riglet et plusieurs autres, s'y dévouèrent.

Manifestation visible de l'union des partis, cette démarche porta coup. On ne rencontra nulle part ni résistance, ni objection, ni froideur. L'influence du Comité central s'en accrut considérablement; son autorité fut dès lors acceptée universellement et sans réserve.

VIII

Pour le banquet, il y eut quelques difficultés. Jusqu'ici, nul doute sur la légalité des actes. Mais, à présent, que fera le pouvoir? Était-il sage de compromettre l'Opposition tout entière dans une manifestation publique d'une portée encore obscure? Sans doute, des ministres avaient donné l'exemple; mais s'ils ne voulaient pas que cet exemple fût suivi, que ferait-on? Faudrait-il s'arrêter? Faudrait-il renverser l'obstacle, même par la force? Ainsi parlaient les plus timides. Les plus ardents, qui repoussaient en principe toute espèce de rapprochement avec le centre gauche et même avec la gauche, s'indignaient à l'idée de voir l'union publiquement manifestée et cimentée. Ils attaquaient avec violence M. O. Barrot et surtout M. Thiers, fort impopulaire parmi eux, suspect aux électeurs de la gauche, peu sympathique même à la plupart de ceux du centre gauche. Ainsi neutralisés par la violence et par la faiblesse, les esprits ne s'échauffaient pas; la souscription des cartes du banquet se faisait mollement. Bientôt cependant, grâce à l'active propagande poursuivie dans les comités d'arrondissement, grâce à la presse, qui multipliait ses appels au patriotisme des électeurs, on vit se produire un de ces retours si fréquents dans les mouvements politiques : les souscripteurs affluèrent de telle sorte qu'il y eut nécessité d'en refuser un très-grand nombre.

IX

Tout était prêt. La manifestation avait été fixée au 7 juillet. Le Comité central avait désigné comme président le vénérable vieillard qui le présidait lui-même, M. de Lasteyrie; comme vice-présidents, MM. Recurt et Pagnerre. Soigneux de maintenir dans toute son étendue le droit de réunion, il s'était gardé de réclamer une autorisation que la loi n'exigeait pas; c'était assez d'une déclaration faite à la préfecture de police par le propriétaire du local loué pour le banquet. Ce local pouvait contenir de mille à douze cents personnes, c'était un jardin public, le *Château-Rouge*. Nom étrange, désormais historique!

Tout à coup, après un silence de plusieurs jours, et presque à la veille du 7 juillet, la police signifie au propriétaire du *Château-Rouge* l'interdiction de prêter son local. Mais, après une démarche du Comité central pour maintenir le droit, le ministère, prévenu par M. Janvier que les députés de l'Opposition dynastique assisteraient au banquet, leva l'interdiction. A son insu, l'opinion le courbait déjà! Puérilité, mauvaise humeur, mauvaise grâce, ou calcul peut-être, les gardes municipaux réclamés pour l'ordre extérieur ne furent point accordés.

X

Ces difficultés avaient retardé les préparatifs; le Comité fut contraint d'ajourner la manifestation au vendredi 9 juillet. Elles produisirent un autre effet : on se demanda ce que signifiaient ces hésitations du ministère; ce silence des premiers jours, cette interdiction signifiée, puis levée, ne cacheraient-ils pas un piége? Puisque la police refuse le moyen de maintenir l'ordre, elle veut donc ouvrir la porte au désordre? Songerait-on à profiter de quelque trouble, ou spontané, ou provoqué, pour se débarrasser en un jour de tout l'état-major de l'Opposition? Ces rumeurs étaient absurdes. Cependant la politique de ce gouvernement était tellement suspecte, qu'elles s'accréditèrent, surtout en province. A Paris, les gens sensés n'en furent point émus.

XI

Au jour indiqué, douze cents personnes vinrent s'asseoir à cette grande agape de la Révolution. Électeurs, députés, journalistes, toutes les nuances de l'Opposition s'y rencontraient, dégagées toutes du souvenir des dissidences antérieures, fondues dans une même pensée de bien public, tendant vers un même but, réunies sous le même drapeau : la réforme électorale et parlementaire.

A l'exception des légitimistes, tous les députés réformistes avaient reçu l'invitation des commissaires du banquet. Quatre-vingt-six d'entre eux l'avaient acceptée. Quelques-uns déclinèrent l'appel; d'autres le refusèrent. Se croyant à la veille d'occuper les positions ministérielles, le tiers-parti avait décidé qu'il repousserait une solidarité éventuellement gênante; mais il éluda avec un soin égal de faire une réponse qui l'engageât collectivement contre la réforme. MM. Dufaure, Billault, Tocqueville, Lanjuinais, Vivien, Boudet, Bineau, Ferdinand Barrot, Oudinot, s'excusèrent individuellement pour divers motifs. M. Lacrosse déclara qu'il désapprouvait de semblables agitations. Un député de Paris, M. Malgaigne, voulut poser une condition : il demanda qu'un toast fût porté à la Charte et au roi; le Comité central ne lui répondit pas. Des députés étaient déjà partis pour leurs départements : ils envoyèrent leurs regrets. Quelques autres, qui ne craignaient point de donner au banquet une adhésion ouverte, jugèrent que leurs antécédents ne leur permettaient point d'y assister en personne. M. Thiers fit connaître par ses amis qu'il approuvait entièrement la pétition et le banquet; qu'il s'associait de grand cœur à l'impulsion vigoureuse que l'on voulait donner à l'opinion publique; que les réformistes pouvaient compter sur son concours dans la Chambre; mais, qu'ayant été président du Conseil, il ne croyait pas pouvoir assister à une réunion dans laquelle de vives attaques seraient, sans nul doute, dirigées non-seulement contre la politique actuelle, mais contre la politique entière du règne. Une déclaration analogue vint du promoteur de la réforme parlementaire, M. de Rémusat. M. Arago, qui devait répondre à un toast porté aux classes laborieuses, fut empêché par la maladie. Ayant blâmé, blâmant tous les jours avec âpreté ce mouvement de concentration qui devait à quelque temps de là les entraîner eux-mêmes, les chefs du radicalisme exclusif restèrent à l'écart : on ne vit ni M. Ledru-Rollin, ni le rédacteur en chef de *la Réforme,* M. Flocon.

XII

Le temps était splendide. Amolli par la brise du soir, le soleil n'embrasait plus l'atmosphère et l'éclairait encore; un large rayon pourpré glissant à travers les arbres, s'y brisait en mille reflets étincelants, et projetait sur la salle du banquet des flots mêlés de lumière et d'ombre. Autour de quatorze tables déroulées sous une vaste tente, se pressait l'assemblée, émue, heureuse d'un grand devoir commencé, relevée à ses propres yeux par la conscience de sa grandeur morale, le cœur rempli d'un espoir immense et pur. La musique, jetant aux vents du soir les plus beaux chants de la Révolution, célébrait cette double fête de la nature et de la pensée.

XIII

Dès que tous les convives eurent pris place, M. Pagnerre, au nom du Comité central, exposa le but de la réunion : « Une manifestation éclatante, qui retentît et se propageât dans le pays tout entier en faveur de la réforme. » Après le repas vinrent les toasts. Le premier fut porté par le président, M. de Lasteyrie : « *A la souveraineté nationale!* » Indépendamment de sa situation et de son âge, nul n'avait à cet honneur un droit égal. Compagnon des jeunes années de Lafayette, il avait, comme lui, servi et honoré la Révolution de 89 ; comme lui, il avait vu avec bonheur celle de 1830 ; avec douleur, ses résultats compromis. Par tous les actes de sa vie, droite et une, il avait, comme Lafayette, rendu le public et continuel hommage d'une grande vertu à un grand principe. La génération nouvelle entendit cet homme de l'autre siècle parler avec la fermeté d'esprit et la vigueur de sentiment de ces âmes d'élite à qui l'éternelle pureté de la conscience réserve jusqu'à la mort une jeunesse éternelle.

Après M. de Lasteyrie, l'un des vice-présidents, M. Recurt : « *A la Révolution de 1830!* » Dans un discours plein à la fois de modération et de hardiesse, il rappela les immenses espérances de cette époque, et les amères déceptions sitôt recueillies par la confiance trompée des peuples. M. O. Barrot répondit. Sa parole, cette fois tribunitienne, toute retentissante d'une éloquence indignée, proclama hautement que la Révolution de Juillet avait été faussée, depuis son origine, par un pouvoir corrupteur, qui avait menti à son principe.

M. Pagnerre avait été chargé de porter le toast : « *A la réforme électorale et parlementaire!* » Il expliqua de nouveau les conditions auxquelles s'était faite la coalition de la gauche avec les radicaux. « Pourquoi, » dit-il, « chercherions-nous ce qui nous divise et non ce qui nous unit, ce qui nous sépare et non ce qui nous rapproche? Le drapeau de la réforme peut être porté par tous, sans qu'aucun de nous ait rien à désavouer de ses principes; car la réforme est également un moyen et un but, le commencement et la fin de nos espérances. En invoquant la réforme, on ne demande aucun sacrifice d'opinion, on n'interdit aucune réserve. Nous prenons un drapeau connu, à l'ombre duquel peuvent se déployer tous les autres drapeaux. Parce que nous, nous voudrions une réforme radicale, devons-nous dire, même après dix-sept ans d'inutiles efforts : Tout ou rien? Nos devoirs ne sont-ils pas suffisamment compris dans cette maxime : Dire tout ce qui est vrai, demander tout ce qui est possible? »

M. Duvergier de Hauranne devait répondre. Sa position était assez délicate. Pendant dix ans, lié avec M. Guizot d'une amitié politique et personnelle, adversaire passionné de l'Opposition, il avait servi le système des premières années du règne. Cette même loi de 1831, dont il poursuivait l'abolition, il l'avait approuvée, défendue, votée. Et maintenant il apportait à faire prévaloir la réforme cette même énergie de passion qu'il avait mise à la combattre. Il expliqua franchement cette contradiction, que la presse ministérielle lui jetait chaque jour en insulte. En voyant de plus près les désastreuses conséquences de la loi de 1831, il s'était éclairé; et il conviait la France à ouvrir les yeux ainsi qu'il l'avait fait lui-même. Satire mordante, spirituelle, de la politique suivie depuis 1840 par Louis-Philippe, le discours de M. Duvergier emporta tous les applaudissements; et ils redoublèrent à ces paroles, qui le terminaient : « Soldat de la dernière heure, je ne serai pas le moins résolu; je veux la réforme parce que je ne veux sous aucun titre et sous aucune forme le gouvernement personnel. C'est une raison, ce me semble, qui en vaut bien une autre. »

D'autres toasts furent ensuite portés : « *A la Ville de Paris!* » par M. Sénard, au nom des électeurs de la Seine-Inférieure; « *A l'amélioration du sort des classes laborieuses!* » par M. Grisier, négociant, membre du Comité central; « *A la presse!* » par M. Riglet, ancien juge au Tribunal de commerce, membre du Comité central; « *Aux députés de l'Opposition!* » par M. Hamelin, négociant, membre du Comité central. A tous ces toasts répondirent MM. Marie, G. de Beaumont, Chambolle, Frédéric Degeorges. M. Garnier-Pagès, inscrit parmi les orateurs, n'ayant pu faire agréer par ses amis politiques, dans une réunion préalable, le toast qu'il devait porter, s'était résolu à garder le silence. Un discours de M. de Malleville, étincelant de verve, de bon sens et d'esprit, vint clore, par un toast « *Au Comité central* », cette séance déjà si pleine.

A dix heures et demie du soir tout était terminé.

L'ordre admirable qui avait marqué le commencement de cette grande manifestation en honora la fin. Nul trouble, aucun accident, pas un cri malsonnant, ni dedans ni dehors. Cependant la foule encombrait les abords du *Château-Rouge*. Elle était presque entièrement composée d'ouvriers. Quelques-uns d'entre eux, par curiosité d'entendre de plus près, ayant escaladé un mur, il avait suffi de l'invitation fraternelle des commissaires du banquet pour qu'ils se retirassent aussitôt. Immense et calme, le peuple témoignait sa sympathie en répétant les strophes de la *Marseillaise*, jetées par la musique, après chaque discours, aux échos de la Révolution.

XIV

Tel fut le banquet du *Château-Rouge*. Adhésion éclatante aux principes de la Révolution, protestation de la conscience honnête en faveur du sentiment moral outragé, il porta à la corruption un coup dont la monarchie fut atteinte. Et, chose bien digne de remarque, ce n'est point des mains républicaines que le système reçut ses plus cruelles blessures. Les républicains avaient surtout fait appel aux principes. La lutte des dynastiques, plus voisine, s'échappa seule en paroles d'amertume contre la politique délétère et personnelle qui emportait la royauté vers des abîmes. C'est M. O. Barrot qui s'écriait :

« Ne rendons pas cette glorieuse Révolution de Juillet responsable des misères de la politique actuelle..... On est arrivé au spectacle honteux qui afflige nos yeux, non pas en gouvernant selon cette Révolution, mais en gouvernant contre elle, en mentant à tous ses principes... en déviant de toutes les conditions qu'elle avait imposées... Y a-t-il aujourd'hui des incrédules? Les scandales sont-ils assez grands? Le désordre moral qui menace cette société d'une dissolution entière ne se manifeste-t-il pas par des désordres assez éclatants ? Il n'y a que deux moyens de gouverner les hommes : ou par les sentiments généreux, ou par les sentiments égoïstes. Le gouvernement a fait son choix : il s'est adressé aux cordes basses du cœur humain. Les atteintes portées à la liberté peuvent se réparer !... Un seul jour de victoire de l'opinion publique peut emporter toutes les mesures rétrogrades et liberticides dont on a chargé ce pays..... Mais les atteintes portées aux mœurs publiques ; mais la démoralisation publique ; mais le mépris des pouvoirs ; mais la déconsidération des classes aisées ; mais la défiance entre les classes de citoyens ; tout cela est un mal profond, et je le crois irréparable !..... Oui ! A la Révolution de Juillet ! Puisse son glorieux drapeau nous rallier tous, faire cesser toutes les divisions puériles de personnes et de mots, qui nous affaiblissent en face de l'ennemi commun ; et puisse la France, sous ce glorieux drapeau, refaire ce qu'elle a manqué en 1830 ! »

M. Duvergier de Hauranne, à son tour : « ...., Je n'avais pas non plus tenu un compte suffisant des moyens innombrables et formidables que la centralisation met entre les mains d'un pouvoir astucieux et corrupteur. J'ai donc vu l'esprit politique s'éteindre dans la plupart des colléges électoraux, et faire place à l'esprit de calcul et de trafic. J'ai vu une foule d'électeurs regarder le droit de suffrage comme une propriété privée, et examiner, rechercher, non plus quelle est l'opinion de leur député sur les affaires publiques, mais quels services personnels il peut leur rendre. J'ai vu se former, s'établir entre le ministre et le député d'une part, entre le député et l'électeur d'autre part, une sorte de société en participation, dont le budget fait les frais. Je me suis demandé alors si c'est pour un tel résultat que la France a fait une révolution en 1830. — La Restauration, pour arriver à son but, aimait à prendre les grandes routes et à faire beaucoup de tapage ; le pouvoir actuel, plus modeste, recherche les sentiers détournés et chemine à petit bruit. Ce que la Restauration voulait faire par les menaces, par la force, le pouvoir actuel veut le faire par la ruse et la corruption. On ne brise pas les institutions, on les fausse ; on ne violente plus les consciences, on les achète. Pensez-vous que cela vaille mieux ? Regardez-vous comme de purs accidents tous les désordres, tous les scandales qui viennent chaque jour porter la tristesse et l'effroi dans l'âme de tous les honnêtes gens ? Non, messieurs, tous ces scandales, tous ces désordres ne sont pas des accidents, c'est la conséquence nécessaire, inévitable, de la politique perverse qui nous régit, de cette politique qui, trop faible pour asservir la France, s'efforce de la corrompre ; c'est la conséquence de l'appel incessamment fait aux intérêts privés contre les intérêts généraux, aux passions cupides et basses contre les passions nobles et généreuses. »

Moins incisif, mais avec une amertume plus profonde peut-être, M. G. de Beaumont osait dire :

« On parlait tout à l'heure de corruption cynique, de honteux scandales, d'odieuses immoralités dont la pratique quotidienne jette la tristesse et le dégoût dans toutes les âmes honnêtes. Où faut-il aller pour trouver ces scandales, ces immoralités, ces corruptions ? Est-ce dans la chaumière du pauvre, dans l'humble demeure de l'ouvrier? Non, messieurs; il faut, pour rencontrer ces turpitudes, remonter presque dans les hautes régions du pouvoir. »

Enfin, M. de Malleville, avec cette verve si sûrement hardie qu'il retrouve à toutes les tribunes :

« ..... Vous croyez le mal bien grand! Que diriez-vous si vous l'aviez vu de près comme nous, si vous comptiez un à un, dans certains colléges, ces électeurs dégénérés, transformés en frères quêteurs, qui ne quêtent même plus pour leur communauté, mais pour eux-mêmes?... »

Tous ces hommes avaient servi et défendu la monarchie. Aucun d'eux ne songeait à la renverser; tous, au contraire, voulaient l'arracher au péril et la sauver en la moralisant; mais la vérité pressait leur conscience : elle tomba dans des cœurs également indignés, moins désespérés.

XV

L'effet du banquet fut immense. Ce mouvement si vif et d'une portée si mal connue; cette réunion d'éléments si divers; cette cordialité active succédant à une réciproque indifférence, à l'hostilité parfois; la gravité qui n'avait cessé de caractériser une forme de manifestation pouvant servir de prétexte au tumulte; le ministère niant, au début, le droit de réunion, hésitant après, puis vaincu par la loi; ce concours immense et pacifique de la population ouvrière, l'ordre maintenu, là où manquaient volontairement les agents habituels de l'ordre; ces discours, ces flétrissures, ces enthousiasmes, ces promesses, ces grands espoirs provoqués, retentirent au loin dans la ville, dans le pays, en Europe, partout.

Partout aussi le sentiment fut unanime. On comprit partout que le gouvernement de Louis-Philippe, que sa politique personnelle tout au moins succomberait dans une lutte ainsi conduite. Les gouvernements de l'Europe regardèrent. Les journaux étrangers, les Anglais surtout, virent et parlèrent avec une sagacité merveilleuse. Le *Times* prédit dès lors la Révolution. Pour en effrayer le pays et pour s'en railler tout à la fois, la presse ministérielle reproduisit ces prédictions. La haine les recueillit seule. Ni la Cour ni le Cabinet ne s'émurent ; la clarté les aveuglait aussi bien que la nuit.

XVI

De Paris, l'agitation gagna rapidement tout le pays. Les discours du *Château-Rouge*, reproduits par la presse réformiste et répandus à profusion, en semèrent les germes sur tous les points du territoire. Excité par le succès, le Comité central se mit immédiatement en rapport avec les comités électoraux de l'Opposition dans les départements, avec les journaux de toutes les localités importantes, avec les députés réformistes rentrés dans leurs foyers. Par de nombreuses circulaires, par d'innombrables formules de sa pétition, par une propagande dont rien n'arrêtait l'essor et ne refroidissait l'ardeur, il parvint à communiquer partout l'activité de son zèle et le feu de son dévouement.

XVII

Le Nord et l'Est commencèrent. Le banquet de Colmar est le premier après celui du *Château-Rouge*. Il était présidé par le premier président de la Cour royale, M. Rossée.

Strasbourg suivit. Plus de sept cents convives s'y étaient réunis de tous les points de l'Alsace, sous la présidence de M. Liechtenberger, bâtonnier de l'ordre des avocats et membre du Conseil municipal.

Après un banquet à Soissons, où assistaient MM. O. Barrot, Lherbette et Quinette, le département de l'Aisne organisa le grand banquet de Saint-Quentin, qui fut présidé par M. Dufour, homme de cœur, honoré de tous, patriote sincère. On y vit, avec un cortége de huit cents convives, le maire de la ville, ses adjoints, presque tous les députés de l'Aisne, plusieurs députés des départements voisins, des journalistes de Paris et de la province, des industriels, les maires de plusieurs villes et communes, des conseillers généraux, des conseillers municipaux, le commandant et les officiers de la garde nationale, etc. Le Comité central y avait délégué M. Pagnerre, chargé de porter la parole en son nom. M. O. Barrot y fit entendre un de ses grands discours de cette époque la plus féconde, la plus agitée, la plus justement illustre de sa vie. Un millier de signatures couvrit immédiatement la pétition réformiste, qui fut bientôt répandue et signée dans toutes les classes de cette noble ville de Saint-Quentin, si libérale, si laborieuse, si riche par l'industrie et le travail. L'agitation réformiste en reçut une impulsion considérable.

XVIII

En même temps, et comme pour confirmer par des signes visibles les accusations des agitateurs, des faits nouveaux, d'un caractère étrange et terrible, venaient glacer d'un nouvel effroi les esprits. A Toulouse, aux premières lueurs d'une journée d'août, un ouvrier trouvait étendu, au pied du mur extérieur d'une communauté religieuse, un cadavre souillé d'immondices. C'était celui d'une jeune fille de treize ans, Cécile Combette, attirée, la veille, dans la maison par un membre de la communauté, Léotade. Elle en était sortie morte! Le meurtre était le moindre crime de cet infâme sur cette enfant! Un frémissement d'indignation courut dans toute la France.

L'émotion durait encore, qu'un forfait plus épouvantable peut-être consternait la capitale et le pays tout entier. Un pair de France, d'un nom doublement historique, héritier d'une des plus anciennes familles de la monarchie, le duc de Praslin, gendre du maréchal Sébastiani, assassinait sa femme, la mère de ses neuf enfants! Traduit devant la Cour des pairs, gardé à vue sans doute, il échappait par le poison au châtiment public des criminels vulgaires. L'horreur fut à son comble; elle éclata en redoutables commentaires. Quelle est donc cette société, où le crime paraît dans les plus hautes régions?

XIX

Cette impopularité n'inquiétait en rien le gouvernement. Il la renvoyait au peuple en colères : quelques rassemblements inoffensifs ayant eu lieu vers cette époque dans la rue Saint-Honoré, la police et la force armée les dissipaient avec violence. Aux susceptibilités de l'Opposition, même dynastique, et de la société libérale, il la renvoyait, en bravades et en mépris. Il nommait M. le duc d'Aumale, à peine âgé de vingt-cinq ans, gouverneur général de l'Algérie, à la place du maréchal Bugeaud. Cet acte de courtisanerie, qui exposait en des mains jeunes, intelligentes, mais non suffisamment expérimentées, l'un des plus chers intérêts de la France, était le dernier acte de la vie politique du vieux maréchal Soult. Épuisé par l'âge, voyant peut-être, avec cette intuition que donne l'approche du jour suprême, s'accumuler les grands périls, il s'en allait du mouvement. En récompense de ses services ou de sa complaisance, le vieux fils de la République et de l'Empire emportait dans la retraite un titre, épave-oripeau des vieilles monarchies, celui de maréchal général. Vanité puérile qui déparait sa vieillesse, sans pouvoir déparer sa gloire !

Enfin, expression dernière de la politique royale et du règne, M. Guizot devenait président du Conseil. M. Duchâtel en fut, dit-on, froissé : s'il n'abandonna point son collègue, sa jalousie l'affaiblit. L'élévation de M. Guizot était d'ailleurs justifiée : comme elle était depuis longtemps attendue, elle ne surprit pas. Le nom de M. de Polignac se réveilla dans les souvenirs et reparut dans les polémiques.

XX

Avivée par toutes ces causes, l'agitation des banquets s'étendait de plus en plus. Compiègne, Périgueux, Orléans, Meaux, Coulommiers, la Charité-sur-Loire, Loudéac, Cosne, Melun, Damville, Chartres, Saint-Marcellin, etc., etc., voyaient tour à tour les électeurs de leurs circonscriptions, pressés dans leurs murs, réclamant eux-mêmes l'abolition du privilége dont une loi injuste les tenait investis, assistant, avec l'enthousiasme de la probité satisfaite, au spectacle de la corruption traduite devant la conscience publique, et flétrie.

Jusque-là nul dissentiment ne s'était élevé. Le même esprit de conciliation qui avait créé le mouvement réformiste présidait à son développement. Mais, tout à coup, une difficulté surgit, qui parut alarmante, parce qu'elle était la première. A Cosne, quelques-uns des organisateurs du banquet, plus exigeants que ne l'avaient été les chefs eux-mêmes de l'Opposition dynastique, demandèrent qu'un toast fût porté au roi. Un jeune magistrat, radical d'opinion, M. Gambon, protesta, puis se retira. Sa lettre ayant été publiée dans les journaux, le ministère la déféra à la Cour de cassation, qui suspendit M. Gambon, pour cinq ans, de ses fonctions de juge. Sur cet incident, la presse ministérielle mit tout en œuvre pour désunir la coalition réformiste ; mais ses efforts se perdaient, inutiles, contre une puissance devenue supérieure, lorsqu'une complication, vraiment redoutable cette fois, menaça de tout compromettre.

XXI

On a vu que M. Ledru-Rollin, les rédacteurs du journal *la Réforme* et leurs amis avaient, dès l'origine, blâmé la coalition réformiste. Ils avaient pu se tenir à l'écart ; ils firent plus. Chaque jour ils dénonçaient, avec une amertume croissante, la tiédeur des radicaux parlementaires. Le mot de trahison n'était pas prononcé, mais on pouvait le sentir dans le fond de leurs pensées. Ces accusations n'étaient pas sérieuses. Sans s'y arrêter, les radicaux réformistes continuaient leur devoir ; et l'impulsion qu'ils avaient donnée était telle, que les critiques, les blâmes, les attaques des chefs des radicaux exclusifs de Paris, ne produisaient aucun effet dans les départements sur leurs propres amis, qui refusaient de s'abstenir, se ralliaient partout au mouvement réformiste, entraient dans les comités de la coalition, concouraient enfin de tous leurs efforts au succès de la campagne ouverte contre l'ennemi commun. Les radicaux exclusifs de Paris commencèrent alors à réfléchir : ils se demandèrent s'ils n'avaient point fait fausse route ; si ce n'était pas sagesse, patriotisme, de céder à l'opinion publique qui se prononçait si résolûment ; si leur influence dans le parti radical ne serait pas compromise par une plus longue abstention. Ils commencèrent enfin à craindre sérieusement que leur isolement, systématique d'abord et volontaire, devînt bientôt forcé et sans retour. Cette crainte les rendit plus circonspects. Après avoir hautement déclaré qu'ils refusaient d'aller au *Château-Rouge*, parce que M. O. Barrot et ses amis s'y trouvaient, MM. Ledru-Rollin et Flocon résolurent d'accepter l'invitation de se rendre au banquet de Lille, où se trouvaient M. O. Barrot et ses amis. Pour être imprévue, cette évolution n'en était certainement pas moins sincère. Ils reconnaissaient à la fin l'erreur de leur tactique ; ils voulaient la réparer. Ce n'était pas assurément pour troubler le banquet, pour altérer la gravité du mouvement réformiste par quelque agression fâcheuse, qu'ils se rendaient à

Lille, dans un milieu dont la composition était connue : ils venaient à leur tour faire entendre leur profession de foi politique. Mais, par une inconséquence inexplicable, ils continuaient à déverser l'outrage contre ceux qu'ils allaient imiter : et, à la veille même du banquet, un article, inséré dans *la Réforme,* donna lieu de penser que ce même esprit de conciliation qui semblait dicter leur démarche n'inspirait point leurs pensées.

Sous l'empire de cette préoccupation, et au moment de se rendre au banquet, M. O. Barrot, ayant appris l'arrivée de MM. Ledru-Rollin et Flocon, réclama tout à coup une modification aux toasts précédemment convenus. Il demanda qu'on ajoutât à celui qui devait être porté à la *Réforme électorale et parlementaire* ces mots : « *Comme moyen d'assurer la pureté et la sincérité des institutions de Juillet.* » Cette formule, contenant une adhésion explicite à la monarchie, demandait implicitement, par cela même, l'exclusion de M. Ledru-Rollin. Les commissaires refusèrent de l'accueillir. C'était leur droit et leur devoir, car tous les toasts avaient été antérieurement arrêtés et acceptés. Suivi d'un certain nombre de ses amis, M. O. Barrot se retira, laissant le champ libre à MM. Ledru-Rollin et Flocon. Ceux qui jugèrent le débat sans passion donnèrent tort à M. Ledru-Rollin et à M. O. Barrot : au premier, parce qu'il avait fait ou laissé publier dans *la Réforme* un article qui paraissait une menace, une déclaration anticipée d'hostilités ; au second, parce qu'après tout, l'article de *la Réforme* n'était peut-être qu'une inconséquence, et qu'il était peu politique d'abandonner le terrain aux radicaux exclusifs, lorsque lui, M. O. Barrot, pouvait maintenir, devant eux ou contre eux, avec toute l'autorité d'un grand talent et d'un beau nom, le drapeau déjà vainqueur de la conciliation.

Croyant avoir besoin de bien marquer après cela les limites de son terrain, M. O. Barrot se rendit au banquet d'Avesnes, présidé par M. Marchand, et où devait être portée la santé du roi. Ce fut là tout l'effet de l'incident de Lille. Les radicaux exclusifs triomphèrent de cette confession de foi monarchique, volontairement omise jusqu'alors par M. O. Barrot. Ils en avaient le droit, car elle était leur œuvre.

XXII

En dépit de ces difficultés, le branle était donné, l'agitation ne s'arrêta plus. La plupart des députés présents au *Château-Rouge* en étaient partis avec la volonté d'agir. A Castres, M. d'Aragon embrasait l'auditoire des feux dont sa belle âme était pleine. Le président du banquet, M. Léon de Malleville, retrouvait au milieu des siens ses plus puissantes inspirations. A Lyon, M. Rittiez déployait avec une admirable énergie le drapeau du radicalisme conciliateur. Valence, Béthune, Valenciennes, Montargis, Arras, Amiens, Saint-Germain en Laye, Châteaudun, Condom, Rochechouart, venaient tour à tour prendre leur rang dans cette revue des forces de la grande armée réformiste.

Déjà, d'ailleurs, se manifestaient clairement les résultats que l'agitation ne promettait que pour l'avenir. Les corps organisés s'y soumettaient. Dans leur session de 1847, plusieurs Conseils généraux, et à leur tête celui du département de la Seine, se prononcèrent en faveur de la réforme. Des élections partielles ayant eu lieu à Florac, à Toulouse, à Dieppe, le ministère y éprouva des échecs successifs. A Rochefort, un aide de camp du roi, M. Dumas, ne fut point réélu. A Paris enfin, les électeurs municipaux du second arrondissement obtenaient une victoire sans exemple : les douze candidats aux fonctions de maire appartenaient tous à l'Opposition ; enfermé dans ce cercle infranchissable, le roi était tenu de remettre la mairie à un homme dont il n'aimait pas l'opposition, M. Berger.

XXIII

Cependant, après de nouvelles réflexions, M. Ledru-Rollin et ses amis en étaient venus à envisager leur situation sous un nouveau jour. Si l'abstention était dangereuse, l'intervention directe était fort difficile ; on l'avait vu par l'incident de Lille. La première conduite les isolait ; la seconde présentait le double inconvénient ou de participer au mouvement ou de le troubler. Ils résolurent, en conséquence, d'organiser, en dehors du grand courant réformiste, des banquets exclusivement radicaux. La voie était ouverte, ils s'y lançaient !

Dijon et Châlons-sur-Saône répondirent à cet appel plutôt révolutionnaire que réformiste. MM. Ledru-Rollin, Baune, Louis Blanc, Étienne Arago, etc., parlèrent en tribuns à leurs convives, et déployèrent avec talent toute la franchise, toute l'ardeur de leurs convictions. Les souvenirs de l'ancienne République tenaient dans leurs discours la place qu'occupait dans ceux des radicaux moins absolus la préparation de la République nouvelle. Réveillant les traditions, même les locutions du passé, ils cherchaient dans les exemples de la Convention et de la Montagne leurs éléments de succès. Leur parole éloquente et passionnée devait laisser des traces profondes dans le cœur de leurs adhérents. Mais, poussés par leurs sentiments exclusifs, ils se laissèrent entraîner jusqu'à accuser, malgré l'évidence des résultats, les radicaux parlementaires de pactiser avec la gauche et d'abandonner les principes.

« Nous ne comprenons pas ces attaques, » disait *le National*. « Nous n'en voyons ni l'utilité, ni le but, ni les résultats..... La politique d'isolement eût laissé la France plongée dans l'indifférence et dans l'apathie; l'alliance avec les opinions voisines, faite sous toute réserve de principes, a réveillé l'opinion publique, fortifié la cause de la réforme, et conquis au parti radical lui-même de nombreux partisans. »

XXIV

Depuis cinq mois, l'activité des réformistes n'avait pas un instant fléchi. Décembre était venu et les Chambres étaient convoquées pour le 28. Un mois restait encore; le zèle redoubla. M. Garnier-Pagès partit pour Montpellier. Après les scènes de Dijon et de Châlons, il regardait comme un devoir impérieux de revendiquer, de défendre et de proclamer une fois encore cette politique ferme et modérée, conciliante et résolue, dont il avait pris l'initiative et posé la base en 1845. Le théâtre était heureusement choisi. Montpellier, ville d'intelligence, est une des places fortes de la Révolution. Le parti radical y comptait des adhérents nombreux, éclairés et avancés. Les villes voisines, Nîmes,

Agde, Clermont, Béziers et autres, avaient envoyé les leurs. Après divers toasts, développés avec chaleur et talent par MM. Laissac, Gilles, Allemand, Antérieux, Teulon, député du Gard, Brives, Oscar Gervais, Jules Renouvier, Charamaule, président du banquet; devant un auditoire composé d'anciens députés, de professeurs agrégés à l'École de médecine, de membres du Tribunal de commerce, de conseillers généraux et municipaux, d'officiers de la garde nationale, d'industriels, d'agriculteurs, de marchands, d'artisans, d'ouvriers, M. Garnier-Pagès prit la parole. Il exprima les sentiments qui avaient inspiré le mouvement réformiste, réveil de l'opinion publique.

A quelques jours de là avait lieu le banquet du Neubourg, à l'autre extrémité de la France. Malgré les rigueurs de l'hiver, plus de mille convives y étaient accourus de tous les points du département de l'Eure. Le vénérable M. Dupont présidait. Ancien ministre de Louis-Philippe, démissionnaire de la première heure par dignité, à la dernière heure il jetait le regard mélancolique et sûr de la vieillesse et de la probité sur les fautes de ce règne dévoyé : « Ah! messieurs, ce n'est pas là le gouvernement de Juillet; ce n'en est que le mensonge; ce n'en est que le vain simulacre, qui, grâce au ciel, n'en impose plus à personne; car la lumière est faite pour tout le monde, et la France est guérie de ses illusions passées. » MM. Picard, Legendre, Davy, Sarrans, Vitcoq, etc., parlaient ensuite, avec cœur et talent. M. Garnier-Pagès accusait le système des dix-sept années d'avoir voulu diviser la nation en deux classes : les bourgeois et les ouvriers; et il faisait un chaleureux appel à l'union de tous les partis, de tous les citoyens, sur le terrain commun de la morale et de l'honneur. Enfin M. Pagnerre, délégué du Comité central, dont l'active intelligence avait si puissamment contribué au succès de l'agitation réformiste, envoyait à ses détracteurs cette sage et ferme réponse : « Cherchons ce qui nous unit et non pas ce qui nous divise. L'accord s'est fait publiquement, loyalement, sans réserves cachées, sans calculs secrets, sans abjurations d'opinions, sans abandon de principes de part et d'autre. (*Oui, oui! c'est cela! Bravo! bravo!*)

» Chacun a pu être le lendemain ce qu'il a pu être la veille; tous ont su ce qu'ils faisaient, où ils allaient. Il n'y a pas eu de piéges, il ne peut y avoir de dupes. Si les plus timides restent libres de s'arrêter aux limites d'une première victoire, les plus hardis n'ont pas renoncé à poursuivre au delà un succès plus complet de leurs convictions. (*Bravo!*)

» Le lien de cette union, c'est le principe de la souveraineté nationale, principe qui est notre symbole à tous, notre dogme, notre foi, principe duquel tout doit sortir, dans lequel tout doit rentrer, car il est la source unique du droit des citoyens et de la légitimité des pouvoirs. » (*Vifs applaudissements.*)

XXV

Dans tous les banquets où l'on avait vu M. O. Barrot et ses amis, l'agitation, si vive qu'elle se fût montrée, n'avait pourtant pas dépassé les limites constitutionnelles. Les réunions de Dijon et de Châlons avaient été une démonstration révolutionnaire des tendances de la fraction qui suivait M. Ledru-Rollin. Montpellier, où

M. Garnier-Pagès avait fait repousser un toast au roi, le Neubourg, où n'assistait aucun député du centre gauche ni de la gauche, donnèrent pour l'avenir le programme des radicaux réformistes, qui repoussaient, avec une égale résolution, la monarchie et l'anarchie. Si les dissidences, de plus en plus ouvertes, offraient un aliment aux frayeurs sincères ou factices, aux dédains, aux railleries de la presse ministérielle, elles ne ralentissaient pourtant pas le mouvement des banquets. A Grenoble, à Vienne, à Arras, à Saintes, où la présidence était déférée à M. Crémieux par suite du refus de M. Dufaure, à Saint-Denis, où se réunissait un concours plus nombreux et plus enthousiaste encore que celui du *Château-Rouge*, les âmes conservaient, au milieu des frimas, toutes les ardeurs du soleil de juillet.

Rouen termina cette brillante campagne. Son banquet, présidé par M. Sénard, réunit dix-huit cents convives, parmi lesquels vingt députés. MM. Duvergier de Hauranne et O. Barrot, qui, depuis six mois, avaient été le plus en butte aux objurgations des journaux du gouvernement, s'y félicitèrent hautement de leur œuvre. Celui-ci, que n'avaient point fatigué vingt banquets et vingt discours, fit éclater contre le nouveau président du Conseil toute l'amertume de son dédain.

La gauche radicale n'assistait point à ce banquet, parce que la majorité de la commission des organisateurs avait consenti un toast en l'honneur des institutions de Juillet. Une correspondance eut lieu à ce sujet entre M. Garnier-Pagès et M. Sénard. M. Garnier-Pagès demandait, au nom de ses amis, que le toast monarchique fût remplacé par celui-ci : « A la souveraineté nationale ! » M. Sénard répondit que la difficulté soulevée était déjà tellement publique, que l'abandon de ce toast, arrêté depuis longtemps, aurait une signification imprudemment hostile à l'institution même de la royauté. Alors les députés radicaux s'abstinrent. Les rédacteurs du *National* s'abstinrent aussi. Ni les uns ni les autres ne firent d'éclat. L'abstention suffisait à la dignité de leurs opinions; le bruit en eût troublé peut-être le développement.

XXVI

Enfin, dernier écho de cette longue protestation, consécration définitive de l'alliance des partis, suprême effort de l'apostolat réformiste, il fut décidé qu'un dernier banquet aurait lieu à Paris avant la session. On cherchait à l'organiser dans le deuxième arrondissement, lorsque quelques citoyens du douzième prirent l'initiative. MM. Dheurle, chef de bataillon de la garde nationale, Rainville et Detalle, capitaines, Delestre, membre du conseil municipal, Gobert, Bocquet et plusieurs autres, qui s'étaient formés en comité sous la présidence de M. Boissel, député de l'arrondissement, firent des démarches auprès du Comité central et des comités parlementaires. Leur proposition fut acceptée. Cependant, certaines difficultés d'exécution, et la session qui allait s'ouvrir, auraient probablement déterminé l'abandon de ce projet; mais de nouvelles provocations du pouvoir imposèrent à l'Opposition, comme une loi d'honneur, de défendre jusqu'au bout le droit de réunion. Ce banquet du douzième arrondissement, qui n'a pas eu lieu, restera, dans l'histoire, plus célèbre que tous les autres : la Révolution du 24 février 1848, la République en est sortie.

XXVII

La campagne était finie; on pouvait maintenant en connaître les résultats. S'il est vrai, comme l'a dit un grand historien politique, que le but de toute guerre soit à la fois d'accroître la puissance de celui qui l'entreprend et d'affaiblir celle de son adversaire, l'Opposition avait atteint son but. Son influence était considérablement accrue, celle du pouvoir considérablement affaiblie. Avant les banquets, tout pliait; l'armée, l'administration, la magistrature, donnaient un concours dont une majorité nombreuse, dévouée jusqu'à l'excès, assurait pour longtemps les moyens. Et s'il est vrai que la nation ne fût point indifférente, elle se taisait. Fiers de leur force, les ministres oubliaient toute prudence : comme si l'histoire ne leur eût point appris la redoutable industrie de vengeance des amours-propres blessés, ils s'épuisaient à prodiguer le mépris.

Alors les banquets s'organisent; des forces jusque-là éparses, parfois réciproquement hostiles, se rapprochent. La communauté de l'injure crée la communauté des griefs. La lutte commence. Des hommes jusque-là peu ou point connus manifestent la plus merveilleuse puissance d'organisation. Nouveaux dans la vie politique, ils s'y montrent consommés dès le début. Les talents, que la rivalité ne grandissait plus, grandissent par l'émulation de bien faire. Les plus connus manifestent des qualités auparavant inconnues. M. O. Barrot, entre autres, étonne jusqu'à ses admirateurs. On accusait sa mollesse; il se montre infatigable. On le disait monotone; dans vingt banquets et dans vingt discours il varie, avec une verve toujours nouvelle, le caractère et les effets de son éloquence. Froid, il échauffe tout du feu sacré de sa parole et de son cœur.

Alors le pays tressaille, l'esprit public s'éveille. Par l'effort soutenu de tous les dévoués : députés de toutes les nuances, Comité central, comités locaux, journalistes, citoyens de toutes les conditions, le sang coule du cœur aux extrémités et des extrémités au cœur, domine et absorbe le venin qui corrompait, qui tuait le corps social.

Des difficultés surgissent : elles sont toutes vaincues. Le pouvoir veut arrêter le premier effort : il est contraint de fléchir. Il raille le mouvement, puis il s'en irrite et veut l'arrêter encore : il ne le peut. Imprudente comme ses chefs, la presse ministérielle déverse l'ironie et l'outrage. Au lieu de calmer l'agitation, elle l'irrite : chaque parole de mépris se répercute en blessures. La prévoyance du roi est proverbiale : il ne voit rien. Comme si Dieu se plaisait à préposer aux empires qui tombent les hommes les plus capables d'en hâter la chute, ni M. Duchâtel ni M. Guizot ne sentent le péril. On les avertit : la vérité les trompe aussi bien que le mensonge.

Ce n'est pas tout. Voici qu'obéissant à des sentiments exclusifs, quelques-uns des chefs du radicalisme essayent de s'opposer tout d'abord à ce grand mouvement dont ils n'ont pas eu l'initiative. Leurs soldats, leurs amis eux-mêmes, les contraignent de s'y rallier. Ils s'en éloignent encore ; ils résistent ; ils attaquent ; vains efforts ! vains obstacles ! Le sentiment public est tellement puissant, le mouvement tellement fort déjà, et si grande, si ferme est la volonté de ceux qui le conduisent, qu'il emporte tout dans sa marche et triomphe partout.

C'est que la lutte entreprise était pour la nation française une question de vie ou de mort. Quelques années encore d'un tel régime, elle tombait en dissolution. Elle avait le droit et le devoir de se sauver ; condamnée à un effort suprême, elle le fit! Plus tard (nous l'avons trop appris) la calomnie saura flétrir ce noble élan. Qu'importe! Si la calomnie blesse cruellement, sa blessure n'est point mortelle ; la vérité se plaît à refleurir sur cette couche impure. Non! le mouvement réformiste ne fut point un complot d'ambitieux, jaloux de monter en désordre à l'assaut du pouvoir. Ces députés, ces magistrats, ces propriétaires, ces agriculteurs, ces commerçants, ces médecins, ces avocats, ces notaires, ces citoyens de toutes les fortunes et de toutes les classes, n'étaient point une tourbe d'affranchis perdus de dettes, de débauches et de crimes, conspirant à leur profit l'usurpation de l'empire ; ce n'étaient point Proculus et Veturius qui détrônaient le vieux Galba au profit de quelque nouveau corrupteur moins parcimonieux. Non! Dans son principe et dans son but, le mouvement combiné du libéralisme et de la démocratie fut une revendication de la morale publique outragée. La France se voyait diminuée, affaiblie chaque jour ; en un mot, elle se sentait miner par la corruption : elle décréta contre la corruption une levée en masse de la conscience publique.

CHAPITRE CINQUIÈME.

Dans le discours du trône, le roi intervient directement contre les députés de l'Opposition, dont il traite les opinions de passions ennemies ou aveugles; l'Opposition relève l'offense et résout de ne point fléchir. — Quelques tentatives de conciliation sont repoussées par M. Guizot; prévision du duc de Joinville; sa lettre au duc de Nemours; démarches de M. de Montalivet, du maréchal Gérard, du maréchal Sébastiani; observations de Madame Adélaïde; le roi n'écoute rien. — Mort de Madame Adélaïde. — Les Autrichiens entrent dans les duchés de Parme et de Modène. — Le Sonderbund expire, malgré l'appui de la France et de l'Autriche. — Prise d'Abd-el-Kader. — Affaire Petit; trafic de places de référendaires à la Cour des comptes. — Discussion de l'Adresse à la Chambre des pairs; discours violent de M. de Montalembert. — Chambre des députés : interpellation de M. O. Barrot sur l'affaire Petit; réponse de M. Guizot; mot de M. Lherbette; un ordre du jour est adopté, qui implique un témoignage de confiance; mais quelques conservateurs ont refusé leur absolution au ministre. — Discussion de l'Adresse. — Appréciation de la situation financière par MM. Léon Faucher, A. Fould, J. de Lasteyrie; défense de M. Dumon, ministre des finances; exposition complète, faite par M. Thiers; sa prévision d'une prochaine catastrophe; assurance de M. Duchâtel. — Dette flottante de 800 millions (note trouvée sur le bureau de M. Dumon). — Politique intérieure : amendement Billault sur la moralité; réquisitoire de M. Billault; âpres paroles de MM. Léon de Malleville et Émile de Girardin; opinion de M. Dufaure; l'amendement est rejeté. — Question extérieure : M. de Lamartine dit que la France n'est française nulle part; M. Guizot répond par la menace de la coalition; bombardement de Palerme; M. Thiers attaque le système; M. Guizot lui répond qu'il n'y a entre eux deux que la différence des situations; M. O. Barrot déclare que les traités de 1815 n'existent plus que de fait; à propos de la question suisse, M. Thiers affirme que, sans être radical, il est et sera toujours du parti de la Révolution, tant en France qu'en Europe; M. Guizot soulève les murmures en annonçant que le gouvernement veut intervenir contre la Diète helvétique, où le radicalisme a triomphé. — Question des banquets. — Nouveaux efforts de quelques amis du ministère, qui lui proposent un amendement conciliateur; hésitation de M. Duchâtel; refus net de M. Guizot; les députés de l'Opposition, réunis chez M. O. Barrot, décident que la question du banquet du douzième arrondissement sera vidée après la discussion de l'Adresse, la nécessité de le maintenir étant reconnue. — Discours de MM. Duvergier de Hauranne, Marie, de Malleville; piqué par les paroles de ce dernier, M. Duchâtel n'hésite plus, il est résolu à la compression; M. O. Barrot dégage la responsabilité de son parti de cette voie de violence; M. Boissel montre l'inconséquence entre l'autorisation de tous les précédents banquets et le refus pour celui du douzième arrondissement; M. Hébert soutient que tout ce qui n'est pas expressément permis est défendu; M. Ledru-Rollin attaque et étouffe cette doctrine; M. Hébert insiste et s'emporte jusqu'à la menace; clameurs; paroles de M. O. Barrot; le trouble augmente; le président a disparu de son fauteuil; la discussion générale est close par le tumulte; éclat dans Paris de cette séance orageuse; billet de M. Duchâtel à M. Guizot. — Le lendemain, le tumulte renaît; amendement Darblay; vives paroles échangées entre MM. O. Barrot, Thiers et Guizot; l'amendement est rejeté; amendement Desmousseaux de Givré, qui retranche de l'Adresse les paroles injurieuses du discours du roi; M. de Lamartine l'appuie; vive impression de son discours; l'amendement est rejeté par 228 voix contre 185 (le président de la Chambre ayant voté, l'Opposition lui fait signifier qu'aucun de ses membres ne se présentera plus chez lui); le paragraphe des paroles injurieuses contre l'Opposition est adopté par 223 voix contre 18, l'Opposition s'étant abstenue; amendement Sallandrouze; M. de Morny ne demande qu'un simple engagement du ministère; M. Guizot refuse net; désordre; émoi des conservateurs; leurs insistances près du président du Conseil; M. Guizot est inébranlable; danger du vote pour le ministère; une tactique de MM. Thiers et de Rémusat, qui se croient près du pouvoir, le sauve; l'amendement est rejeté; vote sur l'ensemble de l'Adresse : il réunit 244 voix. — Situation critique de l'Opposition, du ministère, du roi.

I

SESSION DE 1848.

La menace et l'injure n'affaiblissent point un ennemi; l'une l'avertit, l'autre l'excite. S'en abstenir est une des plus grandes règles de la prudence humaine et de la politique. Mais ceux qui se laissent dominer par l'ambition ou la haine méprisent les plus évidents conseils de l'histoire, et ne les reçoivent pas mieux de leur expérience propre. Quelle avait été la cause déterminante des banquets? La provocation de M. Duchâtel.

Quel en avait été le plus énergique aiguillon ? Les témoignages de mépris, incessamment renouvelés, de la presse ministérielle. Ces premiers torts conseillaient au moins un regard de prudence. Le Cabinet redoubla d'acrimonie et d'imprudences. Irrité par la réprobation nationale qui avait partout éclaté contre ses actes et contre lui, tourmenté d'un irrésistible besoin de vengeance, il ne lui parut pas suffisant d'en appeler à la majorité contre ses ennemis. Oubliant toute règle et toute sagesse, il fit intervenir directement le roi ! Le discours du trône renferma cette phrase :

« Au milieu de l'agitation que fomentent des passions ennemies ou aveugles, une conviction m'anime et me soutient : c'est que nous possédons dans la monarchie constitutionnelle, dans l'union des grands pouvoirs de l'État, les moyens assurés de surmonter tous les obstacles et de satisfaire à tous les intérêts matériels de notre chère patrie. »

II

Ainsi, le Cabinet, faisant descendre personnellement le roi dans l'arène, le posait en homme de parti et plaçait dans sa bouche même l'attaque, l'insulte contre l'Opposition, et l'insulte en face !..... Un tel discours était l'abdication manifeste de l'irresponsabilité royale : premier pas dans la voie des abdications ! M. Guizot parut le sentir. Dans la discussion préliminaire des bureaux, il essaya d'atténuer ce que les expressions du roi avaient de trop direct, et d'en revendiquer pour le Cabinet la responsabilité, bien que le roi, pour marquer ineffaçablement son empreinte dans l'insulte, eût affecté de parler en même temps de sa vieillesse et de sa famille. Mais les plus courtisans s'indignèrent de cette précaution tardive, comme d'une faiblesse coupable ; les banquets avaient offensé personnellement le roi ; le roi avait personnellement le droit de rejeter l'offense à des adversaires ; il avait eu raison de frapper ses ennemis : amortir le coup serait presque une trahison. M. Guizot se courba sous la tempête des colères de cour. Il accepta le combat sur un terrain où l'enjeu des combattants était la monarchie elle-même. La jouant, il la pouvait perdre : moins de deux mois après il la perdait.

III

En effet, l'Opposition releva l'insulte. Outragée dans la justice de sa cause, outragée dans le droit de la nation, au milieu même du Parlement, elle résolut de ne point fléchir. Le roi déclarait lui-même une guerre à outrance : l'honneur commandait de soutenir la guerre jusqu'à l'extrémité.

Dans le parti ministériel, l'animation n'était pas moindre. Les attaques qu'il avait subies pendant les six derniers mois, l'impossibilité d'y répondre, et, plus que tout, le sentiment de son impopularité, de son impuissance contre l'opinion, l'avaient exaspéré. Son impatience, trop longtemps contenue, s'était tournée en emportement. Enorgueilli d'avoir pour associée de ses vengeances la personne même du roi, il aspirait à de nouvelles flétrissures contre les partis hostiles.

IV

Cependant, un certain nombre de députés conservateurs, plus froids ou plus politiques, voyaient assez clairement le danger d'une situation aussi tendue. Ils firent quelques démarches afin de calmer une crise violente dont ils s'effrayaient à si juste titre. M. Duchâtel hésita, dit-on, et il aurait volontiers cédé. Soit orgueil, soit calcul, M. Guizot, opiniâtre dans ce rôle d'inflexibilité hautaine qu'il affectait, refusa tout tempérament.

D'autres conservateurs essayaient contre l'orage d'autres moyens également inefficaces. « A quoi bon, disaient-ils, toutes ces discussions politiques ? Elles irritent et elles fatiguent. Dangereuses, elles sont en outre stériles. Occupons-nous donc enfin sérieusement des affaires sérieuses. Entrons dans l'étude des questions sociales, qui sont à la fois plus graves et plus urgentes. » Diversion inutile ! Un membre même de l'ancienne majorité, M. de Morny, ayant signalé, dans la *Revue des Deux-Mondes,* le progrès du communisme et les périls prochains dont il menaçait la société, ses réflexions ne produisirent qu'une sensation passagère.

A la Cour, dans l'entourage le plus intime du roi, les mêmes alarmes se firent jour. Parmi les enfants du monarque, il en était un qui, par son caractère ouvert et par la vivacité de son esprit, était l'objet d'une affection non pas plus grande, mais plus familière. Autorisé par là, le prince de Joinville osa parler le premier. Sa remontrance fut accueillie comme une incartade, comme une ridicule témérité de jeune homme. Et, parce qu'il insistait, avec des paroles peu respectueuses pour M. Guizot, le roi l'invita sévèrement à aller en Algérie rejoindre son frère M. le duc d'Aumale. Le malheureux prince quitta Paris, le désespoir dans l'âme. Une lettre, écrite par lui à ce moment et publiée depuis, montre avec évidence qu'il sentait déjà perdus pour lui le trône et la patrie.

« ..... Je suis troublé, » écrivait-il confidentiellement au duc de Nemours, « par tous les événements que je vois s'accumuler de tous côtés. Je commence à m'alarmer sérieusement, et, dans ces moments-là, on aime à causer avec ceux en qui on a confiance... Le roi est inflexible, il n'écoute plus aucun avis. Il faut que sa volonté l'emporte sur tout... Ce que je regarde comme notre grand danger, c'est l'action que le père exerce sur tout, action si inflexible que lorsqu'un homme d'État, compromis avec nous, ne peut la vaincre, il n'a plus d'autre ressource que le suicide [1]. Il me paraît difficile que, cette année, à la Chambre, le débat ne vienne pas sur cette situation anormale, qui a effacé la fiction constitutionnelle, et a mis le roi en cause sur toutes les questions. Il n'y a plus de ministres, leur responsabilité est nulle, tout remonte au roi. Le roi est arrivé à un âge auquel on n'accepte plus les observations : il est habitué à gouverner. Il aime à montrer que c'est lui qui gouverne ; son immense expérience, son courage et toutes ses grandes qualités font qu'il affronte le danger audacieusement ; mais le danger n'en existe pas moins. On relèvera, je le crois, cette année, plus que jamais, cette fausse position : on dira que le gouvernement constitutionnel est particulièrement établi pour éviter ces alternatives de rois trop jeunes ou trop vieux, pour calmer ce que les souverains ont de trop ardent, ou suppléer à ce qui leur manque. Dans le cas actuel, nous aurions besoin des deux choses, mais ces deux choses nous manquent.

[1] Le prince parle du suicide de M. Bresson, ambassadeur à Naples.

» Notre situation n'est pas bonne. A l'intérieur, l'état de nos finances, après dix-sept ans de paix, n'est pas brillant ; à l'extérieur, où nous aurions pu chercher quelques-unes de ces satisfactions d'amour-propre si chères à notre pays, et avec lesquelles on détourne son attention de maux plus sérieux, nous ne brillons pas non plus.

» L'avénement de Palmerston, en éveillant les défiances passionnées du roi, nous a fait faire la campagne espagnole, et nous a revêtus d'une déplorable réputation de mauvaise foi. Séparés de l'Angleterre au moment où les affaires d'Italie arrivaient, nous n'avons pas pu y prendre une part active, qui aurait séduit notre pays et été d'accord avec les principes que nous ne pouvons abandonner, car c'est par eux que nous sommes. Nous n'avons pas osé nous tourner contre l'Autriche, de peur de voir l'Angleterre reconstituer immédiatement contre nous une nouvelle Sainte-Alliance. Nous arrivons devant les Chambres avec une détestable situation intérieure, et à l'extérieur avec une situation qui n'est pas meilleure. Tout cela est l'œuvre du roi seul, le résultat de la vieillesse d'un roi qui veut gouverner, mais à qui les forces manquent pour prendre une résolution virile.

» Le pis est que je ne vois pas de remède. Chez nous, que faire et que dire, lorsqu'on montrera notre mauvaise situation pécuniaire ? Au dehors, que faire pour relever notre situation, et suivre une ligne de conduite qui soit du goût de notre pays ? Ce n'est certes pas en faisant en Suisse une intervention austro-française, ce qui serait pour nous ce que la campagne de 1823 a été pour la Restauration. J'avais espéré que l'Italie pourrait nous fournir ce dérivatif, ce révulsif dont nous avons tant besoin ; mais il est trop tard, la bataille est perdue ici. Nous n'y pouvons rien sans le concours des Anglais, et chaque jour, en leur faisant gagner du terrain, nous rejette forcément dans le camp opposé. Nous ne pouvons plus maintenant faire autre chose ici que nous en aller, parce qu'en restant nous serions forcément conduits à faire cause commune avec le parti rétrograde, ce qui serait en France d'un effet désastreux. Ces malheureux mariages espagnols ! Nous n'avons pas encore épuisé le réservoir d'amertume qu'ils contiennent !

» Je me résume : En France, les finances délabrées ; au dehors, placés entre une amende honorable à Palmerston au sujet de l'Espagne, ou cause commune avec l'Autriche pour faire le gendarme en Suisse et lutter en Italie contre nos principes et nos alliés naturels. Tout cela rapporté au roi, au roi seul, qui a faussé nos institutions constitutionnelles. Je trouve cela très-sérieux, parce que je crains que les questions de ministre et de portefeuille ne soient laissées de côté, et c'est un grave danger, quand, en face d'une mauvaise situation, une assemblée populaire se met à discuter des questions de principe. Si encore on pouvait trouver quelque événement, quelque affaire à conduire vivement, et qui pût, par son succès, rallier un peu notre monde, il y aurait encore des chances de gagner la bataille ; mais je ne vois rien.

» Tu me pardonneras cette épître, mais nous avons besoin de nous sentir les coudes. Tu me pardonneras ce que je dis du père ; c'est à toi seul que je le dis. Tu connais mon respect et mon affection pour lui ; mais il m'est impossible de ne pas regarder dans l'avenir, et il m'effraye un peu. »

L'Opposition n'a rien dit de plus explicite, de plus net ; et l'histoire, que je retrace, ne paraît être que le développement, la preuve et la conclusion des faits et des sentiments énoncés dans cette lettre, épanchement d'un esprit prévoyant et d'un cœur droit dans la conscience d'un frère aimé.

M. de Montalivet se dévoua le second. Sur les instances de la reine, il avertit le roi de l'état vrai de l'opinion. Le roi l'écouta comme un serviteur dévoué, mal éclairé par un zèle excessif, et dont un nouveau témoignage serait inutile, si même il ne paraissait importun.

Ce fut ensuite le maréchal Gérard. Ami personnel du roi, particulièrement agréable par les souvenirs de la Restauration et de 1830, ayant longtemps commandé la garde nationale de Paris, instruit par là des véritables sentiments de la population parisienne, plein de sagacité d'ailleurs et rompu aux affaires politiques, le maréchal avait tous les titres à l'attention du prince. Le roi le laissa parler, et lui répondit, avec amitié, qu'il ne connaissait ni Paris ni la France.

Un autre maréchal, diplomate de l'Empire et du gouvernement de Juillet, engagé, dès 1814, par vanité froissée, dans le parti orléaniste, le maréchal Sébastiani, avait toujours été, depuis 1830, de la plus intime confiance du roi. Retiré des luttes actives, désintéressé de situation et d'esprit entre tous les hommes d'État qui se disputaient le pouvoir, il était de la Cour, non d'un parti. Les ayant tous pratiqués auparavant, il les connaissait tous. Enfin, cet épouvantable meurtre de la duchesse de Praslin, sa fille, venait d'ajouter à tous ces titres de confiance la souveraine autorité du malheur. Le roi le reçut d'un air affectueux. Il discuta quelque temps avec lui, et finit par lui dire, avec un ton de compassion où perçait l'ironie d'une comparaison avantageuse : « Décidément, mon pauvre maréchal, vous vieillissez. » Blessé au vif, le maréchal Sébastiani quitta brusquement les Tuileries. Et l'amertume pénétra si avant dans son cœur, que, le 24 février suivant, ayant reçu l'invitation pressante et réitérée du roi de le venir trouver, il s'y refusa constamment. On a prétendu même, à la charge de sa mémoire, qu'il accompagna ses derniers refus de paroles pleines d'aigreur.

La sœur du roi, Madame Adélaïde, fit le dernier effort. Un peu moins âgée que son frère, elle avait partagé son éducation, son exil, ses revers, sa prospérité. Elle était sa meilleure amie, la confidente de ses plus secrètes pensées. D'un esprit éminent, d'un caractère viril, elle avait longtemps, et plus que lui peut-être, couvé au fond de son cœur l'amer ressentiment des injures personnelles. Aussi l'avait-on vue saisir avec une ardeur passionnée l'occasion de 1830, qui lui apportait à la fois le triomphe et la vengeance. Les légitimistes l'ont même accusée, toutefois sans preuves, d'avoir trempé dans cette trame de Blaye, par laquelle Louis-Philippe, roi, parent, homme et père, déshonora du même coup, dans la duchesse de Berry, la princesse, la parente, la femme et la mère. Quoi qu'il en soit, elle était, dit-on, la seule personne dont le roi voulût encore entendre les observations. Elle-même ne fut pas écoutée.

A quelque temps de là, Dieu lui envoya la faveur d'une fin presque subite. Elle parut ne sentir ni les approches de la mort ni celles de la chute. Le roi en fut cruellement affecté. La princesse étant morte dans la nuit du 30 au 31 décembre, on dut contremander les réceptions officielles du 1er janvier. Cependant le roi, surmontant ses douleurs, voulut recevoir les deux Chambres. Elles défilèrent en silence devant lui et devant la famille royale éplorée. Combien prévirent alors qu'ils les voyaient pour la dernière fois!

V

Vers le même temps, on apprit deux faits qui firent éclater avec une égale énergie l'indignation et le sarcasme. Au mépris des traités, les Autrichiens venaient d'entrer en armes dans les duchés de Parme et de Modène, où la mort récente de Marie-Louise et les événements de Rome leur faisaient craindre des troubles prochains. Un long cri s'éleva de l'Italie entière, auquel fit écho toute l'Europe libérale. En Suisse, au contraire, la contre-révolution éprouvait le plus grand échec. Cette ligue formidable qui prétendait à dominer la Confédération tout entière, le Sonderbund, expirait dans le ridicule. Culbuté sur tous les points, il capitulait tristement dans son dernier asile, sans avoir eu le temps d'utiliser les armes de M. Guizot. Si le gouvernement français était complice de l'Autriche en Italie, on l'ignorait: mais on savait qu'il l'était en Suisse, que, séparé de l'Angleterre par qui la Diète était soutenue, il avait, de concert avec l'Autriche, sommé le gouvernement fédéral de désarmer devant la révolte.

VI

La fortune elle-même, en lui envoyant ses dernières faveurs, les gâtait. Le 1ᵉʳ janvier, on apprenait à Paris la soumission et la prise d'Abd-el-Kader. Repoussé par le Maroc, l'émir s'était enfin rendu au général Lamoricière ; mais il ne s'était rendu qu'à la condition de sa liberté personnelle. Ayant hâte de mettre la main sur cette proie illustre, le général avait promis au vaincu qu'il serait transporté à Alexandrie ou à Saint-Jean d'Acre ; promesse imprudente que le jeune gouverneur s'était empressé de ratifier. Le Cabinet se trouvait donc placé dans cette situation fâcheuse de manquer à la parole d'un général français et à celle d'un fils du roi, ou de rendre à la liberté l'éternel ennemi de la domination française en Afrique. L'opinion se montra aussi froissée des conditions que satisfaite du succès, et les esprits, même bienveillants, rappelèrent avec une sorte de préoccupation superstitieuse, que la prise d'Alger avait précédé de bien près la chute de Charles X.

VII

La discussion de l'Adresse approchait. Le caractère en était connu d'avance : pas un seul membre de l'Opposition n'avait trouvé place dans la commission que présidait M. Sauzet, de nouveau président de la Chambre.

A ce moment, comme pour renouer de l'une à l'autre session la chaîne des faits déplorables, *le National* révélait un fait de corruption plus odieux peut-être que tous ceux qui étaient déjà connus et flétris. Circonstance des plus aggravantes! cette fois, d'après son récit, la main d'un ministre était découverte et saisie dans un trafic de places.

« M. Petit, ex-receveur des finances à Corbeil, plaidait en séparation de corps contre sa femme. Accusé d'avoir acheté sa position par de certaines complaisances pour un personnage haut placé près du roi et pair de France, M. Petit, pour défendre son honneur ainsi attaqué, avait rédigé, distribué à ses juges et publié un mémoire dans lequel il racontait par quels moyens il avait réellement obtenu son emploi. Ces moyens portaient encore atteinte à son honneur, mais autrement, et plus à l'honneur de ceux qui l'avaient nommé qu'au sien. Dans un exposé dont les détails prouvaient eux-mêmes l'exactitude, M. Petit avouait donc nettement qu'une première fois il avait acheté sa place en procurant au ministère, à prix d'argent (30 000 fr.), la démission d'un référendaire de deuxième classe à la Cour des comptes. Forcé ensuite de résilier son marché, il en avait engagé, en 1844, un autre de même nature et plus grave encore. Cette fois il lui avait fallu désintéresser, par une rente viagère de 6 000 francs, un référendaire de première classe et même un conseiller maître, parce que le Cabinet avait besoin de ces deux vacances pour récompenser des services parlementaires. Deux intermédiaires étaient désignés pour avoir négocié et conclu le marché : l'un était M. Génie, chef du cabinet de M. Guizot, instrument intime de tout pour son maître ; l'autre était M. Guizot, qui, non dans l'intérêt de sa fortune personnelle, car sa probité était incontestée, mais dans l'intérêt de son système politique, s'était laissé entraîner à tremper ses mains dans cette triste affaire, et à verser la vénalité jusque dans le sein de cette magistrature exceptionnelle à qui la loi confie la charge de surveiller et d'assurer la loyauté de la gestion des finances publiques. »

L'impression produite par cette révélation fut telle, que, dans la discussion de l'Adresse, ouverte le lendemain à la Cour des pairs, M. de Boissy put dire, sans exciter de trop vives réclamations : « Je désire que de ces bancs le ministère passe sur le banc des accusés! »

VIII

Cette Adresse, au surplus, n'était que la paraphrase accoutumée du discours de la couronne. Elle confirmait, en les reproduisant, les objurgations royales contre les députés qui avaient assisté aux banquets. Triste condescendance! En abandonnant ainsi le rôle de modérateur, qui lui appartenait dans le mécanisme constitutionnel, la pairie aggravait le danger qu'elle aurait dû prévenir. Elle provoquait, en outre, de redoutables commentaires sur la valeur de son institution.

Un seul incident digne de remarque se produisit, et encore ne mérite-t-il d'être noté que parce qu'il montra sous un jour nouveau la figure d'un homme doué d'un rare talent, qui jusque-là n'avait cessé de revendiquer partout les droits de la liberté. Il s'agissait des affaires de Suisse. La défaite du Sonderbund, si ridicule après tant de bravades, n'avait certes pas affligé les esprits vraiment religieux en Europe, mais elle avait soulevé de vives colères dans le cœur de tous ceux qui mêlent la religion avec la politique. Cette foi catholique, si respectable quand elle est sincère, si douce au cœur quand elle donne les vrais conseils du Maître, quand elle console de l'oppression ou de la souffrance, semblait n'inspirer plus, à certaines personnes, que des sentiments amers. Ils éclatèrent dans la bouche de M. de Montalembert. Révolution, radicalisme, liberté, toutes les idées, les sentiments, les institutions, les aspirations, que l'esprit moderne a si logiquement déduits du christianisme, l'orateur confondit et noya tout dans une attaque imprévue et violente. Parmi tous les voltairiens qui l'écoutaient, il ne rencontra que des applaudissements enthousiastes. M. le duc de Nemours, présent à la séance, ne lui ménagea pas les siens. Au dehors, l'impression fut différente.

IX

Cependant le moment des explications sérieuses approchait enfin. L'Opposition allait résumer, pour la justice et pour l'histoire, la longue série de désordres et de faiblesses diplomatiques qui marque d'une si triste empreinte les derniers jours de ce règne.

Le 21 janvier, M. O. Barrot monte à la tribune, au milieu du plus profond silence. Il expose l'affaire Petit dans ses deux phases de 1841 et de 1844. Son récit, réquisitoire accablant, découvre tous les faits et toutes les mains : « M. Génie, secrétaire intime de M. Guizot, a suivi la négociation; le marché a été conclu dans un cabinet voisin du cabinet du ministre; si une difficulté se présentait, M. Génie passait dans le cabinet de son maître; enfin, dernier trait caractéristique de la valeur morale de ce trafic, en récompense du service, M. Génie a reçu le titre de commandeur de la Légion d'honneur ! »

Jusqu'alors M. Guizot, dont la modique fortune prouvait le désintéressement et forçait ses adversaires à respecter l'honneur dans sa vie privée, avait affecté de ne paraître point souillé des pratiques matérielles de la corruption politique. Mais ici son intervention était manifeste, directe, incontestable. Il se sentait ravalé, et il en était ému. L'agitation intérieure de ses sens était même si grande, qu'il la montrait dans une démarche compromettante. Quelques jours avant le débat, M. Dupin ayant déposé sur le bureau de la Chambre une proposition tendant à punir des châtiments les plus sévères toute vénalité des emplois publics, M. Guizot s'était hâté de faire présenter un projet de loi sur le même objet par le garde des sceaux, M. Hébert. Aveu manifeste du trouble de sa conscience, pour qui connaît le cœur humain !

Devant le public, cette âme hautaine essaya de se couvrir sous une accumulation de dédains. L'accusé accusa ses ennemis de grouper de petits faits pour l'en accabler. Que lui reprochait-on après tout ? D'avoir suivi des exemples nombreux, un usage dès longtemps pratiqué. Usage fâcheux peut-être, mais que la loi ne condamnait pas, puisque lui-même avait pris l'initiative d'une législation nouvelle, plus sévère que les précédentes. Il parle ensuite de sa sincérité, fait un appel désespéré au parti ministériel, et termine en annonçant qu'il se retirera si sa conduite est l'objet du moindre blâme.

Toutefois le débat continue, long et vif. M. Lherbette, provoqué par la lutte, laissa échapper un sarcasme contre les tartufes de probité politique!

Deux ordres du jour motivés ayant été proposés, l'un est écarté par deux cent vingt-cinq voix contre cent quarante-six. Il exprimait un blâme sévère. L'autre implique un témoignage de confiance; il est adopté par assis et levé.

X

Ce vote n'était pas une approbation : il n'était qu'une amnistie. La politique seule l'avait donné. On compta cependant vingt conservateurs qui refusèrent l'absolution, entre autres MM. Sallandrouze et Lepelletier d'Aulnay. N'osant encore voter contre le ministère, ils ne purent se résoudre à lui donner un verdict approbateur : ils s'abstinrent. Dans la suite de la discussion, quelques-uns se détachèrent davantage. M. Desmousseaux de Givré constata, avec un pressentiment douloureux, que les paroles mises en ce moment dans la bouche du roi Louis-Philippe étaient à peu près celles dont le roi Charles X s'était si imprudemment servi à la veille de la révolution de 1830. Il déclara qu'il voterait contre un ministère qui ne possédait plus la confiance des conservateurs. Son exemple entraîna plusieurs de ses amis.

XI

Vinrent ensuite les questions spéciales, et en première ligne la question financière.

On connaît déjà les éléments de cette situation. Mais depuis la session précédente, elle n'avait fait que s'aggraver. Un orateur, auquel des écrits peu lus par le public, mais recommandables par l'opiniâtreté du travail, donnaient déjà une certaine autorité, M. Léon Faucher, en exposa ainsi les principaux traits :

« La situation financière préoccupe tous les esprits ; elle est peut-être plus grave que notre situation politique.

» En tous cas, elle est signalée par les mêmes caractères ; c'est le même relâchement dans l'administration, le même désordre dans les faits. Nous sortons à peine de la crise des subsistances ; notre commerce et notre industrie ne se relèvent pas encore de leur langueur. Si le travail a repris dans les fabriques, le salaire y est tellement avili, que les ouvriers ont à peine de quoi vivre. Notre crédit public est plus déprimé qu'il ne l'a été depuis longtemps. L'emprunt qui vient d'être contracté l'a été à des conditions onéreuses pour l'État, et cependant il a pu passer pour un acte de courage de la part des soumissionnaires..... Des finances engagées pendant huit ans. Dans l'état de la France, dans l'état de l'Europe, je ne crains pas de dire que nous ne nous sommes pas trouvés depuis longtemps dans une situation aussi difficile, aussi périlleuse..... Je dis que ces faits révèlent une inquiétude profonde, je dis que non-seulement la Chambre, mais que tout le monde est pénétré de la gravité de notre situation financière ; que le danger est aperçu partout, que le ministère est tenu de le voir, et que la Chambre, à son défaut, est tenue d'y porter remède. »

A M. Faucher succéda M. A. Fould, qui, exprimant les mêmes craintes avec une égale énergie, termina ainsi : « Nous avons engagé nos finances, et aujourd'hui nous nous trouvons en face d'une situation grave et compromise uniquement par notre faute. »

M. Jules de Lasteyrie vint ensuite ; il commença par rappeler le passage suivant du rapport présenté l'année d'auparavant par un député ministériel, M. Bignon, au nom de la commission du budget de 1847 :

« Les finances de l'État sont engagées pour onze ans..... Ainsi, la Chambre le voit, les engagements pris ou que vous allez prendre peuvent être éteints dans onze ans, à quatre conditions : la première, c'est que vous conserverez la paix ; la seconde, c'est qu'aucune circonstance quelconque, même en temps de paix, ne fera descendre les fonds qui concourent à former la réserve de l'amortissement au-dessous du pair ; la troisième, c'est que vos budgets ordinaires ne présenteront plus de découverts, et n'emprunteront plus rien à la réserve ; enfin, la quatrième, c'est que vous n'entreprendrez plus de nouveaux travaux. »

Puis l'orateur continua en ces termes : « Il faut bien qu'on le sache : le budget de la France, tel qu'il est échafaudé, est rempli de fictions et de déceptions ; c'est une hypothèse mensongère que celle qui consiste à supputer en combien d'années on pourra liquider nos finances, à condition que le budget sera toujours en équilibre : — il ne l'a été qu'une fois depuis dix ans ; — à la condition qu'il n'y aura aucune nouvelle dépense, ce qui est impossible ; à la condition que tous les devis auront été exacts, vous savez que cela n'est pas ; enfin à la condition qu'il n'y aura désormais ni mauvaises récoltes, ni inondations, ni pluie, ni vent, ni soleil, ni aucun événement, c'est-à-dire à la condition de l'impossible. »

Contre ces accusations accablantes, émanées d'hommes qui tous rivalisaient de dévouement à la monarchie, dont quelques-uns même étaient conservateurs, le ministre des finances, M. Dumon, essaya de justifier le gouvernement : « Sans doute les engagements paraissent considérables. Mais une bonne politique donne toujours de bonnes finances. Que la politique actuelle dure, les finances ne manqueront pas de s'améliorer. La puissance contributive du pays est d'ailleurs si grande! » Cependant, plus le ministre essaye de colorer le tableau, plus il l'assombrit. Alors M. Thiers monte à la tribune « pour éclairer le pays sur les dangers qu'on cherche à lui cacher ».

« Sans doute, » poursuit-il, « je suis de l'Opposition la plus prononcée, mais ce n'est pas un acte d'opposition que je viens faire en ce moment ; je viens vous dire la vérité, que vous avez besoin de connaître dans toute son étendue; car ce n'est que de cette vérité bien connue que pourra naître le sentiment qui peut sauver nos finances. Si nous continuons longtemps encore (on peut le redouter, à entendre ce que disaient le rapporteur du budget et la réponse du ministre) sans changer de conduite, soyez-en convaincus, vos finances marchent vers une catastrophe.

» Je m'adresse à tous les hommes de bonne foi et de sens : qu'on me réponde. Y a-t-il quelqu'un ici, excepté le ministre, qui croie que les finances soient en bon état? Non ; il n'y a personne qui le dise. Toutes les fois que nous sommes hors d'ici, hors de ce spectacle, et que nous nous trouvons dans l'intimité, nous ne recueillons que des aveux. »

Muni de tableaux, de chiffres, de faits, l'orateur les

déroule aux yeux de la Chambre attentive; il en déduit les conséquences; il déchire le voile des illusions tissé par les mains du ministre; il met enfin à nu toutes les plaies de la situation, en dénonce tous les périls, et, descendant de la tribune, il laisse tomber, avec un sentiment d'indicible tristesse, ces paroles accablantes :

« Quand vous vous appelez le ministère de la prospérité publique, l'état de nos finances vous répond. Je quitte cette tribune profondément alarmé. »

L'effet de ce discours fut immense. Indépendamment de la connaissance approfondie de l'ensemble et des détails que M. Thiers y avait déployée, ses paroles tiraient de sa situation une autorité incomparable. Depuis dix-huit ans il servait ce gouvernement; au début, nul ne s'était dévoué avec une plus grande ardeur à l'affermir. Cette politique dont il venait de démontrer les désastreuses conséquences, il la connaissait pour en avoir été l'instrument; il aimait la famille royale, il aimait la monarchie, et, certes, il ne voulait ni détrôner l'une ni détruire l'autre. Aussi ses prédictions sinistres retentirent-elles douloureusement. Dans la Chambre et dans le pays entier, elles furent accueillies comme le bilan de la monarchie et comme la justification douloureuse des attaques dont elle était l'objet. Vainement ensuite M. Duchâtel essaya de contester; vainement il apporta au secours d'une cause insoutenable une merveilleuse dextérité d'exposition; vainement il mit en jeu toutes les ressources de l'invention pour prouver que les dépenses productives étaient une source de richesse plutôt que de ruine; vainement il énuméra les routes, les chemins de fer, les ports, les canaux, les améliorations des rivières, les travaux de toute sorte créés, ou en cours d'exécution, ou projetés, honneur du règne de Louis-Philippe ! toute cette argumentation vint se briser contre la vérité de la situation. Pour tous les esprits, de bonne ou de mauvaise foi, une conviction resta de ce débat, conviction éclairée, unanime, que la fin dernière de ce système, la fin inévitable et prochaine, serait, suivant les expressions de M. Thiers, une catastrophe, c'est-à-dire la banqueroute !

Indépendamment de la vérité connue, on croyait généralement en outre à une vérité inconnue, plus redoutable. Sur le chiffre de la dette flottante, par exemple, les assertions des ministres rencontrèrent une incrédulité universelle et opiniâtre. M. Thiers l'avait fixée entre 750 et 800 millions. Les ministres n'avouaient que 623 millions. M. Garnier-Pagès fit observer que, quel que fût le chiffre, il y fallait ajouter 289 millions des caisses d'épargne, emprunt constamment ouvert, dette constamment exigible. On mit en doute cette allégation. Or, après la Révolution de Février, M. Garnier-Pagès, devenu ministre des finances, trouva parmi les papiers officiels laissés par M. Dumon, sur cette table qu'il venait de quitter, une note rédigée par le directeur du mouvement général des fonds, pour le ministre seul, remise à la veille même de la discussion : cette note reproduisait exactement les chiffres de M. Thiers et ceux de M. Garnier-Pagès. C'était donc pour le besoin de la défense que MM. Dumon et Duchâtel avaient avancé des chiffres inexacts. Malheureusement, cette confirmation ne fut pas la seule !...

XII

Sur les faits qui caractérisaient principalement la politique intérieure, M. Billault résuma le sentiment public dans un amendement ainsi conçu :

« Nous nous associerons au vœu de votre majorité, en demandant avant tout à votre gouvernement de travailler sans relâche à développer la moralité des populations et de ne plus s'exposer à l'affaiblir par de funestes exemples. »

Tomber sur un tel amendement, c'était tomber dans la honte. M. Billault y poussa M. Guizot à coups redoublés. Tergiversations, depuis la coalition et le droit de visite jusqu'au discours de Lisieux; scandales depuis l'affaire Bénier jusqu'à l'affaire Petit; mensonges, sur la vénalité des emplois, sur la subvention de la presse, sur les missions données à des écrivains en faveur, sur les statuts du chapitre de Saint-Denis, sur le camp de Compiègne, sur le trafic des priviléges de théâtre, sur les projets de lois offerts à prix d'argent, M. Billault fit comparaître dans ce discours la politique entière du Cabinet, pour la dénoncer à la vindicte publique.

Tous les affronts semblaient permis contre ceux qui, les ayant tous provoqués, étaient obligés de les supporter. — Insistant, avec une émotion indignée, sur la complicité du ministère dans l'affaire Petit, M. Léon de Malleville osa lancer contre M. Guizot l'épithète appliquée à ceux qui profitent des actions coupables des autres. — M. Hébert, ministre de la justice, ayant dit :
« Personne n'a jamais douté de ma parole d'honnête

homme et de magistrat, » M. Émile de Girardin s'écria, d'un ton significatif : « Je demande la parole! » et, s'élançant à la tribune : « On a parlé, ces jours derniers, du tartufe de religion, du tartufe de probité; on a oublié le tartufe de justice. » Muet devant M. de Malleville, le président rappelle M. de Girardin à l'ordre. Mais celui-ci poursuit sa charge : il accuse M. Hébert d'avoir accumulé contre le journal *la Presse* les persécutions les plus iniques et les plus ridicules, depuis le jour où *la Presse* a retiré son concours à la politique du Cabinet; il l'accuse enfin d'avoir manqué à tous ses devoirs d'honnête homme et de magistrat en refusant de poursuivre des faits ignominieux, également punis par la morale et par la loi !

Cette incessante accumulation de faits, d'accusations, de preuves, d'injures même, portait coup. Le ministère en était visiblement troublé et la majorité non pas diminuée, mais ébranlée, quand un secours inattendu parut. Désireux de modérer l'âpreté de la lutte, M. Dufaure émit cette opinion, intentionnellement conciliatrice, que les actes étaient coupables, mais que les auteurs ne l'étaient point. Cette doctrine ouvrait une issue au ministère : il eut la modestie de l'accepter. La conscience publique ne l'accepta point.

L'amendement de M. Billault fut rejeté. On passa à l'examen des questions extérieures.

XIII

« La France », dit M. de Lamartine en ouvrant cette discussion, « avait à choisir entre trois politiques : révolutionnaire, constitutionnelle ou conservatrice. Le

Cabinet s'est arrêté à la dernière, et c'est la pire; car elle signifie en Italie : conservation de l'oppression étrangère, des abus, du morcellement et de l'impuissance des États italiens. Le Cabinet ne veut en Italie que des réformes administratives, et ce sont des Constitutions que ces peuples réclament. Vous craignez le parti radical! mais partout, à Milan, à Venise, à Gênes, ce sont les hommes les plus riches et les plus considérables qui en sont les chefs. » Puis, dans une de ces grandes expansions dont ce génie si richement doué a seul le secret : « Depuis les mariages espagnols, de ce jour-là, il a fallu que la France, à l'inverse de sa nature, à l'inverse des siècles et de la tradition, devînt gibeline à Rome, sacerdotale à Berne, autrichienne en Piémont, russe à Cracovie, française nulle part, contre-révolutionnaire partout! »

Ce discours, à la fois plein de raison et de véhémence, embarrassa M. Guizot. Il était trop évident, en effet, que la politique n'était pas moins déplorable au dehors qu'au dedans; que, flottant entre la crainte de déplaire à l'Autriche et celle de soulever l'opinion publique en France, le ministère n'osait ni seconder ni combattre le mouvement libéral en Italie, et qu'il avait abandonné le rôle naturel de la France, le rôle de protecteur de la liberté constitutionnelle dans le monde. A défaut de raisons sérieuses, M. Guizot suscita les terreurs de la majorité. Il fit entrevoir qu'une politique plus ferme pourrait entraîner, comme en 1840, la coalition des quatre grandes puissances : « Et dans quel but? Pour établir la liberté en Italie? L'Italie n'est pas mûre pour la liberté. Pour réprimer les excès de l'Autriche? Ces excès ne sont que des inventions; ils sont au moins exagérés par la calomnie. Le libéralisme de M. de Metternich garantit l'humanité de son gouvernement!.... »

Le lendemain lui apportait une cruelle réponse, un lamentable démenti. Soulevée au nom de la nationalité, de la liberté, de la haine contre l'oppression, Palerme avait subi, pendant quarante-huit heures, le feu de l'escadre napolitaine, qui avait porté sur la ville la destruction et la mort.

Sous l'impression de cette catastrophe, M. Thiers reparaît à la tribune. Il rappelle les récents massacres de Milan; il retrace, devant un auditoire frémissant, les atrocités permises, récompensées par ce gouvernement autrichien dont on a osé vanter le libéralisme; il représente l'Europe divisée en deux camps : les gouvernements libres et les gouvernements absolus; toutes les fois qu'un gouvernement absolu meurt et que naît une liberté, il y a pour la France un ennemi de moins, un ami de plus. « Italiens! » poursuit-il, « soyez unis!... Peuples et princes, soyez unis! Dans cette attitude, vous serez respectés. Mais si l'on voulait attenter à vos droits et à votre indépendance, le cœur de la France n'est point glacé; la France est vieille de gloire, mais elle est jeune de cœur; vous ne la trouveriez pas dégénérée; car elle n'est dégénérée que dans l'opinion de ceux qui la croient faite à leur image!... »

Dans une autre bouche, cet admirable discours eût écrasé le ministère. Mais les antécédents de M. Thiers ne laissaient pas à son éloquence toute son autorité. Même sous l'empire du charme, on ne pouvait oublier qu'il y avait en lui deux hommes, l'orateur et le ministre : l'un plein d'énergie, l'autre plein de faiblesse; l'un brûlant de patriotisme, l'autre toujours et partout contre-révolutionnaire; ce que l'orateur conseillait, on savait que le ministre aurait pu le faire et qu'il ne l'avait point fait; et si le pouvoir devait lui revenir un jour, on n'espérait pas mieux de l'avenir. Que signifiait d'ailleurs ce conseil, si étrange, de conserver les traités de 1815 en les détestant? N'était-ce pas là le sophisme d'une faiblesse incurable, avide en même temps de popularité? Aussi M. Guizot put adresser victorieusement à M. Thiers cette réponse cruelle : Qu'entre eux il n'y avait de différence que la différence des situations, et qu'à sa place M. Thiers eût agi et parlé comme il agissait et parlait lui-même. M. O. Barrot était seul dans le vrai en déclarant que si les traités de 1815 existaient encore de fait, ils n'existaient plus comme droit; que les destructeurs de Cracovie les avaient eux-mêmes déchirés, et qu'en Italie comme partout, la France, libre de son action, n'était plus tenue de prendre conseil que de ses intérêts ou de son honneur.

Le même antagonisme, avec les mêmes inconséquences, éclata dans la discussion des affaires de Suisse. A mesure que ces débats s'aggravaient, le talent de M. Thiers ne cessait de grandir. Mais, si grand qu'il fût, il ne suffisait pas à couvrir le faux de sa situation. On reconnaissait bien avec lui que, depuis soixante ans, la Suisse avait invariablement suivi les différentes phases de la Révolution française; que la question du Sonderbund et des couvents d'Argovie n'était qu'un épisode de la lutte engagée entre l'absolutisme et la liberté; que le parti des jésuites n'était que le parti des vieilles idées; que les massacres du Valais montraient d'avance les excès de la contre-révolution, si, pour le malheur de la civilisation, elle triomphait un jour. Mais on rappelait qu'en 1836 M. Thiers avait voulu envahir la Suisse, et que, de concert avec l'Autriche, il l'avait menacée.

Il faut le dire cependant, l'éloquence de M. Thiers réussit enfin à forcer les convictions les plus rebelles : « Je ne suis pas radical, » s'écria-t-il, « je ne suis pas radical ; messieurs les radicaux le savent bien, et il suffit de lire leurs journaux pour s'en convaincre. Mais entendez bien mon sentiment. Je suis du parti de la Révolution, tant en France qu'en Europe. Je souhaite que le gouvernement de la Révolution reste dans les mains des hommes modérés. Je ferai ce que je pourrai pour qu'il continue à y être. Mais quand ce gouvernement passera dans la main des hommes moins modérés que moi et mes amis, dans les mains d'hommes ardents, fût-ce les radicaux, je n'abandonnerai pas ma cause pour cela, je serai toujours du parti de la Révolution. » A cet engagement, prononcé avec une fermeté d'accent et d'attitude qui parut en doubler la valeur, toutes les hostilités cédèrent. On ne douta plus de sa résolution ; on eût regardé comme une injure de croire qu'il pût jamais oublier une si solennelle déclaration !...

Sous le coup de ce foudroyant triomphe, M. Guizot déconcerté voulut ajourner la lutte. Il essaya bien encore de mettre M. Thiers en contradiction avec lui-même ; mais cet argument, pour avoir servi, était usé. Le ministre souleva des murmures jusque dans le sein de la majorité, lorsqu'il déclara que le gouvernement français voulait intervenir contre la Diète helvétique, parce que le radicalisme y avait triomphé.

Les affaires de la Plata, la prise d'Abd-el-Kader, la question du Portugal, où le Cabinet s'était trouvé d'accord avec l'Angleterre pour protéger le pouvoir oppresseur d'une reine parjure, occupèrent quelques instants l'attention de la Chambre ; puis vint le point décisif, la question des banquets.

XIV

Entretenue, accrue par diverses causes, l'impatience publique était grande. Jusqu'où l'Opposition serait-elle entraînée par le juste ressentiment d'une récente injure? Tout saignant encore des blessures reçues dans les banquets, le parti conservateur suivrait-il jusqu'au bout une politique dont lui-même entrevoyait déjà les périls? Que ferait la Cour? Le roi persisterait-il à jouer son trône pour un triomphe d'orgueil? L'aveuglement de M. Guizot serait-il incurable? M. Duchâtel ne saisirait-il pas l'occasion d'une séparation opportune? Quel serait enfin le résultat dernier d'une lutte si violemment engagée? Au dehors, au dedans, toutes ces questions, agitées avec une ardeur toujours croissante, portaient à leur comble la curiosité, les passions, l'irritation des esprits.

On apprit bientôt que parmi les conservateurs les idées de conciliation gagnaient du terrain; non-seulement les progressistes, mais quelques-uns des anciens s'inquiétaient de trouver une issue pacifique. Réunis dans le troisième bureau de la Chambre, ces hommes sages convinrent de se rendre auprès des deux principaux ministres et de leur faire agréer un amendement conciliateur. M. Duchâtel hésita encore; M. Guizot refusa net et sèchement. Les négociateurs se retirèrent vaincus; un petit nombre d'entre eux persista.

De leur côté, les organisateurs du banquet du douzième arrondissement avaient un moment hésité à poursuivre; mais le refus d'autorisation, signifié par le préfet de police, et la déclaration du ministre de l'intérieur, à la Chambre des pairs, que le Gouvernement était désormais déterminé à interdire les banquets, levèrent les incertitudes. Dès que tout espoir d'accommodement fut perdu, on résolut de passer outre, au nom de la loi. Les députés, les journalistes, le Comité central, se réunirent chez M. O. Barrot. Il y fut décidé que l'honneur ne permettait point de déserter la défense du droit de réunion, et qu'aussitôt après la discussion de l'Adresse la question serait vidée.

XV

On était déjà au 7 février! Cette discussion commença. M. Duvergier de Hauranne y entra le premier par un discours franc, énergique, tel qu'on l'attendait de lui :

« Pour l'Opposition, la question n'est pas posée devant la Chambre, mais devant le pays. La légalité des banquets ne peut être contestée. Nous sommes prêts à nous associer à tout acte éclatant de résistance légale. Obéir à la loi, résister à l'arbitraire, c'est le double devoir des peuples libres... On nous reproche l'accord loyal qui existe entre la gauche et les radicaux : cet accord n'a-t-il pas pour précédent la coalition de 1839? Et depuis quand blâme-t-on la coalition? Quatre des ministres actuels; MM. Guizot, Duchâtel, Hébert et Dumon, ne faisaient-ils pas partie de celle-là?... On reproche à l'Opposition de n'avoir pas porté un toast au roi; mais, après cinquante-huit ans de révolutions, n'est-il donc pas possible d'avoir une réunion politique sans y invoquer le nom royal ? et les banquets n'ont-ils pas eu pour but d'éclairer le pays sur les conséquences déplorables du gouvernement personnel ?... Vous nous accusez d'être mus par des passions ennemies ou aveugles ; nous vous accusons, nous, de fonder sur des passions basses et cupides tout l'espoir de votre domination. Vous nous accusez d'agiter, de troubler le pays dans un misérable intérêt d'ambition; nous vous accusons, comme vous en avez accusé d'autres, de corrompre le pays pour l'asservir, et pour perpétuer entre vos mains la plus déplorable des exploitations. Vous nous accusez de donner, par nos discours, force aux partis extrêmes qui veulent renverser l'ordre social et l'ordre politique; nous vous accusons de fournir, par vos actes, aux partis extrêmes, le point d'appui, le levier qui leur manquent. » M. Duvergier termine en déclarant qu'à ses yeux les banquets politiques sont autorisés par la loi, et que ses amis veulent continuer à employer ce moyen d'agitation légale. Cette déclaration est accueillie par un assentiment unanime sur tous les bancs de l'Opposition. M. Marie la confirme, au nom des radicaux, dans un discours remarquable par l'élévation des idées, la chaleur des convictions, la fermeté des principes.

Bientôt le débat s'irrite. M. de Malleville écrase M. Guizot sous le poids de citations heureuses. Il crie à M. Duchâtel : « Vous vous plaignez des attaques contre votre politique, dans les banquets. Est-ce que tous les jours, dans vos journaux, vous n'avez pas accablé l'Opposition des injures les plus vives ? Mais cela nous touche peu ; car nous savons ce qu'elles valent, et vous,

vous savez ce qu'elles coûtent. » Piqué au sang, M. Duchâtel monte à la tribune. S'il a hésité un moment, il n'hésite plus. Pour lui, le droit de réunion n'existe pas; il est résolu à en empêcher l'exercice : « Je n'hésite pas à dire que, si l'on croit que le gouvernement, accomplissant son devoir, cédera devant des manifestations quelles qu'elles soient, non, il ne cédera pas ! »

A cette déclaration extrême, la gauche en émoi s'exclame : « Vous avez des mots malheureux, vous vous servez des propres expressions de Charles X. » Les interpellations, les interruptions se croisent; les bravos réitérés des centres couvrent tout. Le ministre poursuit; il revendique la responsabilité des expressions royales; loin d'être trop injurieuses, elles sont trop modérées.

M. O. Barrot repousse la doctrine du ministère et son langage. Il voit le péril de la situation, il le signale, et dégage à l'avance sa responsabilité et celle de son parti : « ..... La situation morale du pays est affreuse; il n'est que temps de l'arracher aux abîmes. L'honnêteté publique se révolte et réagit contre le système. ..... Il est un moyen de consulter l'opinion de la France; ce moyen, vous le repoussez. Eh bien, dans cette voie on doit rencontrer des coups d'État et la violence; nous n'en serons pas responsables ! »

XVI

Cependant une grave inconséquence frappait tous les esprits. Si des banquets ont eu lieu déjà, c'est qu'évidemment la loi ne les interdit pas. Or, si la loi les autorise, comment le ministère, après les avoir tolérés, peut-il déclarer maintenant qu'il les empêchera à l'avenir? M. Boissel, député du douzième arrondissement, qui devait présider le banquet, relève cette inconséquence comme injurieuse pour ses commettants. Mais le garde des sceaux, éludant ce dilemme, développe cette théorie si connue du despotisme, que tout ce qui n'est pas expressément permis est défendu; qu'il n'y a point d'autres droits que ceux qui sont formellement inscrits dans la Charte. « Et le droit de respirer! » Cette interruption accablante ne l'arrête point; il continue, et aggrave le caractère personnel de sa théorie par les provocations du geste, de la voix, du visage.

La surprise était universelle. M. Ledru-Rollin en profite avec une habileté extrême. Laissant adroitement de côté les incidents de Lille, Châlons et Dijon, à dessein soulevés contre lui, il s'attaque à la doctrine du ministre, l'enserre et l'étouffe dans les plis d'une argumentation irrésistible. Mais le ministre ne cède point. Pâle de colère, il s'élance une seconde fois à la tribune : il insiste sur sa théorie, il l'exagère et s'emporte jusqu'à la menace. Alors un mouvement extraordinaire se dessine, grossit, domine l'assemblée. La tribune est partout dans la salle. « Ils vont plus loin que la Restauration! » dit M. O. Barrot. « C'est la contre-révolution! » reprend M. Garnier-Pagès. Et cette double interjection tombe sur l'indignation qui couve au fond des cœurs comme une double étincelle sur une traînée de poudre. Par un mouvement spontané, l'Opposition tout entière est debout, les mains tendues vers le banc des ministres : « M. de Polignac, M. de Peyronnet, n'ont jamais parlé ainsi! » s'écrie M. O. Barrot. — M. de Courtais : « Ce sont des provocations indignes! » — M. Larabit : « C'est le commencement de la violence! » Et toutes les colères allumées éclatent comme les feux dans la bataille. Soulevés par la même commotion, les centres résistent avec fureur. Les cris « A l'ordre ! à l'ordre ! » partent de toutes parts; les interpellations, générales d'abord, tournent en personnalités ; l'auteur du tumulte, M. Hébert, parvient à dominer un moment le bruit : il demande compte à M. O. Barrot de son interpellation, qu'il déclare injurieuse, au grand scandale des légitimistes. Au milieu des clameurs, M. O. Barrot rétorque, au ministre pâle et déconcerté, cette foudroyante apostrophe : « Oui! vous, ministres de la révolution populaire de Juillet ; vous, dont le pouvoir a été sanctionné par le sang des martyrs de la liberté, vous contestez un droit que les ministres de la Restauration, au moment où elle allait être brisée, ont reconnu et respecté ! Voilà ce que je dis : voilà ce qui est un fait, un fait indélébile. Ce qui a été respecté par M. de Polignac a été violé par vous!... » Pas un ministre ne répond, mais les conservateurs poussent des cris menaçants. L'Opposition s'exaspère. La confusion est à son comble. Les moins emportés invoquent l'autorité du président; on ne le voit plus; on le cherche : il a disparu. La discussion générale est close par le tumulte; les députés se précipitent. L'agitation se répand avec eux dans la ville, qui frissonne au bruit répercuté de cette terrible scène, souvenir à la fois et pronostic des crises qui précèdent les grandes chutes!

Le soir (9 février), M. Duchâtel lui-même, sous les mêmes impressions, écrivait dans un billet à M. Guizot : « L'effet de la séance n'est pas très-favorable. Hébert a été trop absolu à la fin. C'est le sentiment de tous ceux que j'ai vus depuis la séance. Il faut calmer la Chambre. Nous allons droit à une émeute, pour laquelle du reste j'ai toutes mes mesures prises.

» Tout à vous. »

XVII

Le lendemain, le tumulte renaît, moins bruyant, aussi profond. M. Darblay avait proposé un premier amendement. Bien que dicté par un sage esprit de conciliation, cet amendement péchait par la forme : désagréable aux ministres et à la majorité, il parut blessant pour l'Opposition. M. O. Barrot le repoussa énergiquement. Après lui, et avec une égale énergie, M. Thiers revendiqua les droits de la minorité, dans une improvisation ardente où l'on entendit retentir ces paroles révolutionnaires : « Mon droit est écrit dans la Charte, il m'appartient ; il est aussi sacré que celui de la royauté ! » — « Si vous étiez sur ces bancs, » répondit insolemment M. Guizot, « vous feriez comme nous. » — « Jamais ! » s'écria M. O. Barrot ; « je vous garantis le contraire ! » Jamais est un grand mot, M. Thiers évita de le prononcer. — L'amendement fut repoussé à la presque unanimité.

Un second amendement, présenté par M. Desmousseaux de Givré, retranchait de l'Adresse les expressions injurieuses du discours royal. C'était la vraie solution, la solution pacifique. M. de Lamartine, que l'on a si violemment accusé depuis d'avoir conspiré le déchaînement des tempêtes, l'appuya dans un discours qui produisit une impression profonde, même sur les centres. « Comment, » disait-il, « comment ce pays d'honneur aurait-il pu ne pas s'indigner contre la corruption dont les flots impurs remontaient jusque sous les pieds du pouvoir ? Comment n'aurait-il pas parlé quand il a vu toute notre politique extérieure sacrifiée à des intérêts de famille, la France enserrée dans une frontière de contre-révolution ? Nous avons parlé à ciel découvert, et vous oseriez aujourd'hui interdire les expansions du patriotisme et mettre la main de la police sur la bouche de la France ! Savez-vous ce que c'était que le Jeu de paume ? Une réunion publique fermée par le pouvoir et rouverte par la nation !... »

Le moment du vote approche. Tous les esprits se recueillent. Si le ministère l'emporte, c'est la guerre poursuivie à outrance, jusqu'à l'inconnu ; s'il succombe, les électricités s'annulent, la monarchie est sauvée. Les deux phases du vote ont successivement lieu, pour et contre. Le bureau hésite ; l'épreuve est douteuse. Aussitôt l'angoisse des cœurs se manifeste dans un mouvement universel; la surprise est extrême partout; au banc des ministres et de leurs affidés, c'est la colère. On réclame le scrutin de division, puis le scrutin secret. L'appel nominal épuise une heure, heure d'anxiété, d'espoirs contraires, de sentiments divers. C'est l'avenir qui tombe dans l'urne, l'avenir de la monarchie ! 413 députés avaient voté : 228 pour le ministère, 185 pour l'Opposition. La majorité absolue était de 21 voix seulement !

Le président de la Chambre, M. Sauzet, cédant aux injonctions ministérielles, avait voté dans cette question, où les plus simples convenances lui faisaient un devoir de s'abstenir. L'Opposition lui fit signifier qu'aucun de ses membres ne reparaîtrait plus chez lui. Elle prit en même temps la résolution de ne plus se présenter devant le roi.

Lorsque vint le moment de voter ce paragraphe du projet d'Adresse : « Les agitations que soulèvent des passions ennemies et des entraînements aveugles tomberont devant la raison publique éclairée par nos libres discussions, » les députés de l'Opposition restèrent silencieux et immobiles sur leurs bancs, pendant toute la durée du scrutin. 223 voix avaient voté pour, 18 contre. Si ces dix-huit voix s'étaient abstenues, le vote était nul. Mais la petite phalange intermédiaire n'osa point pousser les choses à cette extrémité.

XVIII

Ainsi l'Opposition était définitivement vaincue. La majorité, associée au roi, avait comme lui vengé ses propres injures. — Attendant les résolutions que dicterait à la minorité le soin de son honneur outragé, la Chambre avait encore à voter ces derniers mots de son Adresse : « ..... et par la manifestation de toutes les opinions légitimes. » On les avait réservés à cause de l'amendement proposé par M. Sallandrouze, en ces termes : « Au milieu de ces manifestations diverses, votre gouvernement saura reconnaître les vœux réels et légitimes du pays ; il prendra, nous l'espérons, l'initiative des réformes sages et modérées que réclame l'opinion publique, et parmi lesquelles il faut placer d'abord la réforme parlementaire. Dans une monarchie constitutionnelle, l'union des grands pouvoirs de l'État permet de suivre sans danger une politique de progrès et de satisfaire tous les intérêts moraux et matériels du pays. »

M. Sallandrouze, industriel renommé, avait été le condisciple du duc d'Orléans, qui s'était lié avec lui d'une amitié fort étroite, et il avait été admis au château avec des accueils marqués, même après la mort du prince. Il avait noblement résisté à toutes les instances du roi, qui l'invitait à retirer son amendement. Il le développa avec mesure et convenance. L'Opposition s'abstenant, le débat demeura circonscrit entre les deux fractions du parti conservateur. MM. Clappier (de Marseille) et Blanqui aîné soutinrent avec talent M. Sallandrouze. Mais tout devait échouer devant une résistance de plus en plus implacable et qui ne voulait pas même céder une espérance. M. de Morny lui-même y échoua. Écartant toutes les rédactions positives, il demanda que le ministère prît un engagement, quel qu'il fût, de réformes futures. C'était une diversion, un déclinatoire peut-être, mais c'était encore une issue. Les poitrines se dilatent; il semble que la situation va se détendre, que les périls vont s'éloigner. M. Guizot est contraint de prendre la parole; il monte à la tribune, au milieu d'un silence profond. Sa déclaration est ferme et nette : il ne fera rien pendant l'année présente; pour l'avenir, il ne prend aucun engagement; le parti conservateur est divisé sur cette question : il fera tous ses efforts pour le réunir; s'il n'y réussit pas, si le grand parti dont il est le chef ne peut tomber d'accord sur une solution si importante, il se retirera plutôt que de désorganiser la politique conservatrice.

A cette déclaration formelle, à ce refus positif, non-seulement de toute réforme, mais de toute espérance de réforme, un désordre extrême éclate dans la Chambre. La séance est suspendue. M. Berryer s'élance à la tribune ; mais l'Opposition veut qu'on vote sous l'impression de ce refus : il descend. Les membres de la majorité, consternés, se précipitent en grand nombre au banc des ministres ; ils supplient le président du conseil de revenir sur une déclaration si grave ; on l'entoure, on le presse. Il ne répond même pas aux instances de ses amis. Silencieux, inflexible! vous eussiez dit la statue de la Volonté aveugle. De l'autre côté, agitation égale. Partout un seul cri : « Votons! votons! ne disons plus rien! tout est décidé! Le pays est averti, c'est à lui d'aviser! » M. Sallandrouze remonte à la tribune ; il adjure le ministère de réfléchir ; il ne réclame qu'un engagement ; à ce prix, il retire son amendement. Même silence au banc des ministres.

Il faut voter! Quel sera le résultat du scrutin ? Les conservateurs progressistes sont décidés ; parmi les autres, plusieurs sont irrités du mépris qui vient d'accueillir leurs remontrances et quelques-uns commencent à voir le péril. Le vote est donc au moins douteux, le sort du ministère est compromis. Mais, perdu par sa faute, M. Guizot est sauvé par une faute de ses antagonistes. Voyant le pouvoir s'approcher d'eux, cherchant dès lors à se ménager une base hors de l'Opposition, MM. Thiers et de Rémusat veulent constater la dissolution du parti conservateur. Alors les dissidents avertis se ravisent : ils reviennent sur leurs pas. Le ministère l'emporte. Mais la majorité est diminuée encore de dix voix.

Restait le vote sur l'ensemble de l'Adresse. Il était encore au pouvoir de l'Opposition de le rendre nul. Si elle s'abstenait tout entière, comme le parti ministériel ne pourrait jamais réunir à lui seul les deux cent trente boules nécessaires à la validité du vote, l'Adresse ne serait pas adoptée. Alors la majorité n'était plus complice des royales injures ; peut-être que les passions s'amortissaient : la situation en était détendue ; les événements en étaient ou détournés ou ajournés. Mais ici encore M. Thiers maintint les complications. Après avoir adhéré à la résolution de ne point voter, déjà sorti de la Chambre, il revint sur ses pas, et engagea ses amis à ne pas donner le dangereux exemple d'une abstention de vote. Malgré ce secours inattendu, l'Adresse ne réunit que deux cent quarante-quatre votants.

La séance fut levée au milieu d'une agitation menaçante. Il était sept heures et demie du soir.

XIX

Ouverts le 22 janvier, clos le 12 février, ces grands débats avaient rempli vingt-deux séances. Séances de colères, de violences, d'objurgations réciproques, toutes chargées de cette électricité de passion qui présage les grandes crises !

Et cependant personne n'appelait ces crises. Si rapide que fût leur approche, il était facile de les éviter.

L'Opposition pouvait se contenter de peu. Par les banquets, elle avait éclairé le pays ; en s'adressant directement à l'opinion, elle l'avait conquise. Sans doute elle était vaincue dans la Chambre, vaincue avec outrage ; mais déjà l'opinion extérieure pénétrait dans le

Parlement. Cette majorité, si imposante au lendemain des élections, était en proie au trouble et à la décomposition, qui avaient commencé pour ne plus s'arrêter; chaque jour elle perdait de sa confiance, de sa résolution, et même de son nombre; quelques efforts de plus, elle était dissoute. L'Opposition pouvait donc attendre; elle n'avait à demander, à exiger immédiatement qu'une seule chose, c'est que la folie de ses adversaires ne s'obstinât point à la forcer de choisir entre la honte et l'insurrection.

Pour le Cabinet, la fortune lui laissait encore le choix de plusieurs conduites. Sans abandonner aucun des principes avoués de la politique conservatrice, il pouvait accepter, dans une certaine mesure, les réclamations du pays; s'il ne voulait rien accorder à des sommations ennemies, il pouvait céder à ses amis au moins l'espérance de l'avenir. Que si ce besoin de réformes, ce mal nié d'abord, semblait maintenant redoutable, ce n'était qu'une raison de plus pour temporiser avec lui, pour ne point doubler ses forces en cherchant à l'extirper violemment. La prudence conseillait surtout de ne point accumuler volontairement les périls. Sur la question des banquets, l'Opposition était engagée d'honneur; le ministère ne l'était pas; pour lui-même la légalité était au moins douteuse. Il y avait folie à placer l'Opposition tout entière, l'Opposition armée d'un droit déjà exercé, entre le suicide par le déshonneur ou le salut par le combat. Enfin, si le ministère, après avoir ajouté l'outrage à la hauteur des refus, ne voulait point se départir même d'un imprudent défi, il devait à la majorité déjà dissoute, il devait surtout à la monarchie, à la dynastie, de ne point jouer plus que son existence personnelle, de ne point jouer tout dans une partie de désespoir.

Le roi n'était pas moins aveugle. Mieux que ses ministres, il aurait pu, sans dommage, donner quelque relâche aux esprits. Mais il était en proie au double vertige du trône et de l'âge. Depuis longtemps déjà la raison n'avait plus son oreille; il ne prenait conseil que de son orgueil. Les mêmes moyens qui lui avaient réussi contre d'autres obstacles devaient lui réussir contre ceux-ci! il les voulait; et il aurait regardé comme une faiblesse d'en employer d'autres. Ce qu'un vieux règne a toujours suscité de haines et d'espoirs ennemis, il l'ignorait. Il ne voulait pas savoir non plus quelle terrible puissance de destruction donne à l'esprit novateur l'ennui d'une domination usée. Et, comme il arrive toujours par l'enivrement des longues prospérités, il n'estimait plus que lui-même et n'écoutait plus que les flatteurs.

Ainsi, rien ne les éclairait, ni la réflexion, ni l'expérience, ni les conseils amis, ni les avertissements désintéressés des ennemis, ni l'espoir hautement avoué d'un triomphe prochain. Roi, ministres, majorité, couraient ensemble aux abîmes. Cette monarchie si forte, cette dynastie si brillante, ce roi si sage, ces hommes d'État si habiles, allaient s'évanouir sous un souffle de la nation. Dieu sans doute avait résolu de leur donner pour tombeau leur berceau : une barricade!

CHAPITRE SIXIÈME.

M. A. Marrast conseille aux députés de l'Opposition une démission en masse; réunion des radicaux pour en délibérer, chez M. Marie; la décision est ajournée. — Réunion générale des députés de l'Opposition, au café Durand : on rejette la proposition de démission en masse, ainsi que celle de présenter un acte d'accusation contre le ministère; on déclare le maintien du droit de réunion; un comité de rédaction est nommé; il fait publier, dans les journaux du lendemain, le but, les débats et les décisions de cette réunion. — Un seul député, M. E. de Girardin, donne sa démission. — Présentation de l'Adresse au roi; pas un seul membre de l'Opposition ne fait partie de la députation; mécontentement muet du roi. — Conversation du duc de Montpensier avec M. de Morny. — Réception particulière aux Tuileries : quelques conservateurs progressistes s'y rendent; froid et dédaigneux accueil du roi. — Défiances et prévisions contre la garde nationale; rumeurs publiques; état des esprits à Paris. — Réunion, chez M. O. Barrot, des membres du comité du douzième arrondissement : ils se mettent sous la direction du comité général des députés, des journalistes et des électeurs; l'organisation du banquet est arrêtée; une commission est nommée, qui est chargée de tous les détails; difficulté de trouver un local; offre de M. de Morny; rumeurs. — Les *Débats* cherchent à atténuer les paroles de M. Guizot contre toute réforme; les exaltés du parti conservateur en sont indignés. — Préparatifs militaires du gouvernement. — La commission fixe au 22 février la manifestation du banquet; les journaux l'annoncent. — Le 19, réunion au café Durand : M. O. Barrot rend compte des travaux de la commission; M. Darblay, au nom de quelques-uns de ses collègues conservateurs, tente de détourner l'Opposition de sa voie de résistance extra-parlementaire; M. de Lamartine répond qu'entre le péril et la honte pour le pays, il n'y a plus qu'à faire acte de citoyen; la liste d'adhésion est couverte de signatures. — Le 20, les journaux de l'Opposition rendent compte de cette réunion et de ses décisions, et font appel au calme de la population. — Quelques députés conservateurs tentent de nouveaux efforts de conciliation; le roi, MM. Guizot et Hébert les repoussent; M. Duchâtel les admet et entraîne à son avis la majorité du conseil; en conséquence, le ministère charge MM. de Morny et Vitet de négocier, et l'Opposition nomme pour la représenter MM. de Malleville, Duvergier de Hauranne et Berger; conventions réciproquement consenties; l'honneur de l'Opposition sera sauvegardé par le maintien de la démonstration; le banquet n'aura pas lieu et la question sera soumise aux tribunaux. — Aveu de M. Flocon sur la détresse du journal *la Réforme*. — Les radicaux exclusifs se réunissent à la coalition réformiste; M. Ledru-Rollin assistera au banquet. — M. Louis Blanc obtient de M. O. Barrot que, lors de la démonstration, les ouvriers occuperont une place spéciale dans le cortége. — Accord avec les Écoles. — La condition d'une manifestation pacifique et solennelle est acceptée par tous; les départements envoient leurs adhésions et leurs félicitations. — Au cortége, les gardes nationaux porteront-ils leurs sabres? — Le ministère donne des ordres conformes aux conventions arrêtées. — Le 21, les journaux donnent communication du programme de la manifestation. — Programme.

I

Le jour même du vote de l'Adresse, un journaliste, M. A. Marrast, conçut et conseilla aux députés de l'Opposition l'idée d'une démission en masse. Cette forme de protestation était nouvelle; elle séduisit les esprits vifs. On décida qu'elle serait discutée dès le lendemain.

Le lendemain, à dix heures du matin, quelques journalistes radicaux, des députés de l'extrême gauche et plusieurs membres radicaux du Comité central, étaient réunis chez M. Marie. M. Marrast exposa son idée : c'était une protestation légale, sans péril, acceptable pour les plus timides comme pour les plus hardis, un excellent moyen d'agiter les départements; en même temps, la presse de l'Opposition mettrait la Chambre en interdit; les comptes rendus des réunions électorales tiendraient dans les journaux la place des séances de l'Assemblée; le pays serait étonné ainsi que remué, la majorité déconcertée : le système ne résisterait pas.

M. Garnier-Pagès combattit aussitôt et avec beaucoup de chaleur la proposition de M. Marrast. Il la jugeait dangereuse de tout point, non pour lui assurément, car sa réélection était certaine; mais, que dix députés seulement, sur cent ou cent cinquante, ne fussent pas réélus, et la démonstration tournait au préjudice de l'Opposition et au profit du ministère; elle avait, en outre, l'inconvénient d'empêcher le banquet; or, renoncer au banquet, c'était renoncer à une manifestation d'où pouvaient sortir les plus graves conséquences; enfin, une démission est une abdication, et qui abdique est perdu.

M. Marie, au contraire, approuvait la démission : « Si nous sommes prêts pour une révolution, donnez votre banquet; si vous n'êtes pas prêts, ce sera une émeute; et je n'en veux pas!... »

« La lutte est possible, » répliqua M. Martin (de Strasbourg); « j'y crois. Mais le projet des démissions substituées au banquet ne peut être approuvé que par ceux qui craignent de voir le mouvement écrasé par une armée de quatre-vingt mille hommes. Pour moi, je repousse les démissions et je choisis le banquet, parce que j'ai la conviction que le peuple et le bon droit l'emporteront. » MM. Recurt, Carnot, Pagnerre, Dornès, soutiennent les opinions de MM. Martin (de Strasbourg) et Garnier-Pagès.

Un membre propose alors un terme moyen; il veut que les députés de Paris donnent seuls leur démission. Mais cette opinion ne rallie personne.

Les esprits demeuraient partagés; on ajourna la décision.

Les députés radicaux se rendirent à une réunion composée de tous les membres de l'Opposition, et indiquée pour le même jour, dimanche 13 février, à midi, dans une des salles du café Durand, sur le boulevard de la Madeleine.

II

Les députés qui avaient assisté aux banquets étaient au nombre de cent sept. Presque aucun d'eux n'éluda l'appel. La question des démissions en masse y fut débattue d'abord, comme elle l'avait été, le matin, dans les conférences des radicaux. Aux arguments, déjà connus, à l'appui de ce projet, MM. Marie, Chambolle, Drouyn-de-Lhuys, etc., etc., en ajoutèrent de nouveaux. Suivant eux, « la retraite de l'Opposition entraînerait forcément la dissolution de la Chambre. Or, dans l'état des esprits, une élection générale promettait à l'Opposition une victoire certaine. On obtiendrait pacifiquement la réforme, et l'on éviterait le banquet du douzième arrondissement, c'est-à-dire une question insoluble, pleine de périls inconnus. »

On répondait, de l'autre côté, que la démission n'entraînerait certainement pas la dissolution de la Chambre : que la majorité resterait tranquillement à sa place ; qu'elle continuerait à délibérer comme si la Chambre était entière ; que la liberté, n'ayant plus de défenseurs légaux, serait en proie à toutes les attaques du ministère ; que le Cabinet ne pouvait désirer rien de mieux que de n'avoir plus d'adversaires, etc., etc. Parmi ceux qui défendirent avec le plus de force cette dernière opinion, on remarqua MM. Duvergier de Hauranne, Lamartine, Garnier-Pagès et O. Barrot. M. Thiers n'exprima pas publiquement sa pensée. Il paraît certain cependant qu'il approuvait la démission. Rencontrant M. Marie au sortir de la séance, il lui dit : « Vous avez bien raison : c'était le seul parti sage à suivre. Le gouvernement a quatre-vingt mille hommes ; toutes les mesures stratégiques sont arrêtées. L'émeute sera écrasée en moins d'une heure ! » — « Il fallait donc soutenir cette opinion, » répliqua M. Marie ; « vous avez plus de pouvoir que moi sur votre parti. »

Le projet de M. Marrast, que M. de Girardin soutenait également dans *la Presse*, fut écarté. On s'arrêta moins encore à l'idée, émise par un membre, de présenter un acte d'accusation. On décida ensuite : Que l'Opposition resterait à son poste ; qu'elle maintiendrait, à tous risques, le droit de réunion ; qu'aucun de ses membres ne ferait partie de la grande députation chargée de porter au roi l'Adresse de la Chambre. Un comité de rédaction, composé de MM. Duvergier de Hauranne, O. Barrot, Berryer, Lesseps, de Malleville, Carnot, Garnier-Pagès et Chambolle, fut chargé de rendre ces résolutions publiques. En conséquence, tous les journaux de l'Opposition publiaient, le lendemain, une déclaration ainsi conçue :

« Une réunion de plus de cent députés appartenant aux diverses fractions de l'Opposition a eu lieu ce matin pour décider en commun quelle ligne de conduite il convient de suivre après le vote du dernier paragraphe de l'Adresse.

» La réunion s'est d'abord occupée de la situation politique que lui avait faite ce paragraphe ; elle a reconnu que l'Adresse, telle qu'elle a été votée, constitue de la part de la majorité une violation flagrante, audacieuse, des droits de la minorité, et que le ministère, en entraînant son parti dans un acte aussi exorbitant, a tout à la fois méconnu un des principes les plus sacrés de la Constitution, violé dans la personne de leurs représentants l'un des droits les plus essentiels des citoyens, et, par une mesure de salut ministériel, jeté dans le pays de funestes ferments de division et de désordre. Dans de telles circonstances, il lui a paru que ses devoirs devenaient plus graves, plus impérieux, et qu'au milieu des événements qui agitent l'Europe et qui préoccupent la France, il ne lui était pas permis d'abandonner un seul instant la garde et la défense des intérêts nationaux. — L'Opposition restera donc à son poste pour surveiller et combattre incessamment la politique contre-révolutionnaire, dont les témérités inquiètent le pays tout entier.

» Quant au droit de réunion des citoyens, droit que le ministre prétend subordonner à son bon plaisir et confisquer à son profit, l'assemblée, unanimement convaincue que ce droit, inhérent à toute Constitution libre, est d'ailleurs formellement établi par nos lois, a résolu d'en poursuivre le maintien et la conservation par tous les moyens légaux et constitutionnels; en conséquence, une commission a été nommée pour s'entendre avec le Comité central des électeurs de Paris et pour régler, de concert, le concours des députés au banquet qui se prépare à titre de protestation contre les prétentions de l'arbitraire.

» Cette décision a été prise sans préjudice des appels que, sous d'autres formes, les députés de l'Opposition se réservent d'adresser au Corps électoral et à l'opinion publique.

» La réunion enfin a pensé que le Cabinet, en dénaturant le véritable caractère du discours de la Couronne et de l'Adresse pour en faire un acte attentatoire aux droits des députés, mettait l'Opposition dans la nécessité d'exprimer en toute occasion sa réprobation contre un tel excès de pouvoir; elle a donc résolu, à l'unanimité, qu'aucun de ses membres, même ceux que le sort désignerait pour faire partie de la grande députation, ne participerait à la présentation de l'Adresse. »

MM. Billault, Dufaure et leurs amis restaient à l'écart. On croyait que le motif de leur réserve était la possibilité d'être appelés au pouvoir pour dénouer la situation.

Un seul député, M. E. de Girardin, donna sa démission. Le *National*, qui le premier avait conseillé cette mesure collective, exprima le regret qu'elle eût été repoussée; mais il se rallia à la conduite qui avait prévalu. La presse ministérielle attaqua ces résolutions comme un défi jeté au gouvernement; ce qui était vrai.

III

Le 14, à neuf heures du soir, le roi reçut la grande députation. La masse des députés ministériels s'y était jointe; mais on cherchait vainement un seul membre de l'Opposition. Le roi se félicita d'avoir assuré le repos et l'avenir de la France; il remercia les députés d'être venus en si grand nombre; mais, au fond, il était choqué de l'absence de l'Opposition; et son humeur se trahit plus d'une fois dans l'intimité de la famille.

Officielle d'abord, la réception tourna bientôt aux entretiens particuliers. Certaines paroles du duc de Montpensier méritent d'être rapportées. Après des compliments sur le travail que M. de Morny venait de publier dans la *Revue des Deux-Mondes*, le duc demanda des renseignements sur la situation. « Monseigneur, » dit à la fin M. de Morny, « il faut songer que si les efforts tentés pour aplanir les difficultés de la situation ne réussissent pas, il y aura une collision dans Paris le jour du banquet. Êtes-vous sûr de l'armée ? » — Le prince répondit affirmativement : « Mais en tout cas, » dit-il, « nous ne ferons pas comme la branche aînée ; nous nous ferons tous tuer jusqu'au dernier plutôt que d'abandonner la partie. »

Mal contenue devant le public, l'irritation du roi ne tarda pas à se faire jour. Quelques conservateurs progressistes, qui avaient voté contre l'Adresse, n'avaient pas cru devoir se joindre à la grande députation ; mais, pour bien marquer la nature et la limite de cet acte, ils se présentèrent le lendemain aux Tuileries. Ils étaient dans le salon de la reine, où régnait toujours la plus froide étiquette, lorsque le roi parut, suivi du nonce du pape. Son accueil fut glacial. Refrénant sa loquacité ordinaire, il affecta de ne pas dire un mot de politique. M. Clappier était député des Bouches-du-Rhône : il lui parla de Marseille, et dit que c'était une très-belle ville ; à M. Blanqui, député de la Gironde, il parla des vins de Bordeaux ; enfin, s'adressant avec une intention d'ironie marquée à M. Sallandrouze, propriétaire de la manufacture de tapis d'Aubusson : « Eh bien, monsieur, comment va le commerce des tapis ? » Celui-ci, avec une rare et ferme présence d'esprit : « Mais, comme tout le reste, sire, assez doucement. » Un regard de la reine remercia l'auteur d'une réponse si mesurée. Ces fidèles amis voulurent enfin avertir le roi que les lettres reçues des départements annonçaient partout une grande agitation : le roi leur tourna brusquement le dos. C'était assez d'inconvenance ; ils se retirèrent. Appelés aussitôt chez les princes, par la bienveillance ou la politique de madame la duchesse d'Orléans, ils n'y trouvèrent pas des oreilles mieux disposées à entendre la vérité. Les princes, comme le roi, s'abandonnaient aux résolutions téméraires. Qu'en resterait-il au jour du combat ?

IV

Ces menaces de la Cour répandues dans Paris y furent bientôt confirmées par des signes manifestes. On apprit que le général Tiburce Sébastiani, commandant la première division militaire, avait été chargé de sonder l'esprit de l'armée. Depuis longtemps, la garde nationale était suspecte : bien que le général Jacqueminot, qui la commandait, affirmât hautement qu'elle serait fidèle, comme tous ne partageaient point sa confiance, il reçut l'ordre de faire, dans chaque légion, un choix sévère des hommes qui pourraient être appelés en cas d'alarme. En même temps, un accident singulier découvrait clairement ces défiances de la Cour. Les Tuileries étaient alors gardées par des détachements de troupes et de garde nationale. Au milieu de la nuit, un coup de feu retentit. Les gardes nationaux n'avaient point de cartouches ; ils apprirent ainsi que les soldats en étaient pourvus. Le bruit courut enfin que le maréchal Bugeaud, qui passait pour l'homme des répressions impitoyables, était ministre désigné de la guerre ; que sa nomination, déjà signée par le roi, serait rendue officielle à la première alerte.

Toutes ces rumeurs, tous ces faits, sont accueillis diversement.

La garde nationale s'irrite des soupçons de la Cour; elle s'indigne de l'inquisition dont elle est l'objet.

Les petits commerçants, qui souffrent de la pénurie des affaires, accusent le Cabinet, dont l'entêtement prolonge la crise et semble vouloir lui fermer toute issue; les gens sages s'inquiètent pour leur repos; ceux dont la fortune dépend de la paix frémissent à ces premiers symptômes de périls connus; pour les uns, les menaces de guerre sont un frein; pour les autres, un aiguillon; curiosité, fol espoir, ou enthousiame de patriotisme, la masse redoute peu l'éventualité d'une commotion.

V

Personne toutefois ne voulait résolûment, alors, dépasser les limites de la résistance légale. Vers cette époque, M. Pagnerre disait aux députés radicaux : « Il me semble que les députés de l'Opposition vont plus loin qu'ils ne pensent et qu'ils ne veulent. Ils espèrent continuer le mouvement sur le terrain de la légalité; mais il ne me paraît pas du tout certain qu'ils y parviennent. Que feront-ils, que ferez-vous, si le mouvement va plus loin? » — « Nous les aiderons loyalement à maintenir tout dans la légalité, » répondaient les députés radicaux. « Si une force supérieure en ordonne autrement, nos collègues de la gauche ont déclaré maintes fois, à la tribune et ailleurs, que la responsabilité des événements retomberait sur les ministres, sur le roi lui-même, qui les avaient provoqués, et qu'ils n'abandonneraient plus la cause de la Révolution. »

Les radicaux modérés prévoyaient donc l'éventualité d'une collision ; ils l'acceptaient parce que l'engagement de l'Opposition était public. L'honneur exigeait impérieusement que la résistance légale fût organisée et poussée à fond ; mais, par loyauté, par conviction que le triomphe de leur cause serait d'autant plus laborieux qu'il serait violent et prématuré, ils préféraient sincèrement une immense et pacifique manifestation de l'opinion publique à une lutte armée.

En conséquence, les membres du comitié du douzième arrondissement furent convoqués, pour le 14 février, chez M. O. Barrot. C'étaient pour la plupart des hommes très-ardents et d'opinions fort avancées ! ils prirent, sans hésiter, l'engagement de se soumettre à la direction du comité général des députés, des journalistes et des électeurs. Immédiatement, les ordres furent partout donnés en conséquence.

Le banquet serait de mille souscripteurs ; on appellerait à former le cortége les députés réformistes, et le plus grand nombre possible de citoyens : gardes nationaux, électeurs, ouvriers, étudiants des Écoles. Pas un cri ne serait proféré ; celui même de « *Vive la réforme!* » serait interdit. Le président du banquet porterait un toast au droit de réunion et à la réforme parlementaire ; des orateurs, désignés, développeraient leurs idées sur ce thème convenu. La foule, venue avec calme, se disperserait sans bruit ; chaque citoyen veillerait activement à ce qu'aucune querelle, aucune provocation, aucune collision individuelle, ne vînt faire dégénérer une grande démonstration de patriotisme en un vil tumulte de carrefour. Une émeute ne ferait que raffermir le système ébranlé ; une protestation légale, accomplie avec le calme de la force, avec la conscience du droit, avec la dignité d'hommes qui se sentent libres, qui savent ce qu'ils font et ne font que ce qu'ils veulent, suffirait seule à renverser le Cabinet, c'est-à-dire à assurer le triomphe de la réforme. Que si, malgré toutes ces précautions, malgré l'énergique volonté de maintenir l'ordre, quelque agression imprudente amenait une de ces luttes terribles qui sont des journées dans l'histoire, les réformistes n'encourraient encore aucun reproche, ni devant la conscience publique, ni devant la postérité, ni devant Dieu. La responsabilité retomberait tout entière sur les véritables auteurs de la catastrophe, sur ceux qui, après avoir contesté tous les droits, méprisent toutes les réclamations, tous les avertissements.

Ces sages considérations furent partout accueillies. Les républicains les plus avancés, les jeunes gens des Écoles, les ouvriers qui s'occupaient de politique, prirent tous l'engagement de résister à toute provocation, de ne laisser aucun prétexte à aucune agression, de ne rien permettre qui fût de nature à changer le caractère de la manifestation, à compromettre les résultats immenses qu'elle présageait. Dès lors rien n'arrêta plus l'organisation définitive du banquet, dont tous les détails furent confiés à une commission composée de MM. Boissel, Ferdinand de Lasteyrie et Vavin, députés de Paris; Recurt, Pagnerre, Labélonye, membres du Comité central; Gobert, Delestre et Bocquet, représentant le Comité du douzième arrondissement. M. d'Althon-Shée, pair de France, y fut plus tard adjoint.

Le lendemain, la note suivante parut dans les journaux : « La réunion dont nous avons parlé ce matin a eu lieu aujourd'hui comme il avait été convenu ; elle fera connaître au public, en temps opportun, les résolutions qu'elle a prises et celles qui pourront être arrêtées plus tard.

» Nous devons garder le silence à cet égard pour le moment, mais nous croyons pouvoir dire qu'on ne perdra pas de temps pour arriver à une manifestation solennelle, calme, forte, et d'autant plus imposante qu'appelée à maintenir un droit sacré, elle conservera le caractère de la plus stricte légalité. »

VI

Cependant un obstacle matériel des plus vulgaires parut, un moment, devoir contraindre l'Opposition à reculer et donner gain de cause au Cabinet. Si le local désigné était public, la police refuserait l'autorisation, non pas à l'Opposition, mais au propriétaire : et la question n'était pas résolue. Une propriété particulière était donc indispensable. Mais où trouver, dans Paris, une propriété privée assez vaste pour contenir un millier de personnes? Où trouver un local dont les alentours fussent disposés de telle sorte qu'on y pût recevoir et faire circuler cette immense foule de Paris que la curiosité, le besoin d'émotion attirent toujours à tous les grands spectacles, que la sympathie convie à toutes les expansions, même périlleuses, du patriotisme? Un député conservateur, qui voyait clair dans la crise depuis son origine, et qui se préoccupait de lui chercher une issue pacifique, M. de Morny, offrit un terrain, situé dans le quartier Beaujon et dont il était l'un des propriétaires. Mais on crut devoir refuser cette offre bienveillante, qui venait d'un adversaire; puis, par nécessité, on l'accepta; mais alors ce fut l'associé de M. de Morny qui refusa son consentement. Enfin, après bien des efforts inutiles à rapporter, cette grande difficulté fut surmontée. Le 20 février, on obtint de M. Nitot un terrain situé à Chaillot, près de la barrière de l'Étoile, dans une rue qui s'appelait alors rue du Chemin de Versailles, et qui, depuis, a reçu de l'événement le nom de rue du Banquet [1].

VII

Pendant ce temps, ces mille rumeurs qui, par leurs contradictions mêmes et leurs incertitudes, surexcitent l'animation des esprits, étaient partout répandues. *Le National* ayant annoncé spontanément que le banquet aurait lieu le dimanche 20 février, comme rien n'était encore définitivement arrêté, ni le local, ni le jour, ni le programme de la cérémonie, ni l'ordre du cortége, il avait fallu rectifier cette assertion. On conclut, de ce démenti, que l'Opposition reculait.

Vers la même époque, le *Journal des Débats* publia un article conciliateur dans lequel il affirmait que les paroles prononcées par M. Guizot dans la séance du 12 février ne devaient pas être interprétées comme un refus absolu de réformes; qu'elles impliquaient, au

---

[1] Ce fut M. Taschereau qui, le 19 au matin, signala ce terrain chez M. O. Barrot. On alla immédiatement l'examiner, avec le consentement de M. Nitot.

Il était loué par M. Nitot à un cultivateur, nommé Louis-Pierre Leroy, demeurant à Passy, rue du Bel-Air, n° 9. Le 20 au matin, on lui donna 1,000 fr. pour une location de dix jours. En vingt-quatre heures on y fit dresser une tente et des tables.

contraire, un engagement formel d'en accomplir dans le cours de la législature. Les exaltés du parti conservateur s'indignèrent : croyant que le meilleur moyen de flatter et de plaire, c'était d'exagérer l'entêtement du prince, ils s'emportèrent jusqu'à l'invective contre M. Guizot, inspirateur présumé de l'article. Le chef eut à se justifier, devant ses soldats, du crime de désertion. Tant il est vrai que, dans la voie des passions, les plus ardents trouvent toujours de plus ardents qui les dépassent!

En même temps, on apprenait avec certitude que le ministre de la guerre avait fait placer toute la garnison de Paris sur le pied de campagne; qu'il avait fait distribuer des haches, des pelles, des pioches et des vivres pour quatre jours; qu'on préparait tout à Vincennes comme pour un siége; que l'on y confectionnait, jour et nuit, des munitions; que des ordres, émanés du duc de Montpensier, envoyaient de cette forteresse à l'École militaire des canons, des caissons et des chariots de matériel [1]. Dans la garde nationale, le triage insultant des dévoués et des suspects était avéré; les dénégations du chef d'état-major général, M. Carbonnel, ne pouvaient détruire des témoignages irrécusables. Enfin, le ministre de la guerre, interpellé sur l'armement des fortifications de Paris, ne donnait pour réponse que des ambiguïtés menaçantes.

Ces annonces, ces retards, ces ajournements, ces réticences, ces bruits, ces interprétations diverses, excitaient tour à tour les craintes et les espérances les plus opposées. L'anxiété publique ne faisait que croître;

---

[1] Lettre du duc de Montpensier, du 9 février, et réponse du général Tiburce Sébastiani, du 10 février.

on sentit l'impossibilité de laisser plus longtemps les esprits en suspens, et l'impérieuse nécessité d'en finir.

VIII

En conséquence, la commission générale se réunit le 18 et arrêta que le banquet aurait lieu le mardi 22 février, à midi. Les journaux du 19 annoncèrent cette résolution définitive. Une sous-commission fut chargée de dresser le programme de la manifestation et d'en fixer les détails, afin de prévenir toute cause d'erreurs et d'accidents. Par surcroît de précaution, on décida que l'on soumettrait toutes les mesures prises au contrôle d'une nouvelle réunion des députés, sans distinction de nuances, qui avaient voté les amendements favorables à la réforme.

Le lendemain 19, tous les membres convoqués se réunirent dans la salle du café Durand, où s'était tenue la première séance. Quoique animés, ils étaient résolus. M. O. Barrot rendit compte des travaux de la commission générale; il énuméra les mesures prises pour donner à la démonstration le plus grand éclat, et pour empêcher qu'aucun accident en vînt dénaturer le caractère légal et pacifique; il affirma que si les agents de l'autorité s'abstenaient de toute provocation, on avait la presque certitude que l'ordre ne serait troublé nulle part, même parmi les éléments les plus énergiques de la population de Paris; il termina en demandant l'assentiment de la réunion.

Un député conservateur, M. Darblay, était présent; quelques-uns de ses collègues l'avaient chargé de proposer à l'Opposition un plan de conduite dont ils donnèrent eux-mêmes le conseil dans une lettre publiée le jour suivant. Cette communication peut se résumer à peu près ainsi : « Nous avons voté avec vous; donc nos intentions ne sauraient vous être suspectes. Vous voulez faire une manifestation en faveur du droit de réunion, et la maintenir sur le terrain de la légalité. Mais, de deux choses l'une : ou l'autorité mettra obstacle à votre projet, ou elle le tolérera. Dans le premier cas, vous résisterez, et qui peut prévoir jusqu'où vous irez? Dans le second, le pouvoir est humilié, il achève de perdre ce qui lui reste de prestige. Pourquoi donc ne pas continuer la lutte sur le terrain parlementaire? Votre voix sera entendue, même de la majorité. La justice de votre cause a déjà détaché du parti ministériel une fraction importante; votre sagesse augmentera le nombre de ces dissidents. Dès lors le Cabinet est perdu : vous triomphez légalement; le développement régulier de nos institutions consacre le droit que vous défendez; vous obtenez toutes les réformes que le pays désire réellement, sans rien abandonner au hasard, sans risquer une lutte où la victoire et la défaite seraient également funestes au pays et à vous-mêmes. »

Quoiqu'il y eût du vrai au fond de ces paroles, on les accueillit avec une froideur marquée. Sans doute, il y avait du péril à marcher en avant; les plus décidés le voyaient clairement; mais à reculer, il y avait de la honte; et la honte volontairement subie, c'était, pour l'Opposition, la mort. Lamartine développa, dans une allocution admirable de bon sens et de précision, ce sentiment, qui oppressait toutes les consciences :

« On nous dit : La crise est forte, les circonstances sont tendues, les dangers peuvent être grands pour la responsabilité des hommes fermes qui marchent en tête au nom de leur pays. Messieurs, j'en suis plus convaincu que le préopinant ; ce serait un aveuglement que de ne pas les voir ; ce serait une faiblesse de vous les dissimuler. La foule est toujours un péril... Mais quelle est notre situation ? Nous sommes placés, par la provocation du gouvernement, entre la honte et le péril ! Voilà le vrai de la circonstance ; je le reconnais et votre assentiment me prouve que j'ai touché juste. (Oui ! oui !) Nous sommes placés entre la honte et le péril. (Adhésion.) La honte ! messieurs, peut-être serions-nous assez grands, assez généreux pour l'accepter nous-mêmes... Je me sens capable, vous vous sentez capables de ce sacrifice. Oui ! notre honte plutôt qu'une goutte du sang du peuple ou des troupes sur notre responsabilité. Mais la honte de notre pays ! mais la honte de la cause constitutionnelle ! mais la honte du caractère et du droit de la nation ! Non ! non ! non ! nous ne le devons pas, nous ne le pouvons pas ; nous ne devons, ni en honneur, ni en conscience, l'accepter... Et que dirions-nous, en rentrant dans nos départements, à ceux qui nous ont confié la défense de leurs droits et le soin de leur dignité de peuple libre ? Quelle serait notre attitude ! quel serait notre rôle devant eux ? Quoi ! nous avons exercé avec eux, sur la foi de l'usage et du droit de réunion chez tous les peuples libres, sur la foi de la Restauration, sur la foi des ministres de la Révolution de Juillet eux-mêmes qui nous ont donné l'exemple, ce droit légal de réunion politique ; nous avons autorisé par notre présence ces réunions pacifiques, où l'opinion constitutionnelle se fait entendre des députés ou du pouvoir ; nous avons encouragé des citoyens à pratiquer constitutionnellement, sagement, modérément, ce droit de l'émotion publique; nous leur avons dit : Si on attaque ce droit, nous le défendrons; nous le sauverons pour vous; nous vous le rapporterons tout entier ou du moins investi des garanties et des règles qu'il appartient à la loi seule de lui donner pour en régler l'exercice... Oui, voilà ce que nous leur avons dit. Et aujourd'hui, cédant lâchement, non pas à une loi que j'ai demandée moi-même à la France, mais à une capricieuse et arrogante injonction d'un ministre du haut de la tribune, nous prendrions son interdiction arbitraire pour la loi!...

» Et nous rentrerions dans nos départements en disant à nos commettants : Voilà ce que nous vous rapportons de ce champ de bataille légal où vous nous aviez envoyés combattre pour vous. Les débris de votre Constitution, les ruines de votre liberté d'opinion, l'arbitraire ministériel à la place du droit national!

» Nous avons mis le cou de la France sous les pieds d'un ministre! (Acclamations).

» Non! non! cela n'est pas possible! nous ne serions plus des hommes! Ce ne serait plus un peuple! Nous devrions donner à l'instant même notre démission, disparaître, et nous anéantir dans la déconsidération publique. (Nouvelles acclamations).

» Messieurs, parlons de sang-froid; le moment le réclame. Le procès est imposant entre le gouvernement et nous. Sachons bien ce que nous allons faire accomplir, mardi, à la France. Est-ce une sédition? Non! Est-ce une révolution? Non! Que Dieu en écarte le plus longtemps possible la nécessité pour notre pays! Qu'est-ce donc? Un acte de foi et de volonté nationale dans la toute-puissance du droit légal d'un grand pays. La France, Messieurs, a fait souvent, trop souvent, trop impétueusement peut-être, depuis cinquante ans, des actes révolutionnaires; elle n'a pas fait encore un grand acte national de citoyen; c'est un acte de citoyens que nous voulons accomplir pour elle; un acte de résistance légale à ces arbitraires dont elle n'a pas su se défendre assez jusqu'ici par des moyens constitutionnels, et sans autres armes que son attitude et sa volonté!... (Oui! oui!) »

Ce discours, c'était le sentiment de l'honneur et la raison politique interprétés par le génie. Toutes les convictions s'unirent dans une même volonté, toutes les mains signèrent la liste d'adhésion. Seuls, quelques légitimistes commencèrent à se refroidir; la rapidité du mouvement les effrayait; leur sympathie déjà hostile ne reparut que dans la victoire. — Le lendemain, tous les journaux de l'Opposition publiaient la note suivante :

« Les députés de l'Opposition se sont réunis de nouveau, ce matin, afin de délibérer sur la part qu'ils doivent prendre à la manifestation qui se prépare pour le maintien du droit de réunion, contesté et violé par le ministère. Après avoir entendu le rapport de sa commission, l'assemblée a reconnu, à l'unanimité, qu'il était plus que jamais nécessaire de protester, par un grand acte de résistance légale, contre une mesure contraire aux principes de la Constitution comme au texte de la loi; en conséquence, il a été résolu que, mardi prochain, on se rendrait en corps au lieu de la réunion.

» Une telle résolution est le plus bel hommage que les députés puissent rendre à l'intelligence, au patriotisme, aux sentiments généreux de la population parisienne. Les députés de l'Opposition ne sauraient admettre, avec les ennemis de la liberté, qu'un peuple dont on méconnaît les droits soit condamné à choisir entre l'obéissance servile et la violence. Ils en sont donc certains d'avance : la population tout entière comprendra qu'une manifestation pour le droit contre l'arbitraire manquerait son but si elle ne restait paisible et régulière. Paris a fait souvent des efforts héroïques, de grandes révolutions. Il est appelé aujourd'hui à donner un autre exemple aux peuples, à leur montrer que dans les pays libres l'attitude calme et ferme du citoyen respectant la loi, défendant son droit, est la plus irrésistible comme la plus majestueuse des forces nationales. Deux grands résultats seront ainsi obtenus : la consécration d'un droit inhérent à toute Constitution libre, et la preuve éclatante du progrès de nos mœurs politiques. Les députés comptent donc sur la sympathie et sur l'appui de tous les bons citoyens, comme ceux-ci peuvent compter sur leur dévouement infatigable et sur la fermeté de leurs résolutions.

» Séance tenante, il a été donné lecture d'une lettre par laquelle les députés acceptent l'invitation des commissaires du douzième arrondissement. Quatre-vingts députés l'ont déjà signée. »

Des invitations avaient été également acceptées par d'anciens députés : MM. le général Laydet, Martin de Strasbourg, Cormenin, Legendre, Marchand, Ernest de Girardin, Taschereau, Vieillard, Coulmann et Duchaffaud ; par trois pairs de France, MM. le duc d'Harcourt, de Boissy et d'Alton-Shée. M. de la Moskowa, invité, avait refusé.

IX

L'imprévu est l'excuse de la faiblesse humaine ; mais l'imprévu est rare dans les grands événements de l'histoire. Lorsque ces événements sont passés, lorsque les passions contemporaines sont amorties, ceux qui recherchent les causes dans les effets les découvrent facilement. Ils découvrent que ces causes ont été de tout temps visibles ; que les plus clairvoyants les ont vues, les ont signalées ; que leurs avertissements ont été dédaignés, leurs conseils méprisés ; que la passion aveugle a prévalu contre tous les efforts de la sagesse. Certes, à la veille du 24 février, entre le Cabinet engagé de colère et l'Opposition engagée d'honneur, il était facile de prévoir un conflit ; il était facile de prévoir que le résultat, quel qu'il fût, serait désastreux pour la monarchie. Pourquoi la monarchie s'est-elle obstinée à vouloir le conflit? Pourquoi n'a-t-elle pas cherché, trouvé, imposé les solutions pacifiques? Pourquoi, les ayant un moment voulues, s'est-elle de nouveau, par un orgueil frivole, précipitée sur les écueils?... La suite de ce récit le fera connaître.

Les velléités d'arrangement avaient jusqu'ici échoué. Avec le désir d'éviter le péril, de part et d'autre on s'y laissait aller. Mais l'approche du moment suprême détermina des efforts plus vigoureux. Quelques membres du parti conservateur ne cessaient de représenter aux ministres et aux membres importants de l'Opposition que pour tout le monde une transaction honorable valait mieux que la guerre. Ils disaient aux ministres que, malgré les affirmations tranchantes de la tribune, à leurs yeux mêmes le droit n'était point certain; que le résultat d'une lutte engagée non plus contre d'obscurs insurgés, mais contre une grande partie de la capitale soulevée au nom de la loi par l'Opposition tout entière, était plus que douteux; que si l'amour-propre du Cabinet était en jeu, son honneur ne l'était pas encore; qu'il était mieux cent fois de vider le débat devant les tribunaux que de risquer une bataille. Ils disaient ensuite à l'Opposition : Le point important pour vous est que la démonstration se fasse; qu'elle se fasse sans la crainte de la voir exposée aux provocations de la police, avec la certitude de ne point la voir dégénérer en émeute. Vous préférez une constatation solennelle et pacifique de votre droit à une collision sanglante et d'une issue incertaine; cherchons donc ensemble un moyen de transaction qui, maintenant tous les droits, ne soit humiliant pour personne.

Du côté de la Cour, ces remontrances furent accueillies diversement. Le roi, M. Guizot, M. Hébert, repoussaient toute composition; M. Duchâtel, au contraire, voulait un arrangement. La majorité du conseil partagea son avis. Dans l'Opposition, nulle difficulté : la question s'était insensiblement déplacée; la démonstration de toute la population de Paris accourant à la voix des députés était devenue le fait le plus important, le plus considérable. Pour l'obtenir, il y avait de l'habileté à céder quelque chose sur le banquet, qui n'était plus que l'incident secondaire. Les radicaux les plus prononcés eux-mêmes préféraient un résultat certain à un combat dont ils n'espéraient pas le succès, et, jusqu'au dernier moment, ils n'eurent pas une autre pensée.

En conséquence, le ministère chargea deux de ses amis dévoués, MM. de Morny et Vitet, de négocier un arrangement avec l'Opposition, qui, de son côté, nomma pour la représenter dans ces conférences MM. de Malleville, Duvergier de Hauranne et Berger.

X

Après un débat long et vif, les cinq négociateurs dressèrent, d'un commun accord, les conventions suivantes :

« Les députés de l'Opposition s'engageaient à ne rien négliger pour le maintien de l'ordre. Un commissaire de police, placé à la porte extérieure de la salle du banquet, y attendrait le cortége et lui interdirait l'entrée. Nonobstant cette défense, le cortége pénétrerait dans l'enceinte. Les convives prendraient place. Aussitôt, le commissaire de police constaterait la contravention ; il verbaliserait contre le président du banquet et sommerait la réunion de se séparer, déclarant qu'au besoin il emploierait la force. Incontinent, M. O. Barrot protesterait contre cet abus d'autorité ; il maintiendrait le droit de réunion, dirait que l'Opposition a eu pour but d'appeler le pouvoir judiciaire au secours des lois violées par les pouvoirs politiques ; puis il déclarerait qu'il cède à la force et inviterait la réunion à se séparer avec calme ; il insisterait enfin sur ce point capital que toute rébellion, insulte ou voie de fait à l'égard d'un agent quelconque de la force publique, aurait pour résultat de dénaturer le sens et le caractère de la démonstration, par conséquent d'en détruire l'effet. — L'allocution terminée là, les députés donneraient le signal et l'exemple de la retraite, et feraient leurs efforts pour obtenir de la foule qu'elle s'éloignât dans un calme silencieux.

» L'autorisation de poursuivre le délit devant les tribunaux serait accordée par la Chambre, sans débats.

» Jusqu'au jugement de la Cour de cassation, les députés de l'Opposition n'assisteraient à aucun banquet défendu par l'autorité municipale.

» Les commissaires s'engageaient réciproquement à user de leur influence pour empêcher de part et d'autre toute polémique de nature à travestir les faits et à envenimer les hostilités.

» Ils promettaient enfin de s'inspirer, pour l'exécution du traité, de la bonne foi qui avait présidé à sa rédaction [1]. »

XI

On le voit, cette combinaison donnait aux deux parties une satisfaction égale.

Pour le gouvernement, c'était la certitude que les banquets cesseraient jusqu'au jour où la Cour de cassation aurait prononcé; l'agitation serait ainsi supprimée. Sans doute il était pénible pour lui de subir la démonstration, mais il avait au moins l'assurance que le concours loyal de l'Opposition maintiendrait l'ordre, et détournerait les conséquences, toujours terribles, d'une lutte dans les rues de Paris.

L'Opposition, de son côté, y trouvait un avantage

---

[1] Les principales bases de cette convention étaient acceptées par l'Opposition; mais les événements survenus immédiatement en empêchèrent la communication à la Commission générale du Banquet, qui n'en connut point la rédaction.

égal, plus grand peut-être. Pendant six mois, elle avait fait appel au pays; le pays avait partout répondu; elle avait conquis l'opinion du dehors, et cette opinion, répercutée dans la Chambre, avait dissous la majorité. Le ministère lui-même était ébranlé; une recomposition malhabile n'avait fait qu'en hâter la décomposition. Elle avait l'assurance de terminer heureusement une campagne heureusement commencée, heureusement conduite, et dont les succès étaient manifestes. D'ailleurs, après les débats passionnés de la Chambre, qu'importaient de nouveaux discours dans un banquet interrompu? La démonstration seule gardait une importance réelle et sérieuse : et la démonstration avait lieu. On allait montrer au monde ce spectacle magnifique de tout un peuple levé pour la défense d'un droit, revendiquant le respect de la loi, déployant avec calme la masse imposante de sa force, accomplissant enfin, sans tumulte, avec une majesté souveraine, un grand acte de foi politique. Certes, ce résultat suffisait, et l'Opposition ne pouvait point rêver un plus grand triomphe.

XII

Tout porte à croire que ce programme, loyalement accepté de part et d'autre, aurait été loyalement exécuté. La démocratie la plus ardente elle-même n'y voulait apporter aucun obstacle : d'abord elle était fort loin de croire à la réalisation prochaine de ses espérances, et, en second lieu, elle se sentait impuissante. Le 20 février, M. Flocon, demandant à un membre du comité de rédaction de *la Réforme* une dernière somme de 300 fr. pour payer le timbre du numéro du 21, lui confessait que toutes ses ressources étaient épuisées; que les amis de Paris et des départements étaient à bout de sacrifices ; que, la République étant ajournée à la mort de Louis-Philippe, *la Réforme* abandonnait la partie; qu'elle cessait de paraître; qu'elle vivrait seulement jusqu'au mercredi, lendemain du banquet, afin de mourir dans un triomphe de la démocratie ; et qu'il lui restait, pour faire la dépense des numéros du 22 et du 23,....... la liquidation du mobilier !

En outre, les pensées justes commençaient à prévaloir dans la masse du parti radical. Ceux-là qui avaient blâmé la coalition réformiste, qui s'en étaient rapprochés pour s'en séparer avec éclat, qui avaient organisé ensuite une contre-manifestation, venaient enfin se ranger sous le drapeau commun. Dominés par la hauteur du mouvement, absorbés dans son étendue, ils voyaient clairement que la manifestation organisée par le Comité central, par les députés de la gauche et les radicaux parlementaires, se ferait avec eux, s'ils le voulaient, au besoin sans eux et même malgré eux ; encore un peu, et les chefs n'avaient plus de soldats. M. Ledru-Rollin, qui d'abord n'avait pas été invité, fit déclarer, le 21, par *la Réforme*, qu'elle avait reçu l'autorisation d'ajouter son nom à la nomenclature des députés qui assisteraient au banquet. En même temps, la coalition obtenait une autre adhésion aussi importante. Depuis quinze jours environ, un comité électoral, organisé en dehors du Comité central et renfermant les éléments les plus vifs du radicalisme, se réunissait chez M. Hovyn, chef de bataillon de la 3e légion. On y voyait MM. Louis Blanc, Guinard, Félix Pyat, David d'Angers, et quelques autres d'une nuance un peu moins colorée, tels que MM. Goudchaux, Martin de Strasbourg, Dauphin, etc. Ce comité décida qu'une députation, composée de MM. Louis Blanc, Hovyn et Guinard, irait, en son nom, chez M. O. Barrot, réclamer pour les ouvriers une place spéciale dans le cortége. La députation fut reçue par MM. O. Barrot, Pagnerre et Garnier-Pagès. Ces derniers s'empressèrent de répondre « que cette demande blessait le principe de l'égalité ; que les ouvriers avaient le droit d'être reçus dans le cortége au même titre que le reste des citoyens ; que c'était, pour la Commission du banquet, un devoir de manifester à tous les yeux l'union de toutes les classes ; qu'une démarcation était un signe de division ; une offense plutôt qu'un honneur ». M. Louis Blanc ayant insisté, M. O. Barrot céda. Il fut convenu que les ouvriers formeraient une colonne dont les sections se distingueraient par de petits guidons.

XIII

Le même esprit de sagesse prévalait aussi parmi les Écoles. Jusque-là, cette jeunesse avait copié les divisions du parti républicain. Il y avait dans son sein, comme on l'a vu, les partisans de *la Réforme* et ceux du *National*. Dans deux circonstances graves, ces divisions semblèrent un moment effacées. Les étudiants avaient organisé, d'un commun accord, un banquet[1] en l'honneur de M. Ferdinand Gambon, ce juge de Cosne que la Cour de cassation avait suspendu et que

---

[1] Le Comité était composé de MM. Mathey, président; Vernet, L. Chauveau, Crochard, Loyseau, Bourjon, Scellier, les frères Charvet, Mangin, Dessus, Polge-Montalbert, Darnaud, Isambert, Moïns, Mathieu Bataillard, Maigne.

le *Journal des Écoles* comptait parmi ses premiers fondateurs. A quelque temps de là, le 3 février, une colonne de quinze cents étudiants avait porté à la Chambre et remis à M. Crémieux, qui la déposa sur la tribune, une pétition tendant à obtenir la réouverture des cours de MM. Michelet et E. Quinet ; puis, pour cimenter l'alliance, ils s'étaient rendus tous, en corps, aux bureaux du *National* et de *la Réforme*. Quelques jours plus tard, les divisions avaient de nouveau éclaté. Le 11 février, six cents étudiants étaient réunis dans une salle basse de la rue des Fossés-Saint-Victor ; ils délibéraient sur la conduite à tenir vis-à-vis de la Commission générale du banquet : une scission eut lieu ; on se sépara violemment. Chaque section organisa son comité. Mais, le 19 février, on sentit de part et d'autre que l'union était un devoir. Pendant que les dissidents délibéraient sur une proposition de rapprochement, des délégués de la première Commission arrivèrent, chargés de conclure la paix. Des deux côtés, l'élan avait été spontané ; l'accord fut sincère et complet. On décida qu'une députation de cinq membres serait envoyée, au nom des Écoles, chez M. O. Barrot, avec mission de demander, en sus des dix billets primitivement offerts aux Écoles, dix billets pour des ouvriers. Le Comité général s'empressa d'accueillir cette demande. Nouvelle certitude qu'une influence aimée du peuple veillerait au maintien de l'ordre, et contribuerait efficacement à conserver à la manifestation son caractère légal et pacifique !

XIV

Tous les renseignements recueillis dans Paris par les différents comités étaient aussi rassurants. Les ouvriers voyaient la manifestation avec enthousiasme : et, par cela même, ils voulaient qu'elle ne fût ni dénaturée ni troublée.

Les départements ajoutaient le poids de leur opinion. Gagnés par l'émotion de Paris, ils envoyaient de toutes parts, aux différents comités, des adresses de félicitation; ils exhortaient les députés à persister jusqu'au bout dans la défense légale du droit de réunion, gage assuré d'une victoire pacifique.

Enfin, détail minutieux, mais significatif, ces contentions puériles, qui se mêlent aux plus grandes crises, et qui sont la comédie de l'histoire, s'apaisaient sans difficulté. Le Comité central et la sous-commission spécialement choisie pour veiller au maintien de l'ordre délibéraient gravement sur les mesures à prendre, lorsqu'une discussion s'éleva sur cette importante question : Les gardes nationaux qui se joindront au cortége porteront-ils ou ne porteront-ils pas leur sabre ? Ce grand débat se passionnait, lorsqu'un membre dit plaisamment que le sabre n'était pas ordonné, mais qu'il n'était pas défendu. Chacun se prit à rire, et l'on revint aux choses sérieuses.

XV

De son côté, le ministère exécutait loyalement la convention arrêtée entre MM. de Morny, de Malleville, etc., etc. Il faisait transmettre par le préfet de police aux commissaires de quartiers l'ordre de se transporter sur la place de la Madeleine, sur celle de la Concorde et à la porte de l'enceinte du banquet. Les instructions données à ces agents étaient pacifiques. Le Cabinet prescrivait bien, en même temps, des mesures de surveillance et de grands préparatifs militaires; mais c'était son droit et son devoir de s'assurer les moyens matériels nécessaires pour prévenir un désordre, et, au besoin, pour rétablir l'ordre troublé.

Donc, en ce moment, tout conspirait à la paix. Les périls naguère imminents semblaient détournés; on avait plus que l'espoir, on avait la presque certitude d'un arrangement amiable, lorsqu'un incident des plus graves vint remettre tout en question et changer encore une fois le cours des événements!

XVI

Dans la matinée du 20, la sous-commission spécialement chargée de toutes les précautions relatives au maintien de l'ordre avait été convoquée. MM. Marrast, Perrée, Merruau, Pagnerre, Biesta, d'Alton-Shée et Havin étaient seuls présents; les autres députés, membres de cette sous-commission, n'étaient point venus. M. Marrast, ayant pris la plume, écrivit le programme, indiqua l'ordre du cortége, et dessina le plan du terrain où chaque section aurait à se placer en arrivant à la Madeleine, lieu désigné du rendez-vous. « Cela ressemble plutôt à un ordre de bataille qu'à un programme, » dit M. Perrée en donnant son adhésion. Avant de donner la sienne, M. Merruau, rédacteur en chef du *Constitutionnel*, exigea l'approbation préalable de MM. O. Barrot et Duvergier de Hauranne. Pour satisfaire à cette juste demande, M. Marrast se rendit immédiatement chez M. O. Barrot. Ne l'ayant pas trouvé, il y revint le soir. M. O. Barrot dînait chez M. Coulmann. M. Marrast y va. Pressé par le temps, il ne lui donne pas lecture du programme, mais il lui en expose les dispositions principales : « Oui, c'est bien, » dit M. O. Barrot, « c'est bien ! mais ayez soin de ne rien ajouter qui soit de nature à compromettre l'Opposition. » Le programme fut alors porté directement au *Siècle*, au *Constitutionnel*, au *National*, au *Courrier français*. La Commission générale du banquet en eut connaissance par les journaux, le lendemain 21. Voici textuellement cette pièce importante :

Manifestation réformiste.

« La Commission générale chargée d'organiser le banquet du douzième arrondissement croit devoir rappeler que la manifestation fixée à demain mardi a pour objet l'exercice légal et pacifique d'un droit constitutionnel, le droit de réunion politique, sans lequel le gouvernement représentatif ne serait qu'une dérision.

» Le ministère ayant déclaré et soutenu à la tribune que la pratique de ce droit était soumise au bon plaisir de la police, les députés de l'Opposition, des pairs de France, d'anciens députés, des membres du Conseil général, des magistrats, des officiers, sous-officiers et soldats de la garde nationale, des membres du Comité central, des électeurs de l'Opposition, des rédacteurs des journaux de Paris, ont accepté l'invitation qui leur était faite de prendre part à la manifestation, afin de protester, en vertu de la loi, contre une prétention illégale et arbitraire.

» Comme il est naturel de prévoir que cette protestation publique peut attirer un concours considérable de citoyens ; comme on doit présumer aussi que les gardes nationaux de Paris, fidèles à leurs devoirs de *Liberté, Ordre public,* voudront en cette circonstance accomplir ce double devoir ; qu'ils voudront défendre la liberté en se joignant à la manifestation, protéger l'ordre et empêcher toute collision par leur présence ; que, dans la prévision d'une réunion nombreuse de gardes nationaux et de citoyens, il nous semble convenable de prendre des dispositions qui éloignent toute cause de trouble et de tumulte ;

» La Commission a pensé que la manifestation devait avoir lieu dans un quartier de la capitale où la largeur des rues et des places permît à la population de s'agglomérer sans qu'il en résultât d'encombrement.

» A cet effet, les députés, les pairs de France et les autres personnes invitées au banquet, s'assembleront, mardi prochain, à onze heures, au lieu ordinaire des réunions de l'Opposition parlementaire, place de la Madeleine, n° 2.

» Les souscripteurs du banquet qui font partie de la garde nationale sont priés de se réunir devant l'église de la Madeleine, et de former deux haies parallèles entre lesquelles se placeront les invités ;

» Le cortége aura en tête les officiers supérieurs de la garde nationale qui se présenteront pour se joindre à la manifestation ;

» Immédiatement après les invités et les convives, se placera un rang d'officiers de la garde nationale ;

» Derrière ceux-ci, les gardes nationaux, formés en colonnes, suivant le numéro des légions ;

» Entre la troisième et la quatrième colonne, les jeunes gens des Écoles, sous la conduite de commissaires désignés par eux ;

» Puis, les autres gardes nationaux de Paris et de la banlieue, dans l'ordre désigné plus haut.

» Le cortége partira à onze heures et demie, et se dirigera, par la place de la Concorde et les Champs-Élysées, vers le lieu du banquet.

» La Commission, convaincue que cette manifestation sera d'autant plus efficace qu'elle sera plus calme, d'autant plus imposante qu'elle évitera même tout prétexte de conflit, invite les citoyens à ne pousser aucun cri, à ne porter ni drapeau ni signe extérieur ; elle invite les gardes nationaux qui prendront part à la manifestation à se présenter sans armes ; il s'agit ici d'une protestation légale et pacifique, qui doit être surtout puissante par le nombre et l'attitude ferme et tranquille des citoyens.

» La Commission espère que, dans cette occasion, tout homme présent se considérera comme un fonctionnaire chargé de faire respecter l'ordre ; elle se confie à la présence des gardes nationaux ; elle se confie aux sentiments de la population parisienne, qui veut la paix publique avec la liberté, et qui sait que, pour assurer le maintien de ses droits, elle n'a besoin que d'une démonstration paisible, comme il convient à une nation intelligente, éclairée, qui a la conscience de l'autorité irrésistible de sa force morale, et qui est assurée de faire prévaloir ses vœux légitimes par l'expression légale et calme de son opinion. »

CHAPITRE SEPTIÈME.

Sensation produite par le programme; le ministère y voit une usurpation de pouvoir; il rompt les conventions; MM. de Morny et Vitet se rendent chez M. O. Barrot pour le prévenir de cette rupture; M. Duvergier de Hauranne leur remet une note à publier, rectification de ce programme; le ministère refuse cette réparation; M. de Morny redoute la garde nationale; le général Jacqueminot dit qu'il en répond; M. de Morny demande à dégager sa parole de tous ces pourparlers et réclame une proclamation; M. Duchâtel l'autorise à la faire; elle est publiée le soir même. — Les ministres se rendent chez le roi, fort satisfait de cette rupture. — Conversation de MM. d'Houdetot et Garnier-Pagès. — Paroles du roi à M. de Rambuteau, à M. Duchâtel : on ne le surprendra pas. — Le ministère décide que, la manifestation étant menaçante, il tolérera le banquet si l'on s'y rend individuellement, mais qu'il dispersera tout cortége; il fait donner des ordres conformes à cette résolution. — Le général Tiburce Sébastiani convoque les généraux et les colonels de l'armée de Paris; il leur communique les décisions du gouvernement et leur fait donner lecture d'un plan de bataille, en vue d'une lutte dans Paris; ces communications reçoivent un froid accueil. — Préparatifs du préfet de police. — Préparatifs du peuple pour la manifestation. — Séance à la Chambre des députés : M. O. Barrot interpelle le ministère; vif débat avec M. Duchâtel; fautes réciproques des deux orateurs. — Après la séance, réunion chez M. O. Barrot; discussion animée; l'ajournement du banquet est adopté. — Proclamations, affiches, ordonnances du gouvernement. — Le soir, réunion, chez M. O. Barrot, des membres de la Commission générale, des délégués du Comité central, de ceux du douzième arrondissement et des journalistes : à la démonstration du cortége et du banquet on substitue un acte d'accusation contre le ministère. — Notes de MM. Thiers et Vivien, de la Commission générale, du Comité électoral du deuxième arrondissement. — Réunion chez M. Perrée, au *Siècle* : les députés y envoient deux députations; irritation contre eux; proposition de M. Perrée; la garde nationale, convoquée par le gouvernement, fera la manifestation. — Réunions aux bureaux de *la Réforme* : elle recule devant l'initiative de la bataille; note de M. Flocon; ajournement d'une prise d'armes. — Le comité des Écoles annonce l'abstention aux étudiants. — Les Sociétés secrètes n'agiront pas. — La Révolution de 1848 n'est pas sortie d'un complot. — A la nouvelle de ces résolutions de toute l'Opposition, les ministres de l'intérieur et de la guerre donnent contre-ordre à la convocation de la garde nationale et de l'armée.— Abandon de la lutte par les deux parties.—Triomphe aux Tuileries.— Le peuple se réserve son acte de souveraineté.

I

Ce manifeste n'était pas attendu : il produisit dans la ville entière, malgré ses expressions pacifiques, une sensation rapide et profonde. S'il était permis à l'Opposition de frapper de tels coups d'autorité dans Paris, de convoquer la garde nationale, d'enrégimenter la population, les ouvriers, les Écoles; si ses ordres étaient entendus et exécutés, le gouvernement n'était plus dans la main des ministres, il appartenait à l'Opposition, la démission même de M. Guizot devenait inutile. Si, au contraire, l'usurpation n'était pas tolérée, si le Cabinet résistait, c'était la guerre, la guerre avec ce redoublement de ferveur qui résulte d'un commencement de paix violemment rompue.

II

A la lecture du programme, le ministère, qui n'avait d'abord songé qu'à obtenir la solution des questions de banquet et de droit de réunion, ouvrit les yeux sur le vrai péril, pour lui, de la situation. C'était désormais la démonstration qui lui apparaissait sous un aspect formidable; et, si elle avait lieu, il subissait une défaite plus complète que par la reconnaissance, même obligée, des banquets. Aussi on ne tarda pas à savoir que le ministère, indigné de l'usurpation de ses droits, revenait à ses inspirations premières et se préparait aux hostilités. Dès neuf heures du matin, le ministre de l'intérieur en avertit MM. de Morny et Vitet, en allant avec eux, d'après un rendez-vous pris la veille, visiter le terrain du banquet. Il les chargea, en même temps, de signifier à l'Opposition ce grave changement.

Déjà les membres les plus actifs de l'Opposition s'étaient spontanément assemblés chez M. O. Barrot. La surprise était universelle, l'approbation rare et plutôt de complaisance que de sympathie sincère. Quelques-uns, attentifs à s'ouvrir d'avance la voie des faiblesses, s'irritaient de l'atteinte portée à leur libre arbitre par l'initiative hasardée d'une sous-commission. Sur ces entrefaites arrivent MM. de Morny et Vitet. Ils déclarent à MM. O. Barrot, Duvergier, de Malleville, Pagnerre, et à M. Marrast, survenu au commencement de l'entretien, que tout est rompu, et que le ministère s'oppose définitivement à la manifestation. On leur représente que le programme a été rédigé et publié sans aucune intention usurpatrice ou hostile; qu'il ne contient pas un seul article qui ne dérive logiquement des conventions acceptées; qu'on n'a jamais caché ni à eux, ni au ministère, ni au public, le projet d'organiser un cortége avec le concours de la garde nationale et du peuple; que le ministère a été bien positivement averti, puisqu'il a réclamé de l'Opposition l'engagement d'honneur de ne rien négliger pour maintenir l'ordre parmi la foule; qu'il n'y a donc rien de changé au fond des choses; qu'il est bien tard pour revenir en arrière; et que tenter d'arrêter ainsi brusquement l'élan du peuple, c'est vouloir le déchaîner et provoquer les catastrophes.

« Au fond, cela est possible, » reprend M. de Morny; « nous admettons même que cela est vrai; mais vous ne pouvez nier que la publication du manifeste ne soit un fait considérable, qui change toutes les apparences et place le Cabinet dans une situation telle, que, s'il la subit, il abdique. »

M. Duvergier de Hauranne objecte alors que, si la publication du programme est la seule cause, la cause réelle du changement de résolution qu'on signifie au nom du ministère, il est facile de restituer à ce programme son vrai caractère, en publiant, dans les journaux du soir et du lendemain matin, une contre-note de rectification. Et, immédiatement, il en rédige un projet ainsi conçu :

« La note qui a paru ce matin dans les journaux n'avait pour but que de maintenir l'ordre dans le cortége qui doit se rendre de la place de la Madeleine au banquet. On se méprendrait gravement si l'on pouvait voir dans cette note l'apparence d'une usurpation sur l'autorité qui appartient au gouvernement et la prétention de convoquer la garde nationale. Une telle convocation serait irrégulière, illégale, et telle n'a point été l'intention de la Commission du banquet. Elle a voulu seulement éviter toute confusion parmi les gardes nationaux qui, spontanément et individuellement, se présenteraient sans armes pour assister à la réunion. Il n'y a donc dans les conseils donnés par la Commission rien que l'on puisse interpréter comme un désir de se substituer à l'action régulière du gouvernement dans ses rapports avec la garde nationale. »

M. Marrast, auteur du programme, n'ayant fait aucune difficulté d'agréer cette rectification, MM. de Morny et Vitet l'emportèrent, en exprimant l'espoir que les ministres regarderaient cette réparation comme suffisante.

III

Mais il n'en fut point ainsi. Cette note, en effet, pouvait offrir au ministère une satisfaction d'amour-propre et sauver la dignité du pouvoir; mais elle n'enlevait pas à la manifestation sa haute portée. En arrivant chez M. Duchâtel, MM. de Morny et Vitet y trouvèrent M. Guizot et le commandant en chef de la garde nationale, le général Jacqueminot. « On vous trompe, » dit M. Duchâtel dès qu'il aperçut ses négociateurs. M. de Morny rendit compte de sa conférence, présenta aux ministres la note que l'on venait de lui donner, et ajouta : « Non, on ne nous trompe pas. Il y a un malentendu; ces messieurs le regrettent; ils offrent une réparation que je regarde comme suffisante. Je les connais assez pour garantir leur bonne foi. » — « Alors ils ne sont pas maîtres de leur queue, ce qui revient au même. »

M. Guizot écoutait dans un silence concentré. « La manifestation n'aura pas lieu, » s'écria-t-il d'un ton ferme et décidé. « On élève un gouvernement à côté du nôtre; il n'y a rien de possible après cela. »

« Eh bien ! » dit M. de Morny avec un accent de découragement profond, « nous avons tout fait pour préserver le pays de la crise qui va avoir lieu; maintenant la collision est inévitable. Mais laissez-moi vous donner un dernier avis. Vous n'êtes pas en état de répandre une goutte de sang dans Paris sans y périr. Si vous vous croyez sûrs de l'armée, croyez-vous donc que la garde nationale soit déterminée à vous suivre?... »

Se redressant à ce mot comme sous le coup d'une injure personnelle, M. Jacqueminot s'écrie : « Une collision ! mais c'est ce que la garde nationale désire. Je vous le déclare : elle commence à être plus qu'ennuyée de tout le tapage qu'on fait à Paris depuis quelque temps, et elle veut en finir. »

Le préfet de police, M. Delessert, ne semblait point partager ces illusions d'un esprit vain et suffisant sur le dévouement de la garde nationale. Mais il s'était éloigné sans insister. M. Duchâtel lui-même, qui jusqu'alors s'était obstiné à la conciliation, fléchit, à ce mot de M. Jacqueminot, et déclara que désormais aucun arrangement n'était possible.

« Je n'ai plus qu'une chose à réclamer, » dit M. de Morny : « Je ne veux pas être soupçonné d'avoir abusé l'Opposition par de vaines promesses. Je vous demande de publier les raisons qui vous déterminent à rompre les conventions faites. Une proclamation me paraît indispensable. » — « Parfaitement, » dit M. Duchâtel ; « rédigez-la vous-même. » Et M. de Morny écrivit la proclamation suivante, qui fut acceptée par les ministres, publiée et affichée, le soir, avec la signature du préfet de police :

« Habitants de Paris !

» Une inquiétude, qui nuit au travail et aux affaires, règne depuis quelques jours dans les esprits. Elle provient des manifestations qui se préparent. Le gouvernement, déterminé par des motifs d'ordre public qui ne sont que trop justifiés, et usant d'un droit que les lois lui donnent, et qui a été constamment exercé sans contestation, a interdit le banquet du douzième arrondissement. Néanmoins, comme il a déclaré, devant la Chambre des députés, que cette question était de nature à recevoir une solution judiciaire, au lieu de s'opposer par la force à la réunion projetée, il a pris la résolution de laisser constater la contravention, en permettant l'entrée des convives dans la salle du banquet, espérant que ces convives auraient la sagesse de se retirer à la première sommation, afin de ne pas convertir une simple contravention en un acte de rébellion. C'était le seul moyen de faire juger la question par la Cour suprême de cassation.

» Le gouvernement persiste dans cette détermination; mais le manifeste publié ce matin par les journaux de l'Opposition annonce un autre but, d'autres intentions: il élève un gouvernement à côté du véritable gouvernement du pays, de celui qui est institué par la Charte, et qui s'appuie sur la majorité des Chambres; il appelle une manifestation publique, dangereuse pour le repos de la cité; il convoque, en violation de la loi de 1831, les gardes nationaux, qu'il dispose à l'avance en haie régulière, par numéro de légion, les officiers en tête. Ici, aucun doute n'est possible, de bonne foi : les lois les plus claires, les mieux établies, sont violées. Le gouvernement saura les faire respecter, elles sont le fondement et la garantie de l'ordre public.

» J'invite tous les bons citoyens à se conformer à ces lois, à ne se joindre à aucun rassemblement, de crainte de donner lieu à des troubles regrettables. Je fais cet appel à leur patriotisme et à leur raison, au nom de nos institutions, du repos public et des intérêts les plus chers de la cité. »

IV

Immédiatement les ministres se rendirent aux Tuileries. Le roi les attendait, tranquille et satisfait. N'ayant permis les négociations qu'avec répugnance, il lui plaisait de les voir rompues. L'échec des conciliateurs lui confirmait sa propre sagesse. Maintenant il n'avait plus qu'à réprimer par la force quelques troupes de mutins. Chose facile : dans les faibles commencements d'un règne contesté, il avait étouffé des révoltes terribles! Après dix-huit ans d'un règne heureux, contre une armée aguerrie, dévouée à sa personne et à ses enfants, contre une administration remplie de sa clientèle, contre la masse entière d'un gouvernement puissamment organisé et soutenu par un Parlement résolu, que pourraient tous les efforts d'une Opposition tracassière?...

Dans son aveuglement, ce prince, fameux encore par sa finesse, ne savait plus même ce qu'il y a d'utiles conseils dans les témérités haineuses d'un ennemi. On a vu déjà que les critiques n'excitaient plus en lui que le dédain. A la veille même du 24 Février, il ne tirait aucune lumière de la conversation suivante, qui lui fut rapportée par l'un de ses aides de camp, M. d'Houdetot. Un peu alarmé de ce qu'il voyait, M. d'Houdetot, rencontrant M. Garnier-Pagès : « Voulez-vous me dire franchement ce que vous pensez de la situation? » lui dit-il. Le député radical répondit : « Si je vous dis la vérité, me croirez-vous? Non. Et pourtant je vais vous la dire. Quand on tient dans ses mains trône et dynastie, il faut être fou pour les jouer sur un coup de dés, sur la seule chance d'une bataille. Si vous êtes vainqueurs, vous n'aurez qu'une autorité cimentée, pour un jour, avec du sang et des haines; le peuple, défait, recommencera dix fois la lutte. Si vous êtes vaincus, c'en est fait de la monarchie. La sagesse vous conseille donc de céder; mais je connais celui qui vous commande, il ne cédera pas. » Ces dernières paroles avaient touché l'orgueil du roi; le reste n'avait pas touché son intelligence. Le même jour ou à peu près, la garde nationale de service au château avait, en défilant, crié : *Vive la réforme!* Ce cri, reporté au roi par le colonel Bilfeld, gouverneur des Tuileries, avait paru éveiller en lui plutôt un souvenir qu'une crainte. Impression de vieillard, bientôt évanouie!

Le préfet de la Seine étant venu, dans la soirée du 20, lui rendre compte de l'état des esprits et des démarches renouvelées plusieurs fois par les membres les plus importants du Conseil municipal, le roi lui dit avec un ton de bonté railleuse : « Mon cher Rambuteau, vous voulez donc m'intimider? Plus tard vous rougirez de la crainte que vous cherchez à m'inspirer. » A M. Duchâtel, dont une sollicitude opiniâtre agitait les esprits, il disait plaisamment, et peut-être aussi par un retour complaisant vers les premiers jours de sa fortune : « Croyez-moi, les Parisiens ne font jamais de révolutions en hiver. » Puis son cœur s'exaltait en des comparaisons où débordait un orgueil excessif : « Je ne ferai certainement pas comme la branche aînée. On ne me surprendra pas, moi! Je ne commettrai pas les fautes de Charles X. Je saurai prendre un peu mieux mes mesures et mieux me défendre! »

V

Docile à ces inspirations, animé peut-être de cette confiance imperturbable, sentant d'ailleurs sa responsabilité couverte par une volonté si formelle, le ministère décida que la manifestation était menaçante pour la paix publique. En conséquence, les souscripteurs du banquet auraient la permission de s'y rendre individuellement, suivant la convention arrêtée dans le but d'amener la question du droit de réunion devant les tribunaux. Mais si le cortége se formait, en vertu de la loi sur les attroupements, il serait immédiatement sommé, et au besoin dispersé par la force. Des ordres conformes à cette résolution décisive furent aussitôt expédiés.

VI

C'est une vérité bien connue que, si, dans les temps difficiles, les gouvernements sont forcés de subir le mérite et de l'employer, dans les temps calmes, la faveur s'attache exclusivement à ceux qui ont ou beaucoup de souplesse, ou beaucoup de richesse, ou des parents puissants. République ou monarchie, tous les gouvernements ont péri et périront par cette faute. On sait que la garde nationale, confiée, lors des premières difficultés du règne, à des maréchaux illustres et expérimentés, était à la fin tombée aux mains d'un ancien colonel de l'empire, soldat de camp, général de cour, M. Jacqueminot, beau-père du ministre de l'intérieur, M. Duchâtel. Un général de même sorte, M. Tiburce Sébastiani, frère du maréchal, commandait la première division militaire. Auquel des deux serait dévolu le commandement supérieur? On n'avait pu le décider. Et cette faiblesse devint plus tard la cause d'un conflit aussi périlleux que misérable.

Quoi qu'il en soit, le général Tiburce Sébastiani avait convoqué, à l'état-major de la division, les généraux et les colonels de l'armée de Paris. Il leur fit connaître les dernières résolutions du gouvernement, qui venaient de lui être communiquées à lui-même par le roi et par les ministres en conseil.

Sur son ordre, le colonel d'état-major Rollin donna aussitôt lecture d'une note fort longue et minutieusement détaillée. C'était l'instruction dressée depuis longtemps, en vue d'une bataille dans Paris, sur un plan longuement mûri par le maréchal Gérard, étudié ensuite et contrôlé par plusieurs généraux des différentes armes. On y indiquait, avec une précision merveilleuse, la distribution des troupes, les points à occuper, les casernes et les corps de garde à soutenir, les moyens de communication entre les différents corps, leur mode de concentration, et les principaux points stratégiques, siéges des commandements secondaires. Il était recommandé aux troupes de ne pas se laisser aborder, d'attendre l'attaque, mais alors de faire sommer rapidement la foule par les agents de l'autorité civile, et de passer vigoureusement à l'offensive.

La note lue, quelques chefs de corps présentèrent des observations purement militaires. Les colonels de cavalerie signalèrent surtout le danger de multiplier par trop le fractionnement de leurs escadrons. Interrogé si les approvisionnements de cartouches étaient assurés, si l'artillerie avait des munitions en quantité suffisante, le général Thierry, aide de camp du duc de

Montpensier, répondit affirmativement. Puis le général en chef dit à ses officiers « qu'il ne leur demandait pas de renseignements sur l'esprit de l'armée ; que l'armée, comme la femme de César, ne pouvait pas même être soupçonnée ». Aucun colonel ne répondit. Ce silence, la froideur marquée de leur attitude, indiquaient nettement que, si l'armée était fidèle à la discipline, elle n'avait point d'enthousiasme ; qu'elle mettrait peu d'ardeur à se battre contre le peuple armé au nom de la loi, pour des hommes qui, depuis tant d'années, portaient si faiblement ce même drapeau qu'elle a pour mission de défendre et de glorifier. Mais la confiance est plus douce aux esprits médiocres que la vigilance. L'infatuation était la maladie universelle. Comme le roi, comme les ministres, le général Sébastiani ne vit rien, ne sut rien, n'apprit rien, que par la chute.

VII

Le préfet de police n'était guère mieux instruit. Habitué, par un long usage, à ne voir le péril que dans les complots, dans les organisations factieuses, il répondait à M. d'Argout, dont la sollicitude éclairée l'interrogeait, qu'il n'y avait plus de sociétés secrètes, et que par conséquent aucun danger sérieux n'existait. Dans la matinée, il avait fait notifier au propriétaire du local et à M. Boissel, qui l'avait loué, un arrêté qui interdisait le banquet. A trois heures et demie, MM. Cabuchet, Collomp, Marquis et Beuzelin, commissaires de police désignés pour surveiller la manifestation, arrivaient à la préfecture de police. Le préfet leur transmit les instructions décidées la veille ; il leur indiqua les moyens de faire opérer la retraite des convives, et leur recommanda de veiller, de pourvoir, en cas de collision, à la sûreté des membres du Parlement. 400 gardes municipaux à pied, 150 à cheval, plusieurs escadrons et bataillons de troupe de ligne cantonnés à la barrière de l'Étoile, étaient mis à leur disposition. Le préfet prépara, en outre, treize mandats signés en blanc.

VIII

Tandis que le gouvernement organisait ainsi la répression, Paris organisait la démonstration. L'élan était donné. Les députations se succédaient chez M. O. Barrot. La sous-commission prenait toutes les mesures d'ordre, communiquait l'impulsion aux comités d'arrondissement, qui la transmettaient sans délai aux influences de quartier et de compagnie. Les jeunes étudiants, établis en commission aux journaux des Écoles, donnaient rendez-vous, pour le mardi 22, sur les places du Panthéon et de l'École de Médecine, à toute la jeunesse du quartier latin. Pendant toute la journée du dimanche et le lundi, les ouvriers n'avaient cessé de parcourir les ateliers pour y concerter la formation d'un cortége en masse des faubourgs vers la Madeleine. Les journaux transmettaient le mot d'ordre à leur clientèle. Les comités réformistes de toutes les villes voisines de Paris envoyaient leurs délégués. Enfin, les députés affluaient chez M. O. Barrot; et, malgré le programme, malgré l'attitude offensive du Cabinet, malgré la redoutable obscurité du lendemain, si quelques-uns étaient tentés de fléchir, aucun ne fléchissait.

IX

Cependant l'heure de la séance était venue. En y arrivant, les députés de l'Opposition connurent par MM. de Morny et Vitet le refus définitif et absolu du ministère. Des regrets pleins de courtoisie réciproquement échangés, l'Opposition décida que M. O. Barrot interpellerait les ministres à l'instant même, afin de constater le changement survenu dans leurs résolutions, et de faire peser sur eux toutes les responsabilités.

L'Assemblée était peu nombreuse et visiblement agitée. Depuis le vote insultant de l'Adresse, l'Opposition avait cessé de prendre part aux débats; mais aujourd'hui l'absence était presque universelle. On sentait la foule hors de l'enceinte; dans l'enceinte, quelques discoureurs spéciaux parlaient seuls en faveur de la prorogation du privilége de la Banque de Bordeaux. En vain M. Guizot, arrivé l'un des premiers, s'efforçait-il de remplir la salle de sa présence : elle restait vide; en vain insistait-il, avec une sérénité d'esprit affectée, pour que la discussion continuât : la discussion n'était qu'un simulacre. Tous les yeux se fixaient aux portes, interrogeant les allées et venues des ministres et les membres importants de l'Assemblée. Tout à coup, vers quatre heures et demie, les députés de l'Opposition entrent en foule; les bancs tout à l'heure vides sont comblés; M. O. Barrot se lève; un silence profond s'établit.

L'orateur expose d'abord les faits : la résistance première du Cabinet aux entreprises légales de l'Opposition; les négociations proposées, réciproquement accueillies, l'arrangement convenu, rompu ensuite sans motifs suffisants. « Cependant, » poursuit-il, « malgré la juste et légitime émotion de l'opinion publique, grâce au progrès de nos mœurs politiques, je ne crains pas d'affirmer sur l'honneur, devant mon pays, que cette manifestation, que cette lutte légale de principes, aurait eu lieu sans aucun désordre et sans aucun trouble. » (Mouvements divers. Écoutez ! écoutez !)

« Je suis parfaitement assuré que, si la politique du Cabinet eût pu en recevoir quelque atteinte, l'ordre public était parfaitement sauf et intact. » (Écoutez ! écoutez !)

«. Les tribunaux auraient déterminé le sens des lois existantes... et les amis sérieux de la liberté dans ce pays auraient eu à constater un immense progrès dans l'opinion publique...

» Il paraît qu'à des conseils de sagesse, de prudence, ont succédé d'autres inspirations ; que des actes d'autorité s'interposent, sous prétexte d'un trouble qu'ils veulent apaiser et qu'ils s'exposent à faire naître. » (Rumeurs au centre.) « Je ne crains pas de dire qu'à la place de cette manifestation libre, ils tendent à établir des compressions d'autorité...

» Il n'y a pas de ministre, il n'y a pas de système administratif qui vaille une goutte de sang versé. » (Nouvelle approbation.)

« C'est le gouvernement qui est chargé du maintien de l'ordre et de la tranquillité dans le pays ; c'est à lui à peser la gravité des circonstances, et surtout c'est sur lui que porte la responsabilité. » (Mouvement prolongé.)

Après que l'émotion produite par ces paroles se fut un peu calmée, M. Duchâtel répliqua :

« La responsabilité ne pèse pas seulement sur le gouvernement, elle pèse sur tout le monde... Nous aurions pu nous opposer par l'emploi de la force au projet de banquet... Nous étions frappés de l'avantage pour tout le monde d'obtenir une solution judiciaire, et, tout en maintenant les principes du gouvernement, nous étions prêts et nous sommes prêts encore à laisser arriver les choses au point où, une contravention pouvant être constatée, un débat judiciaire pût s'engager. » C'est cela! c'est cela!)

« Mais, Messieurs, il est survenu autre chose!... le manifeste. Ce manifeste viole toutes les lois du pays, sur lesquelles reposent la tranquillité, l'ordre public. » (Très-bien! très-bien) « La loi sur les attroupements est violée! la loi sur la garde nationale est violée!

» C'est un gouvernement né d'un comité, prenant la place du gouvernement constitutionnel... Il parle aux citoyens, convoque, en son propre nom, les gardes nationaux, provoque des attroupements... Non, nous ne pouvions pas le supporter!

» En quoi les mesures du gouvernement peuvent-elles empêcher la solution judiciaire?... Après le manifeste, nous avons maintenu, comme auparavant, la situation que le gouvernement avait prise, et, en même temps, nous n'avons pas voulu qu'à l'occasion d'un banquet on tolérât, dans la ville de Paris, une manifestation contraire aux lois, et la proclamation d'un gouvernement improvisé à côté du gouvernement légal et constitutionnel. » (Très-bien! très-bien! vives approbations aux centres.)

Cette distinction établie entre le banquet et la manifestation était habile et juste; mais elle était incontestablement tardive. Ce fut la réponse de M. O. Barrot :

« Si M. le ministre de l'intérieur s'était borné à nous dire qu'une manifestation solennelle, à laquelle aurait pris part un grand concours de population, pouvait inquiéter le gouvernement, d'autant plus qu'elle serait plus régulière et plus pacifique... » (Dénégations au centre, approbation à gauche.), « je crois que nous aurions été les uns et les autres très-près de la vérité. Mais je demanderai, en laissant de côté quelques expressions plus ou moins convenables d'un acte que je n'avoue ni ne désavoue, quoiqu'il me soit étranger... » (Rumeurs prolongées). Au centre : — « Il faut l'avouer ou le désavouer. » A gauche : — « Laissez parler, vous répondrez. »

M. O. Barrot : « Je mettrai tout le monde parfaitement à l'aise. J'avoue très-hautement l'intention de cet acte, j'en désavoue les expressions... » (Très-bien !)

Ici l'orateur explique les intentions du programme ; il démontre que ses auteurs n'ont pas eu d'autre but que de prévenir un tumulte, résultat possible d'un grand concours de population, qu'ils n'ont obéi qu'à une pensée d'ordre et de sincérité ; puis il continue :

« Le débat ne pouvait laisser indifférente cette partie de la population, la garde nationale elle-même, à qui le dépôt de nos libertés a été confié. Tout ce qu'on pouvait demander, c'était qu'il n'y eût rien d'officiel, c'est qu'elle se réunît officieusement, individuellement, sans armes, paisiblement, comme garantie de tranquillité, et non comme moyen de force publique.

» Eh bien, je vous le répète, je vous aurais donné l'assurance, garantie sur l'honneur, qu'il n'y aurait eu aucun trouble » (Réclamations au centre, approbations à gauche.), « qu'il n'y aurait eu aucun trouble, aucune perturbation. Mais la compression que vous établissez, ne vous le dissimulez pas, et je le dis avec douleur, tend une position déjà trop tendue, ajoute à des sentiments exaspérés un nouveau degré d'exaspération. Maintenant, Messieurs, c'est à vous qu'est la responsabilité de cette situation. » (Bruyante interruption au centre. — Allons donc!) « Vous n'avez pas voulu de l'ordre avec et par la liberté, subissez donc les conséquences de la situation que vous avez faite. » (Approbation à gauche, agitation.)

M. Duchatel : « La détermination du gouvernement se trouve justifiée par les paroles de M. O. Barrot... Ce manifeste! l'honorable M. O. Barrot ne l'avoue ni ne le désavoue. » (Mouvement.)

« Ce manifeste n'étant ni avoué ni désavoué, est-il un gage de sincérité pour nous qui sommes chargés de maintenir l'ordre public?...

» Quelles raisons donne-t-on pour justifier, sinon la forme, le fond de ce qui a été fait?...

» Je demande depuis quand on admet des comités qui convoquent les gardes nationales? »

M. de Courtais : « Osez donc la convoquer, la garde nationale! » (Murmures au centre.)

M. Duchatel : « On semble indiquer que nous voulons cacher derrière une question d'ordre public une question d'existence ministérielle....

» Je maintiens ce que j'ai dit tout à l'heure : nous avons résolu de laisser arriver les choses au point où la question judiciaire puisse s'engager. Cette situation, nous l'avons prise, nous la maintenons encore.

» On appelle cela de la compression; ce n'est pas de la compression... c'est tout simplement l'accomplissement des devoirs du gouvernement, le maintien de l'ordre et le respect des lois sur lesquelles reposent la tranquillité du pays et le salut de nos institutions. » (Très-bien! très-bien! — Vive approbation au centre.)

Après ces paroles du ministre, le président déclara l'incident terminé; la discussion sur la Banque de Bordeaux fut renvoyée au lendemain à une heure; et la séance fut levée, au milieu de la plus vive agitation.

X

En droit constitutionnel, le ministre avait incontestablement raison : un gouvernement qui tolère un partage d'autorité n'existe plus. Mais, en conduite, il avait tort. N'était-ce pas lui qui le premier avait violé la loi, par l'interdiction arbitraire d'une réunion légalement permise et dont il avait maintes fois donné l'exemple? Après avoir suscité les passions généreuses par l'ensemble de sa politique, ne les avait-il pas surexcitées par ce dernier attentat? Puis, qu'avait-il fait? On l'avait vu écouter tour à tour les conseils de la sagesse et ceux de la colère, céder, résister, céder encore, et enfin résister à outrance. Par ces oscillations, il avait clairement démontré le doute de son droit, et communiqué à ses ennemis la certitude, c'est-à-dire la force du droit. Et maintenant, après avoir sciemment laissé grandir le péril, il voulait l'extirper violemment. A l'imprévoyance, aux tergiversations de la violence et de la faiblesse, il ajoutait l'imprudence d'une extrême bravade! Il jetait à l'Opposition un défi qui devait être relevé! Il menaçait de disperser par la force un cortége déjà presque en mouvement, et de provoquer ainsi une lutte pleine de catastrophes!

La responsabilité des événements pesait donc tout entière sur le Cabinet; et M. O. Barrot avait eu raison de l'en charger. Mais, en même temps, ne venait-il pas, lui aussi, de commettre la même faute de conduite qu'il reprochait à son adversaire? Désavouer les expressions du programme, c'était en affaiblir le fond. Or, par ce désaveu, M. O. Barrot rendait au ministère les apparences du droit; il semait parmi les siens l'hésitation et les défiances; il fournissait aux plus modérés des prétextes de faiblesse, aux plus ardents des prétextes d'exaltation; il oubliait enfin que, dans les grandes crises, pour diriger le peuple, il faut le précéder.

XI

La séance, levée au milieu d'une agitation profonde, se continua hors de l'enceinte. Répandus dans les salles, dans les couloirs, les députés formaient des groupes où venaient se mêler des journalistes et quelques hommes politiques, qui, par habitude, exerçaient le privilége de pénétrer jusque-là. Dans un murmure confus de toutes les modulations de la voix humaine, se croisaient les interrogations, les reproches, les incertitudes, les railleries, les colères, les encouragements, les fortes espérances. Il ne fallait qu'avoir des yeux, sans aucune connaissance de la politique, pour distinguer sur ces visages, ouverts par le choc du péril, les passions et les intérêts. Les uns, conduits jusqu'à ce point par ambition, voulaient par ambition s'y arrêter. Les autres s'abandonnaient à la peur d'un conflit sanglant. Ceux dont la faiblesse datait de plus loin, et qui voyaient leurs prévisions confirmées, offraient un mélange singulier de vanité satisfaite et de crainte redoublée. Chez ceux-ci, la gravité ferme d'un devoir d'honneur, pénible, mais impérieux. Chez ceux-là, les ardeurs hardies du tempérament. Ici, la joie frivole de quelque nouveau spectacle; là, l'impatiente mais inébranlable résolution du calcul politique près d'aboutir. Dans chaque groupe, des observateurs par conscience, par curiosité, par complaisance! Partout vous auriez entendu les mêmes objections et les mêmes réponses, diversifiées seulement par la diversité des impressions et des caractères. « Le terrain de la lutte est changé, » disaient les uns : « ce n'est plus le droit de réunion que nous avons à défendre, c'est l'attroupement. Le ministère a maintenant de son côté le droit et la loi. A une manifestation légale, régulière, solennelle, conduite en silence et en ordre, sommes-nous donc tenus de substituer une bataille? Il s'agissait de renverser le ministère par un coup d'opinion; nous faut-il maintenant renverser la monarchie à coups de fusil? Cette grande Opposition légale, qui vient de conquérir le pays au nom du droit, veut-on qu'elle aille se perdre à la queue d'une troupe d'émeutiers?..... » — « Sans doute la situation est changée, » répliquaient les plus fermes; « mais à qui la faute? Parce qu'il plaît aujourd'hui au ministère d'établir une distinction qu'il n'établissait pas hier, qu'il n'est plus temps d'établir, devons-nous reculer? devons-nous sacrifier, devant un pur caprice d'arbitraire, et la loi du pays et notre honneur? Le mouvement dépasse nos prévisions, notre volonté : c'est fâcheux! mais il n'est plus temps de revenir. En essayant de l'arrêter, vous le précipitez ; et, si vous l'abandonnez, vous en perdez la direction. Dans quelles mains va-t-il tomber?..... »

XII

Parmi les plus préoccupés, on remarquait MM. Thiers et de Rémusat. Avec quelques-uns des membres du tiers parti, qui commençaient à voir leur barque approcher des brisants, ils circulaient dans tous les groupes, adjurant leurs collègues de ne pas perdre un moment pour aviser. Sur leurs instances, on essaya de délibérer dans un des bureaux de la Chambre ; mais le tumulte, les exclamations, le flot continu des survenants, empêchaient toute délibération sérieuse : on se rendit chez M. O. Barrot (il était cinq heures). Il n'y avait plus à balancer : on était là pour prendre un parti ; entre la honte et le péril, il fallait choisir. Cette extrémité redoublait le tumulte. Dès que les premiers bouillonnements se furent un peu calmés, M. Lherbette, qui voulait que la question fût nettement posée, s'écria : « Qui a fait le programme ? » — « J'en prends et j'en accepte la responsabilité, » répliqua M. Garnier-Pagès avec une fermeté d'accent qui coupa court à une discussion superflue. On passa outre ; et M. O. Barrot posa rapidement tous les points à résoudre : « Sur la question du banquet, le droit est du côté de l'Opposition. Mais le ministère reprend le droit, si, pour empêcher le cortége, il invoque la loi sur les attroupements. Au point où en sont les choses, est-il possible d'aller au banquet individuellement, en laissant de côté le cortége ? Faut-il persister, jusqu'au bout et à tous risques, dans la démonstration simultanée du banquet et du cortége ? » M. O. Barrot présidait ; il s'abstint de conclure.

Mais M. Thiers va droit au fond des choses : « Depuis la publication du programme, le banquet n'est plus réalisable. Il y faut renoncer. La persévérance n'est plus du courage, c'est de la folie. L'Opposition serait insensée et coupable si elle exposait volontairement la capitale à une collision sanglante, si elle livrait les événements au jugement de la force, incomparablement supérieure dans les mains du gouvernement. Il n'y a point de honte à reculer ; il y a des périls mortels si l'on marche en avant. Il faut subir la loi des circonstances et céder. » Toutes ces raisons développées avec une énergie désespérée de geste et de langage, M. Thiers conclut en proposant une adresse au roi..... A ce mot, M. Garnier-Pagès se récrie : « Une adresse au roi est la négation de toute la campagne des banquets, le démenti de la politique entière de l'Opposition depuis six mois. C'est contre le gouvernement personnel du roi que toutes les batteries sont dressées, et c'est au roi qu'on veut maintenant recourir ! Une telle inconséquence rendrait l'Opposition la risée de la France et du monde. Et quel en serait l'effet dans Paris ? Le peuple, déjà levé, s'en indignerait comme d'une trahison. Il n'y aurait plus, nulle part, une main assez puissante pour contenir les esprits et les actes..... »

M. Bethmont cependant veut, comme M. Thiers, que l'Opposition renonce non-seulement au cortége, mais au banquet. Ses motifs sont empreints de la générosité de son cœur : « Assister au banquet seul, c'est donner au gouvernement le texte d'un procès ridicule. Il n'est pas admissible que les députés de l'Opposition s'y rendent isolément; il faudra qu'ils se mettent à la tête du cortége. Or le cortége, c'est la bataille! La bataille contre qui? Contre les députés? Non : le gouvernement a donné l'ordre de les épargner, de veiller soigneusement à leur sûreté. La bataille donc contre le peuple? Pendant que les députés, respectueusement retenus dans la salle du banquet, y resteront à l'abri du péril, à quelques pas plus loin, le peuple sera chassé, mitraillé, massacré. C'est là que serait la véritable honte pour les députés. Il n'y en a point, il y a au contraire un vrai courage à braver les reproches, les accusations, l'impopularité, plutôt que d'assumer sur soi la responsabilité du sang versé. »

Lamartine, au contraire, ne comprend ni les sophismes de la politique ni ceux de la générosité. Il reprend, il développe, il agrandit les idées exprimées déjà par lui dans la réunion du 19. Il remontre qu'il est impossible d'abandonner le banquet sans honte. Il adjure, avec une énergie passionnée, ses collègues de ne pas reculer jusque dans le déshonneur.

MM. Duvergier de Hauranne et de Malleville déclarent qu'ils ont pris un engagement public, qu'ils ne sont plus les maîtres de leur volonté, et qu'ils iront au banquet. Sur une question si grave, M. Lherbette refuse absolument à la majorité de la réunion le droit d'engager la minorité; quoi qu'elle décide, il est résolu de se joindre à la manifestation.

M. Marie rappelle qu'il a, dès le début, conseillé les démissions et déconseillé le banquet. Mais, à présent, ce n'est plus une affaire de conduite politique, c'est une affaire d'honneur : il n'est plus permis d'hésiter. Un ami de M. Thiers, le jeune et brave M. d'Aragon, que la mort devait moissonner sitôt et si fatalement, s'écrie, avec l'élan d'une âme qui ne se contient plus, qu'il y aurait lâcheté à reculer, que les députés doivent descendre les premiers dans la rue, se mêler au cortége, se laisser charger, disperser, frapper par les troupes. S'il y a un péril, il ne faut pas le fuir. C'est aux députés à l'affronter les premiers, en se plaçant entre les soldats et le peuple. Suivre une autre voie, c'est se couvrir de honte, c'est perdre toute influence et encourir tous les mépris.

La discussion continue quelque temps. Mais on sent que les conseils de prudence ou de faiblesse prévalent. L'ajournement du banquet est mis aux voix : quatre-vingts personnes votent l'ajournement; dix-sept députés restent seuls inébranlables.

MM. O. Barrot et Garnier-Pagès s'étaient abstenus de voter, déclarant qu'engagés personnellement, ils ne pouvaient contraindre leurs collègues; mais que, si un seul député se rendait à la manifestation, ils y seraient avec lui.

Cependant la nuit était venue. Il était urgent de transmettre la décision des députés aux membres de la Commission générale du banquet. Une nouvelle réunion fut indiquée pour le soir, à neuf heures, chez M. O. Barrot, où, depuis le matin, l'Opposition était en permanence.

XIII

En se rendant chez M. O. Barrot, les membres de la Commission générale purent lire les proclamations du gouvernement, affichées sur les murs. Étonné, inquiet, ignorant encore les détails de la journée, le peuple les lisait à la clarté des flambeaux.

La première proclamation émanait du général Jacqueminot. En vertu de la loi du 22 mars 1831, ce général interdisait aux gardes nationaux de se réunir, en armes et même sans armes; ils devaient obéir seulement aux réquisitions des officiers civils. Le général en chef faisait d'ailleurs appel à leur dévouement, et il leur disait : « Peu d'entre vous, sans doute, sont disposés à se laisser entraîner à une démarche coupable; mais je voudrais leur épargner et la faute et le regret de compter leur petit nombre au milieu des quatre-vingt-cinq mille gardes nationaux dont vos légions se composent. »

Aveuglement ou vanité, on ne sait ce qui doit le plus étonner dans cet étrange langage. Si le nombre des adhérents à la manifestation devait être petit, pourquoi s'en occuper? S'il devait être considérable, à quoi bon un mensonge qui portait avec soi son démenti? Peut-être les hommes du gouvernement en étaient-ils arrivés à ce point d'infatuation qu'en fermant les yeux ils pensaient répandre autour d'eux leurs ténèbres.

Le secret de la vraie situation du pouvoir devant la garde nationale avait été dévoilé, la veille, dans une exclamation partie des bancs de l'extrême gauche : « Osez donc la convoquer! » avait crié M. de Courtais au ministre de l'intérieur, quand celui-ci s'indignait de la convocation audacieusement lancée par la Commission du banquet. Le ministre n'avait pas répondu. Depuis sept ans la garde nationale avait été constamment refroidie, froissée, outragée; nul ne devait ignorer l'irritation causée par les inquisitions récentes, par ce triage des suspects, si impolitique, si maladroitement exécuté. Comment ne savaient-ils pas que c'est une impardonnable folie que de compter sur le dévouement de ceux que l'on a offensés ?

La seconde proclamation était celle que l'on a déjà vue, rédigée le matin chez le ministre de l'intérieur, et signée du préfet de police.

Un arrêté, signé du même magistrat, interdisait la réunion et le banquet.

Une ordonnance de police enjoignait aux autorités du département de la Seine de faire imprimer, publier et afficher les lois sur les attroupements.

Enfin, une affiche reproduisait tous les articles de loi, arrêtés et ordonnances de police, et toutes les dispositions pénales concernant les attroupements. Le dernier article de l'ordonnance du 13 juillet 1831 était imprimé en caractères dont les proportions relatives étaient à peu près celles-ci :

Art. 12. — Conformément a l'art. 471 du Code pénal, il est défendu d'embarrasser la voie publique en y laissant ou déposant, sans nécessité, des matériaux ou des choses quelconques qui empêchent ou diminuent la liberté ou la sureté du passage.

Cet argument de voirie, ces embarras, ces matériaux, ces choses quelconques, c'étaient les barricades ! Le gouvernement les prévoyait, et il affichait sa provocation ou ses craintes !

XIV

Lorsque les membres de la Commission générale, les délégués du Comité central, ceux du douzième arron-

-dissement, et les représentants de la presse furent arrivés chez M. O. Barrot, M. Boissel leur communiqua la notification qu'il avait reçue du préfet de police. Malgré cette défense, malgré l'abandon des députés, malgré la déclaration de guerre du pouvoir, la résolution de ne pas abandonner la démonstration dominait. « Nous n'avons plus le choix, » disaient les uns, « il faut passer outre. Il est trop tard pour envoyer partout un contre-ordre efficace. Le peuple est en marche; il avancera. Le laisserons-nous seul en butte aux violences? Que craignons-nous? Ce n'est pas le péril, c'est la responsabilité. Eh bien! la responsabilité du sang retombera, tout entière et terrible, sur les ministres provocateurs. N'est-il donc pas assez évident qu'ils ont tendu au peuple un piége grave? Le Cabinet ne savait-il pas, depuis quinze jours, que la garde nationale, les ouvriers, les jeunes gens des Écoles devaient prendre part à la manifestation? Pourquoi les a-t-il laissés s'engager? Pourquoi, pendant ce temps, préparait-il ses moyens de compression? N'est-ce pas lui ensuite qui, pour abuser jusqu'au bout les députés et le peuple, a ouvert, par ses amis, une négociation trompeuse? N'est-ce pas lui qui la rompt à la dernière heure? On allègue le programme! Le programme n'est qu'un faux prétexte. Si l'argument qu'on en tire était loyal, est-ce que le ministère aurait repoussé la note rectificative qui enlevait à ce manifeste son caractère de provocation? Oui, après avoir attiré le peuple sous la bouche du canon, le Cabinet veut que le peuple recule ou se mette à genoux. Mieux vaut cent fois marcher en avant! »

« Oui! Mais une émeute! une émeute! » disait-on d'un autre côté. « Précisément parce que le Cabinet la désire, il faut l'éviter. Ne serait-il pas stupide de tomber, les yeux ouverts, dans les piéges tendus? Une émeute va faire perdre en un moment les fruits d'une campagne de six mois, détruire en un jour les résultats d'une agitation déjà si féconde! Si du moins les députés avaient persisté, ils couvraient le peuple et convoquaient, sur le terrain du cortége, toutes les classes de la population. Mais les députés absents, leur exemple sera contagieux. Et alors de quelle force la démonstration ne sera-t-elle pas diminuée? Le peuple sera donc seul, livré seul aux baïonnettes d'un pouvoir dont la brutalité n'a été que trop souvent démontrée? C'est nous alors qui sommes responsables du sang du peuple, si nous n'employons pas, avec activité, le peu de temps qui nous reste, notre influence et tous nos moyens, pour le retenir aux bords de ce précipice où l'appelle l'odieux complot d'un gouvernement criminel!... »

Tout le monde fut bientôt convaincu qu'il n'était pas possible de faire revenir les députés sur leur décision ; que l'absence des députés ôtait tout frein à la violence du pouvoir ; que le cortége, sans leur concours, impliquait un massacre inévitable ; que le banquet, sans le cortége, était une impossibilité, une faiblesse égale à l'abandon du tout ; et qu'il fallait ou passer outre à tous risques, ou abandonner la démonstration en cherchant un moyen de sauver l'honneur.

L'idée d'une démission en masse revint la première. Quelques membres la recommandaient comme un moyen d'agitation efficace, plus efficace après les hypocrisies et les violences des derniers jours. Mais on la repoussa par les raisons déjà connues. M. Abbatucci proposa de faire descendre dans la rue un certain nombre de députés qui se feraient arrêter par la police ; sur cette violation, un acte d'accusation serait immédiatement dressé et déposé. M. Pagnerre fit observer qu'un prétexte d'accusation était superflu, que les motifs sérieux abondaient ; et il renouvela la proposition, écartée quelques jours auparavant, de mettre le ministère en accusation, de faire signer cet acte dans Paris et d'y susciter des adhésions dans tous les départements. Nul moyen d'agitation pacifique ne serait plus puissant que celui-là ! Et peut-être qu'en annonçant, dès le soir même, l'acte d'accusation, en le faisant signer le lendemain et en le déposant, on produirait une impression assez forte pour contre-balancer l'impression que ne pouvait manquer de faire naître, parmi le peuple, l'abandon du banquet et du cortége.

Cette proposition ayant rallié la masse des suffrages, les députés présents apposèrent tous leur blanc seing sur l'acte d'accusation, avant qu'il fût rédigé. Puis, tous les membres de la réunion se dispersèrent, pour aller annoncer les décisions dans tous les Comités et dans les bureaux des journaux, où devaient se réunir les principaux meneurs des Écoles, des faubourgs et de la garde nationale.

XV

Dans l'intervalle, on imprimait deux notes qui parurent toutes les deux dans les journaux du lendemain. L'une, rédigée par MM. Thiers et Vivien, exposait les faits survenus et les motifs des résolutions prises ; l'autre, écrite par M. Marrast au nom de la Commission générale des banquets, était conçue en ces termes :

« La Commission générale chargée d'organiser le

banquet du douzième arrondissement, après avoir pris connaissance de la délibération des députés de l'Opposition ;

» Considérant que le ministre de l'intérieur a déclaré à la tribune qu'il tolérerait le banquet, pourvu qu'on s'y rendît individuellement ;

» Qu'on donnerait ainsi aux ministres l'occasion de constater une contravention et de faire juger par un tribunal de simple police un droit politique qui est du ressort des Chambres et du pays tout entier ;

» Qu'on servirait ainsi les désirs du ministère, et qu'on jouerait à son profit une sorte de comédie indigne de citoyens pénétrés de leurs devoirs ;

» Considérant, de plus, que la manifestation générale, à laquelle la population de Paris devait concourir, donnerait le véritable caractère au banquet projeté ;

» Que les mesures prises par l'autorité militaire exposeraient à des collisions certaines et sanglantes ceux qui persisteraient à faire contre la force une démonstration collective ;

» Que le patriotisme et l'humanité commandent également d'éviter de pareilles extrémités ;

» Par ces motifs, la Commission a décidé que le banquet du douzième arrondissement serait ajourné ; elle laisse au pouvoir la responsabilité des provocations et des violences ; elle a la pleine confiance que l'acte d'accusation d'un ministère qui a conduit la population de Paris au seuil d'une guerre civile sera déposé demain à la Chambre, et que la France, consultée ensuite, saura, par le poids de son opinion, faire justice d'une politique qui excite depuis longtemps le mépris et l'indignation du pays. »

En outre, le Comité électoral du deuxième arrondissement, réuni sous les inspirations du *National*, publiait le lendemain matin une note où il exprimait « son étonnement de la décision prise par les députés d'ajourner le banquet, sans qu'elle fût accompagnée de leur démission. Le Comité les invitait à prendre, sans retard, cette mesure, seule capable de donner dans le moment une satisfaction à l'opinion publique. »

Déjà tout était prêt pour le banquet. On avait élevé une tente, dressé les tables, abattu un mur pour faciliter la circulation. On arrêta tout; le banquet fut contremandé.

MM. Dupont (de l'Eure), Lherbette et quelques autres, qui s'étaient donné rendez-vous chez Lamartine pour aviser aux moyens d'assister au banquet malgré l'abandon de leurs collègues, ayant appris, par MM. Vavin et F. de Lasteyrie, les résolutions de la Commission générale, se séparèrent.

XVI

Mêlée à des rumeurs vagues, la vérité commençait à se répandre. Par les communications du gouvernement, on connaissait son défi; par les curieux, on apprenait les résolutions des députés. Ceux mêmes qui n'étaient dans le mouvement que par la sympathie ou le blâme étaient émus d'une crise si prochaine et qui semblait inévitable; mais l'émotion était bien plus ardente parmi les gardes nationaux, les membres des comités, les étudiants, les électeurs et les citoyens de toutes les classes, qui, comme commissaires ou délégués, étaient appelés à jouer dans la démonstration un rôle direct et actif. De toutes les parties de la ville, on les voyait accourir vers les bureaux du *Siècle*, lieu désigné de réunion. Bientôt les salons de M. Perrée, directeur du journal, furent encombrés. Une foule de citoyens s'y pressait, inquiète, agitée, poussant des exclamations confuses, avide de nouvelles, de résolutions, prodigue de conseils. Rien ne modère les passions de la foule, parce qu'elles sont anonymes. L'agitation croissait avec le nombre. Chaque flot de survenants versait, parmi cette foule tumultueuse, un nouveau branle de tumulte. Partout on entendait retentir avec des éclats de colère : « Comment! les députés désertent la manifestation! Ils reculent devant l'arbitraire! Ils abandonnent aux violences du pouvoir la loi et leur honneur! Après avoir entraîné le peuple, ils s'effacent au moment de l'action! C'est une lâcheté indigne! Il faut poursuivre le banquet sans eux, malgré eux. Si la responsabilité du sang retombe sur le ministère, la honte de la désertion retombera sur eux! Mais où sont-ils? Quoi donc! rougissent-ils déjà de leur faiblesse, ou nous méprisent-ils, qu'ils ne viennent pas même expliquer leur conduite?... »

XVII

Ces dispositions connues chez M. O. Barrot, on s'empressa d'envoyer chez M. Perrée cinq députés, chargés d'exposer à cette foule hostile les puissants motifs de patriotisme et d'humanité qui déterminaient la conduite de l'Opposition. Ces délégués étaient MM. Drouyn de Lhuys, Boulay (de la Meurthe), Berger, Chambolle et Garnon. Au moment où ils entrèrent, l'exaspération était au comble : on les reçut fort mal. Entourés, assaillis de questions, d'interpellations, d'objurgations, impuissants à dominer cette rumeur immense, ils pouvaient lire dans les yeux des plus contenus le soupçon et le dédain. Leur présence, loin de calmer la réunion, ne faisait que l'exalter, lorsque arrivèrent MM. Duvergier de Hauranne, de Malleville, Garnier-Pagès, Carnot, d'Aragon et Pagnerre, qui venaient rendre compte des décisions de la Commission générale.

De tous les députés, M. Duvergier de Hauranne s'était montré le plus empressé contre le gouvernement personnel. On savait la Cour animée contre lui d'un ressentiment particulier. On savait en outre que, fermement décidé à aller jusqu'au bout, il ne se laisserait arrêter par aucune considération dans une voie où il jugeait son honneur engagé. Il put parler. En quelques paroles émues et accentuées, il exposa les motifs de ses collègues, et annonça la mise en accusation du ministère. Mais cette explication n'apaisa rien. Parmi les plus irrités se distinguaient les commissaires des Écoles ; après avoir convoqué tous leurs camarades pour le lendemain, propagé l'agitation dans les cours publics, organisé le cortége dans tout le quartier latin, ils ne pouvaient se faire à l'idée d'une reculade publique. Le point d'honneur vibrait dans ces jeunes âmes avec une force irrésistible. M. Vernet, l'un d'eux, éclata le premier. Il apostropha M. Duvergier de Hauranne avec des paroles enflammées : « Les députés n'étaient pas coupables de faiblesse, mais de trahison ! Après avoir pris l'engagement public, à la tribune, d'assister quand même au banquet, ils désertaient lâchement, à la veille du combat ! » Et le reste sur le même ton... « Mais les députés sont inviolables, » répliqua M. Duvergier de

Hauranne, « ils seraient à l'abri de tout danger ; les citoyens seuls seraient exposés au massacre ; c'est pour cela que les députés n'ont pas voulu provoquer l'effusion d'un sang qui n'est point le leur... Au reste, » ajoute-t-il, « ce n'est pas à moi que vos reproches s'adressent. Je suis un de ceux qui ont voté pour que l'Opposition en masse se rendît demain au banquet. » Ces paroles, qui, sous une excuse personnelle, laissaient percer le regret de la décision prise, fournirent aux discussions un aliment nouveau ; et M. Duvergier de Hauranne se retira profondément impressionné d'une telle intensité de passions, symptômes formidables des passions qui grondaient dans les couches inférieures.

XVIII

« Que dites-vous des dispositions de la réunion et des reproches que l'on vous adresse ? » demandait, au milieu d'un groupe, un officier de la garde nationale à M. Garnier-Pagès. « On ne nous en adresse pas assez, » répondit celui-ci. « Il fallait que les députés fussent dépassés par l'opinion publique : ils le sont ! » Les conversations continuaient, incessamment rompues et reprises par les rencontres des observateurs et des survenants, lorsque M. Perrée prit la parole. Officier de la garde nationale, il arrivait de l'état-major de sa légion. Il annonce que l'ordre a été donné de faire battre le rappel de toutes les légions, le lendemain matin à six heures, dans le double but sans doute d'empêcher les gardes nationaux de se rendre individuellement à la Madeleine, et d'avoir sous les armes tous les hommes du parti conservateur ! La garde nationale est convoquée! « C'est là, » dit-il, « le vrai terrain de la manifestation. Il y a dix ans que le roi ne veut plus ou n'ose plus passer une revue de la garde nationale, de peur d'entendre l'expression de ses sentiments. Demain, au premier coup de tambour, descendons tous dans la rue. Malgré lui, il faudra bien qu'il entende ce que nous voulons; il faudra bien qu'il se rende et qu'il cède à la volonté générale du peuple, acclamée par la garde nationale. » Cette vive allocution touchait au cœur des choses : la démonstration par la garde nationale en armes devait produire un effet immense, incomparable ; elle dénouait la situation et sauvait l'honneur. Toutes les poitrines oppressées se dilatèrent dans un applaudissement unanime ; aussitôt, le débat cessa. Chacun partit avec la résolution de se rendre à son poste le lendemain, d'y convoquer tous les réformistes, et d'acclamer avec une irrésistible énergie la réforme!

XIX

Le même soir, une convocation, rédigée en ces termes, réunissait, dans les bureaux de *la Réforme*, les principaux adhérents de la fraction du radicalisme dont cette feuille était l'expression :

« En présence de la condamnation du rédacteur en chef et du gérant de *la Réforme*, nous faisons appel à votre patriotisme. Une réunion aura lieu demain lundi, à sept heures précises du soir, au bureau du journal, pour s'entendre dans les circonstances graves où nous nous trouvons. »

Cette rédaction ambiguë ne trompa personne. Tous les hommes ardents du parti s'empressèrent d'accourir, et, avec eux, les agents secrets de la police. On connaît, par ce qui précède, les éléments de cette réunion. Les radicaux de *la Réforme* avaient un profond dédain pour tout ce qui était en dehors de leur cercle. Plus le flot de l'opinion les entraînait dans les rangs de la coalition réformiste, plus on voyait croître leur hostilité contre l'incapacité, la tiédeur, presque la trahison, des *politiques*, des *dynastiques*, des *régentistes*, dénominations par lesquelles ils s'efforçaient de ruiner, dans l'opinion du peuple, les promoteurs de cette impulsion qu'ils suivaient avec une répugnance extrême.

La réunion comptait quatre-vingts personnes. Sous les apparences d'une assemblée d'actionnaires, c'était un conseil de guerre. Aussi, point de clameurs, point de tumulte comme au *Siècle*, mais une émotion contenue et une gravité quelque peu solennelle. Sous ces visages résolus, on sentait courir ce frémissement involontaire que le conspirateur le plus hardi éprouve toujours à la veille d'une prise d'armes dans la cité.

A un signe du président, tout fait silence. Après quelques mots sur la condamnation du journal, M. Flocon, arrivant nettement au fait, demande l'opinion de chacun sur les circonstances. M. Baune voit dans une bataille immédiate des avantages et des inconvénients; il est prêt à suivre la majorité de la réunion, quoi qu'elle décide. M. d'Alton-Shée rend compte de la résolution prise par les députés et par la Commission générale du banquet, et déclare que, nonobstant cette renonciation, il est prêt à agir. Mais on objecte dédaigneusement que l'assemblée n'a point à s'enquérir des décisions de l'Opposition parlementaire, et qu'il y a plus à se réjouir qu'à s'affliger si, par ses actes, elle perd toute force morale et toute influence.

Cependant la nuit avançait; la conclusion n'arrivait pas, et la police avait hâte de la connaître. Son agent, Delahodde, interpelle M. Caussidière : « Faut-il, oui ou non, donner aux Sociétés secrètes l'ordre de marcher ? » M. Caussidière répond : « Le parti radical n'est pas engagé; il n'a fait aucune promesse au peuple; il est donc libre de son action; cependant le peuple ne pourra être prévenu à temps de la reculade des députés, et, sans aucun doute, il descendra dans la rue : l'occasion peut être bonne à saisir. » M. Lagrange est d'avis qu'il ne faut point provoquer la lutte, mais la soutenir à corps perdu, si le peuple l'engage spontanément. Plus explicite, M. Rey propose le combat : si le peuple descend dans la rue, il faut soudain prendre les armes et engager le feu. « Comment ! » s'écrie M. Étienne Arago, « voici cinq ou six jours que nous poussons le peuple à l'insurrection, et maintenant nous le laisserions seul ! Non. Le vin est tiré, il faut le boire. » Cette opinion énergique rallie de nombreux adhérents, parmi lesquels MM. Baune, Albert, Caussidière, etc.; mais elle est combattue avec une grande vigueur par MM. Louis Blanc et Ledru-Rollin. Ils demandent, l'un et l'autre, si quelque chose est prêt pour une journée. Où sont les combattants ? Où sont les armes et les munitions ? Toutes les mesures du gouvernement sont prises : il a dans les mains une armée considérable, choisie dès longtemps pour la guerre civile; tous les plans de résistance et d'offensive sont préparés d'avance. Donner au peuple le signal du combat, n'est-ce pas le mener à la boucherie ? D'ailleurs, les progrès du parti républicain sont immenses; il y aurait folie à les compromettre. Une défaite serait désastreuse. Le pouvoir s'affaiblit tous les jours; le parti républicain grandit parallèlement. Pour quelque temps encore, l'agitation vaut mieux que la bataille. Il faut attendre, et ajourner la prise d'armes à une époque plus propice.

Comme chez M. O. Barrot, comme au *Siècle*, la majorité recule devant l'initiative de la bataille. En conséquence, M. Flocon rédige un article dans lequel on lisait, le lendemain, les phrases suivantes :

« Hommes du peuple, gardez-vous demain de tout téméraire entraînement.

» Ne fournissez pas au pouvoir l'occasion cherchée d'un succès sanglant.

» Ne donnez pas à cette Opposition dynastique qui vous abandonne et qui s'abandonne un prétexte dont elle s'empresserait de couvrir sa faiblesse.

» Vous le voyez, tels sont les résultats de l'initiative prise par ceux qui ne sont pas des nôtres.

» Patience! quand il plaira au parti démocratique de prendre une initiative semblable, on saura s'il recule, lui, quand il s'est avancé! »

La Société des Saisons, dirigée en ce moment par MM. Albert et Lucien Delahodde, reçut également l'ordre de ne point prendre les armes. Les quelques centaines d'individus qui la composaient durent seulement se tenir en permanence.

Le comité des Écoles, averti par ses délégués des résolutions prises chez M. O. Barrot, au *Siècle*, à la *Réforme*, tout en se réservant de suivre le peuple dans ses mouvements, décida qu'il préviendrait les étudiants, le lendemain matin, que la démonstration n'aurait pas lieu et qu'il leur conseillerait de s'abstenir.

XX

Ces débats et ces décisions jettent une vive lumière sur les organisations de la démocratie à cette époque. Si le parti républicain devenait chaque jour puissant par ses idées, par son organisation, il était faible de nombre. Personne dans son sein n'espérait, ne rêvait un triomphe immédiat. Les plus ardents de cœur, les plus enthousiastes de conviction, ceux-là mêmes à qui l'insuccès conseillait les entreprises désespérées, parlaient comme les politiques, et se voyaient contraints d'agir comme les modérés. Déguisant l'inanité de leurs efforts sous les menaces de l'attitude, ils se fiaient au temps. D'ailleurs, la puissance de la monarchie semblait indestructible; ses moyens matériels de défense étaient formidables : une armée nombreuse, aguerrie, dévouée jusque-là, occupait la ville; les casernes, les corps de garde crénelés, échiquiers de forts intérieurs, coupaient la ville et reliaient la stratégie; hors des murs, une enceinte et des forts, suprême ressource de résistance et de destruction; enfin, la garde nationale, force bourgeoise, voulant maintenant la réforme, mais hostile plutôt que favorable à la démocratie extrême, se joindrait sans aucun doute à l'armée si l'agitation tournait à l'émeute. Que pouvait, contre une telle masse de forces, une poignée d'hommes, si déterminés qu'ils fussent? Ce n'est pas que la monarchie fût à jamais invincible. Non! Si le peuple, le vrai peuple de la Révolution, se levait, toute résistance serait brisée.

Mais les hommes de la démocratie les plus trempés dans le peuple ne connaissaient qu'imparfaitement ses dispositions. Depuis dix ans il n'avait donné aucun signe de vie ; depuis dix ans il avait successivement retiré son cœur, son bras, sa main de l'émeute. Que ferait-il maintenant ? Nul ne le savait au juste ! C'est pourquoi les radicaux des Sociétés secrètes, les amis de *la Réforme*, n'espérant aucun succès du combat, le déconseillaient. Les jeunes gens des Écoles, qui puisaient leurs inspirations à ces différentes sources, reportaient à leurs camarades les mêmes conseils de prudente réserve !

Telle est la vérité de l'histoire. Plus tard, on entendra un autre langage ; on verra se transfigurer les visages ; les récriminations et la vanité s'efforceront à l'envi d'obscurcir la vraie physionomie des choses. Mais l'honneur même du parti républicain exige que la Révolution de 1848 ne soit pas sortie d'un complot. En vérité, elle est sortie d'une source plus féconde, plus pure.

XXI

Cependant le ministère, attentif aux bruits de la ville, continuait avec activité ses préparatifs. Pendant que l'état-major général de la garde nationale convoque les légions, le général de l'armée de Paris adresse à tous les corps les ordres de marche et de bataille. A onze heures du soir, les commissaires de police se réunissent, au nombre de vingt à trente, chez le préfet ; ils reçoivent, de la bouche de ce magistrat, leurs dernières instructions : Quoique les députés de l'Opposition aient renoncé au banquet, des attroupements sont à craindre ; on ne sait pas encore si quelque prise d'armes n'aura pas lieu ; dès la pointe du jour, Paris sera occupé militairement ; les commissaires de police se mettront à la disposition de l'autorité militaire ; ils devront agir avec modération contre les curieux inoffensifs, mais, à la première alerte, avec une énergie active. « Qui donnera des ordres ? » demanda un des commissaires chargés de surveiller la place de la Concorde. « Quelqu'un plus puissant que nous, » répond le préfet.

Averti bientôt, par ses agents, des résolutions prises dans les réunions du *Siècle* et de *la Réforme* et dans la Société des Saisons, le préfet court porter au ministre de l'intérieur ces précieux renseignements. Le ministre de la guerre, les généraux Sébastiani et Jacqueminot se trouvaient déjà réunis chez M. Duchâtel. Tous jugent que la garde nationale, acclamant sous les armes la réforme, offre un danger imminent ; que, la démocratie ardente ayant renoncé à toute prise d'armes, la sagesse commande de ne point la provoquer ; et enfin que, les différentes fractions parlementaires et extraparlementaires de l'Opposition ayant abandonné le banquet, il est inutile d'alarmer la capitale par un étalage de forces désormais sans but. Ces considérations, approuvées par tous les membres présents, leur parurent tellement souveraines, que, sans prendre l'avis des autres ministres et du roi, les ministres de l'intérieur et de la guerre envoyèrent immédiatement des contre-ordres dans les légions et dans les corps. Ces contre-ordres parvinrent, sur tous les points, entre quatre et cinq heures du matin. L'exécution des treize mandats primitifs fut suspendue provisoirement. Informés, quelques heures plus tard, de l'initiative des deux ministres, le Cabinet et le roi l'approuvèrent [1].

On verra bientôt les conséquences de ce changement.

XXII

Aux Tuileries, madame la duchesse d'Orléans connut la première la décision pacifique des députés. M. Ary Scheffer, chef d'escadron de la garde nationale, ayant reçu de chez M. O. Barrot une lettre qui l'en informait, se hâta de communiquer cette heureuse nouvelle à la princesse, afin de calmer les appréhensions qu'elle avait témoignées dans la journée. Pleine de joie, la jeune femme court chez le roi. Mais celui-ci ne laisse voir aucune surprise : « Je savais bien, » dit-il avec un sourire de satisfaction, « qu'en montrant de la fermeté je les ferais reculer. » Aussitôt les courtisans d'exagérer les mépris du maître : on savait bien que les députés fléchiraient ; qu'après avoir osé des bravades lointaines, les faiseurs de banquets reculeraient devant une répression sévère. Le roi était trop bon de les avoir sauvés d'eux-mêmes, en leur offrant le prétexte, qui leur manquait, de se tirer du mauvais pas où d'aveugles passions les avaient engagés. Les ministres méritaient la reconnaissance de la nation comme celle du roi pour leur admirable fermeté... » Et le lendemain cette ovation retentissait dans les journaux du gouvernement. « La résolution est prise, » disait le principal d'entre eux, « elle doit être exécutée ; elle le sera ! »

[1] Le roi en fut informé à une heure avancée de la nuit.

XXIII

Mais, tandis que la Cour et les courtisans s'endormaient dans une ivresse d'orgueil, l'orage s'amoncelait dans des régions où leurs yeux ne plongeaient point. Pendant les heures du travail et des affaires, le peuple, bourgeois et ouvriers, citoyens de tous rangs et de toutes conditions, n'avait connu que très-imparfaitement les faits. Quelle serait la résolution définitive du gouvernement? Jusqu'où les députés de l'Opposition mèneraient-ils la résistance? Que feraient ensuite les comités réformistes, les radicaux, les Sociétés secrètes? Le peuple ignorait tout cela. De vagues rumeurs étaient venues jusqu'à lui. Mais ces bruits qui sortent on ne sait d'où, qui se répandent on ne sait comment, à la veille des grandes journées, ces mille faits successivement affirmés, puis démentis par des témoins oculaires; tout cet impénétrable mélange de vérités et de mensonges qui se transfigurent en circulant, irritaient la curiosité du peuple et redoublaient les agitations de son cœur. Aussi, dès que les magasins, les boutiques, les ateliers se vident, la rue s'emplit. Les journaux, vendus dix fois leur valeur, annoncent par cela seul quelque chose de grave. Les murs sont couverts de proclamations; le peuple y court, et, à la lueur des flambeaux, il lit les défis du gouvernement. Puis, les nouvelles vraies arrivent. Que font les députés? ils abandonnent la démonstration! — Et les comités? Ils abandonnent la démonstration! — Et les radicaux? Ils abandonnent la démonstration! Alors le peuple se recueille! Les groupes tiennent conseil à voix basse. Les mains se pressent dans l'ombre, comme pour de prochains rendez-vous; point de cris, point de tumulte, point d'objurgations bruyantes; seulement, çà et là, quelque sarcasme d'enfant; puis tout s'écoule; et l'observateur ne remarquerait dans les rues qu'un silence plus profond que d'habitude. C'est que le peuple, dédaigneux des calculs des hommes d'État de tous les partis, était résolu à passer outre. Depuis un mois il attendait la manifestation. On lui avait dit le jour, l'heure, le lieu; on avait fait appel à son patriotisme, à son honneur : il était prêt. Et voilà qu'au moment suprême, le gouvernement ayant lancé un insolent défi, au lieu de le relever, les hommes du Parlement reculaient, les comités réformistes reculaient, les comités radicaux reculaient, laissant chacun de leurs membres livré à son impulsion personnelle. Ces prudences, ces faiblesses de la politique, le peuple les tenait pour des défaillances de cœur; il ne voulait ni les absoudre ni les comprendre. Et, puisque ceux qui se portaient ses chefs l'abandonnaient, il serait à lui-même son instigateur et son chef. Ce n'était plus désormais une scène organisée, convenue; ce n'était pas l'élan de quelques têtes ardentes; ce n'était pas le complot des haines, des espérances et des ambitions. Non! En dehors de toutes les organisations, de toutes les directions, de tous les arrangements, sans autre préoccupation que le droit, sans autre mobile que l'honneur, sans armes, sans munitions, sans chefs; le peuple allait accomplir un acte de souveraineté.

CHAPITRE HUITIÈME.

Mardi 22 février. — On défait les préparatifs du banquet; les commissaires de police et les gardes municipaux quittent le terrain du banquet; les officiers d'état-major de la garde nationale rentrent chez eux. — Dans le quartier des Écoles, agitation : une colonne de jeunes gens et d'ouvriers se forme sur la place du Panthéon; elle se met en marche, arrive place de la Concorde et envahit la Chambre des députés; elle se retire sur de simples observations. — Le préfet de police et le ministre de l'intérieur sont avertis. — Mot du roi à M. Horace Vernet. — Rédaction de l'acte d'accusation contre le ministère, chez M. O. Barrot. — Une partie de la colonne des étudiants se rend chez M. O. Barrot; une autre partie entame la lutte avec les soldats du poste de Montreuil et la soutient contre les renforts qui surviennent. — Lutte sur la place de la Madeleine et au ministère des affaires étrangères. — Les étudiants rentrent dans leur quartier, font une tentative sur l'École polytechnique et se dispersent. — Première tentative de barricade. — Luttes dans la rue de Rivoli et ses environs, aux Champs-Élysées. — Irritation mutuelle et croissante du peuple et de la garde municipale; le peuple crie : « Vive la ligne! A bas la garde municipale! » — Accueil du peuple aux députés qui se rendent à la Chambre. — Séance : M. O. Barrot dépose l'acte d'accusation; dédain de M. Guizot. — Chambre des pairs : incident Boissy. — Trois députés de Paris se rendent chez le préfet de la Seine; aigres paroles de M. de Rambuteau. — L'agitation de la rue augmente; le peuple s'empare des armes chez les armuriers. — On ne voit nulle part la direction gouvernementale; ce n'est que le soir que la ville est occupée militairement. — Exposé du plan stratégique de Paris; sa faiblesse. — Dénombrement des troupes; leur mauvais commandement est compliqué par la nomination de M. le duc de Nemours à la direction supérieure; leur distribution sur les points stratégiques. — Annulation de la garde nationale. — Mouvements aux barrières; premiers coups de feu; premières victimes. — Scène aux Tuileries, entre un chef de bataillon de la garde nationale et la famille royale. — M. le duc de Nemours : il tient conseil avec les ministres; singulière coïncidence. — Sécurité du préfet de police. — Tranquillité du gouvernement. — Expectative de l'Opposition. — Les troupes reçoivent l'ordre de rentrer dans leurs casernes. — Le gouvernement est maître de la ville.

I

LE 22 FÉVRIER.

Une de ces pluies fines qui énervent l'âme et le corps, — gage de sécurité pour la ville, — tombait depuis le matin. Vers neuf heures et demie, quatre commissaires de police arrivaient sur le terrain du banquet, rue du Chemin-de-Versailles. Des ouvriers y travaillaient activement. Mais, au lieu d'achever les préparatifs, on les voyait abattre les tentes, enlever les tables, et charger en hâte sur des voitures tous les objets apportés la veille. Autour de la table, un certain nombre de gardes municipaux, mais en force bien inférieure à celle que le préfet de police avait promise. Dans les environs, aucune troupe, ni infanterie ni cavalerie. La surprise des commissaires était grande. Survint M. Élouin, chef de la police municipale, qui leur fit connaître l'ajournement du banquet, le contre-ordre donné aux troupes, et qui leur transmit l'autorisation de se retirer. Les gardes municipaux furent renvoyés dans leurs casernes.

Une heure auparavant, les officiers de l'état-major de la garde nationale, au nombre de trente, s'étaient rendus à leur poste. Le général Carbonel s'empressa de venir à eux ; il les remercia de leur zèle, et leur annonça que le banquet n'avait pas lieu, que toutes les difficultés étaient aplanies, que la ville était parfaitement calme et qu'ils pouvaient se retirer. Des officiers, entre autres MM. Ary Scheffer et Bories des Renaudes, jugeant excessive cette confiance, représentèrent au général que le contre-ordre reçu par les troupes serait peut-être inaccepté par la population ; que, si elle descendait dans les rues, les officiers du service ordinaire seraient insuffisants, et que la prudence commandait d'en garder quelques-uns en service extraordinaire. M. Carbonel les rassura de nouveau ; mais, par condescendance, il accepta leur offre. Les autres officiers quittèrent l'état-major. — Le commandant en chef n'avait point paru.

II

Pendant ce temps, la ville commençait à s'agiter. Les jeunes gens des Écoles, exacts au rendez-vous assigné la veille, accouraient sur la place du Panthéon ; à neuf heures il y en avait déjà plus de mille, mêlés d'un certain nombre d'ouvriers. Leurs délégués, étant arrivés, veulent faire connaître les résolutions des députés, des comités, des journaux, l'ajournement du banquet, et conseiller la retraite ; mais ils reçoivent de leurs camarades le même accueil qu'ils avaient fait eux-mêmes aux députés. Leur voix se perdait au milieu des cris irrités de *Vive la réforme! A bas les ministres! A bas Guizot!* A cette vue, ils jugent que leur devoir est suffisamment rempli ; puisque l'élan est donné malgré eux, ils s'y joignent avec ardeur, s'enflamment de leurs passions trop longtemps contenues, organisent les colonnes et donnent le signal du départ. Un jeune homme inconnu, et dont le nom n'a pas été découvert depuis, se met le premier en marche, entonnant *la Marseillaise*, bientôt chantée ou, pour mieux dire, acclamée en chœur. Un groupe d'étudiants, formé sur la place de l'École de Médecine, s'unit à eux. Ils suivent le pont Neuf, la rue de l'Arbre-Sec, la rue Saint-Honoré, la rue Duphot, s'augmentant, dans leur course, des ouvriers qu'ils rencontrent; et ils débouchent sur la place de la Madeleine au nombre de trois mille environ.

III

Aucun des commissaires de police désignés la veille pour surveiller le mouvement et assister au besoin l'autorité militaire n'avait reçu de nouvelles instructions. Ceux du Panthéon et de l'École de Médecine, voyant les préparatifs de trouble, empressés mais impuissants à les réprimer, cherchaient, avec une surprise inquiète, la force militaire absente. Également abandonnés à eux-mêmes, ceux de la Madeleine et de la place de la Concorde s'alarmaient déjà de quelque agitation voisine, quand la colonne des étudiants, annoncée au loin par la vibration des chants révolutionnaires, arriva, s'arrêta un moment sur le boulevard et reprit sa marche, en ordre, à pas mesurés, vers la place de la Concorde et la Chambre des députés.

Aussitôt les deux commissaires prennent leur parti. L'un, M. Martinet, court avertir le préfet de police, qui évidemment ignore ce qui se passe. L'autre, M. Lemoine-Tacherat, se précipite vers le pavillon de Montreuil, situé sur le quai, près du pont de la Concorde, et invite l'officier de garde à occuper immédiatement le pont, avec toutes les forces dont il pourra disposer, pour couvrir la Chambre des députés. Ces forces s'élevaient à trente-cinq hommes de garde municipale. Le lieutenant Berton, qui les commandait, en prend dix-sept, se met à leur tête, les range en ligne sur toute la largeur du pont, et met un tambour à la disposition du commissaire de police, pour les sommations. Ainsi un commissaire de police, un officier inférieur, dix-sept soldats, un tambour, telles sont les forces que la prévoyance du pouvoir sut opposer au principe du mouvement qui décida de la monarchie !

IV

Cependant la colonne avançait toujours, serrée, compacte, sans hâte, criant : *Vive la réforme ! A bas les ministres ! A bas Guizot !* A l'exception de quelques rares gardes nationaux, on ne voyait et il n'y avait point d'hommes armés. Aux approches du pont, le commissaire de police marche courageusement à la foule ; il essaye de la haranguer. Mais l'élan était pris ; l'impulsion, accumulée des derniers rangs sur les premiers, force tous les obstacles : le commissaire est refoulé ; les gardes municipaux disparaissent dans le débordement ; la colonne, lancée sur le pont, se jette contre les grilles du palais Bourbon, s'y entasse ; les plus pressés ou les plus hardis escaladent, occupent les marches du palais qui font face au pont ; une vingtaine pénètre jusque dans la salle des Pas-Perdus. Dans l'intérieur, comme au dehors, point de troupes : pour toute défense, quelques huissiers et gens de service, puis quelques gardes nationaux de la 7e légion, quelques députés venus par hasard, et les deux questeurs de la Chambre. L'étonnement d'une si grande audace et d'une résistance si nulle avait déjà paralysé l'élan des envahisseurs : il suffit de simples observations pour qu'ils se retirent. « Nous voulons bien nous en tenir à cette démonstration, » dit l'un d'eux en parlant à Leday, garçon de salle, « mais soyez tranquille ! nous reviendrons ; et vous aurez alors un gouvernement de la couleur de votre gilet. » Le gilet des garçons de salle était rouge ! Le nom de cet individu est resté ignoré, comme celui du premier instigateur de la colonne.

Déjà le palais était évacué, lorsque arrivèrent, par le quai d'Orsay et la rue de Lille, un détachement du 2ᵉ dragons et deux bataillons du 69ᵉ de ligne, prévenus par M. Martinet et par M. Noël, commissaire de service à la Chambre. Les abords du palais furent dégagés et le pont déblayé sans accident. Les dragons se rangèrent en bataille de l'autre côté du pont de la Concorde.

V

Pendant ce temps, le commissaire de police, M. Martinet, était parvenu à la préfecture, et racontait au préfet l'arrivée des étudiants à la Madeleine, leur marche vers le palais Bourbon, l'absence des troupes, l'invasion possible de la Chambre. M. Delessert écoutait, surpris et troublé, lorsque survient un des secrétaires de M. Duchâtel : — « La Chambre est envahie. Le ministère de l'intérieur est menacé du même sort ! Le ministre demande impérieusement des explications. » « Je le sais, » répond le préfet, « et je mets M. le commissaire à la disposition de M. le ministre. » Tous deux partent et arrivent dans le cabinet du ministre. La porte s'ouvre, et M. Duchâtel entre, précédé de deux huissiers, suivant l'étiquette des jours ordinaires. Dès qu'il aperçoit M. Martinet : « Eh bien ! » s'écrie-t-il avec colère, « à quoi songez-vous donc? La Chambre est envahie. Je vais être envahi tout à l'heure et je suis sans défense. » M. Martinet raconte les faits ; le ministre étonné s'apaise, approuve, invite le commissaire à regagner son poste, et lui recommande d'agir avec modération et fermeté. Ordre contradictoire d'un esprit préoccupé, qui jetait le commissaire dans la perplexité et le doute.

VI

Aux Tuileries, le roi, debout à l'une des fenêtres de son cabinet, un binocle sur les yeux, cherchait à se rendre compte du mouvement inusité qu'il apercevait autour du palais Bourbon. M. Horace Vernet, mandé pour une mission, se tenait auprès de lui. Le roi vit les dragons s'avancer et dégager les abords et le pont. Il sonna et fit appeler l'un de ses aides de camp, le général Dumas. « Qu'est cela ? » dit-il. « Sire, c'est une troupe de gamins qui ont escaladé les grilles et le péristyle de la Chambre : on les chasse. » A ce moment, l'air de la *Marseillaise* retentit dans les rues voisines, et, dans le jardin même des Tuileries, le cri de « *Vive la réforme!* » Le général Dumas avertit le roi qu'il avait donné l'ordre de faire évacuer le jardin et de fermer les grilles. Indifférent en apparence, le sourire sur les lèvres, le roi souffla tranquillement la poudre répandue sur une feuille de papier, et, se tournant vers M. Horace Vernet : « Quand je voudrai, » dit-il, « cela se dispersera comme ceci. »

Tel fut l'étrange début de cette étrange lutte. Roi, ministres, préfet de police, ne savaient rien, ne voyaient rien, ne devinaient rien. La ville, partout abandonnée, pouvait être partout occupée sans résistance. La révolution commençait là où elle devait finir. Au premier comme au dernier pas de sa course, elle rencontrait des agents dévoués, mais sans ordres; des troupes courageuses, mais sans élan; un gouvernement se croyant certain du succès, pris au dépourvu, partout absent, disparu.

VII

A la même heure, MM. Odilon Barrot, Duvergier de Hauranne et Garnier-Pagès préparaient l'acte d'accusation des ministres. Plusieurs journalistes et députés étant survenus, on leur en donna lecture. Tous l'approuvèrent. Il était conçu en ces termes :

« Nous proposons de mettre le ministère en accusation, comme coupable :

» 1° D'avoir trahi au dehors l'honneur et les intérêts de la France;

» 2° D'avoir faussé les principes de la Constitution, violé les garanties de la liberté, et attenté aux droits des citoyens;

» 3° D'avoir, par une corruption systématique, tenté de substituer à la libre expression de l'opinion publique les calculs de l'intérêt privé, et de pervertir ainsi le gouvernement représentatif;

» 4° D'avoir trafiqué, dans un intérêt ministériel, des fonctions publiques, ainsi que de tous les attributs et priviléges du pouvoir;

» 5° D'avoir, dans le même intérêt, ruiné les finances de l'État, compromis ainsi les forces et la grandeur nationales;

» 6° D'avoir violemment dépouillé les citoyens d'un droit inhérent à toute Constitution libre, et dont l'exercice leur avait été garanti par la Charte, par la loi et par les précédents;

» 7° D'avoir enfin, par une politique ouvertement contre-révolutionnaire, remis en question toutes les conquêtes de nos deux révolutions, et jeté dans le pays une perturbation profonde. »

Cet acte d'accusation serait-il signé par l'Opposition tout entière ou par quelques députés seulement? Scrupule de conscience ou calcul de timidité, les uns objectaient qu'il n'était pas convenable de se porter à la fois accusateurs et juges, et que, dès lors, une ou deux signatures suffisaient. Les autres, et parmi eux MM. de Malleville et Bureaux de Puzy, répondaient : « L'accusation est un acte sérieux, solennel; le véritable juge est le pays et non la Chambre : et l'Opposition en masse doit y prendre part. Quoi de plus absurde, en effet, et de plus ridicule, que de poursuivre la condamnation du ministère devant une majorité acquise par son origine, compromise par ses votes? L'acte d'accusation n'est qu'un jeu indigne, une hypocrisie de satisfaction à l'opinion publique, si l'on essaye d'y voir autre chose qu'un instrument d'agitation politique; complément formidable des banquets et de la pétition réformiste, il doit, comme eux, susciter l'opinion du pays en faveur de la réforme et contre le gouvernement personnel, ou bien il n'est rien. »

Cette dernière opinion ayant prévalu, l'ordre fut sur-le-champ porté au *Siècle* d'imprimer l'acte; de le tirer à plusieurs milliers d'exemplaires; de le répandre dans les rangs de la garde nationale; de recueillir partout des adhésions. Les députés présents joignirent leurs signatures aux blancs seings de la veille : à l'ouverture de la séance, on en comptait cinquante-trois. Le plus grand nombre persista; quelques-uns seulement hésitèrent; l'un d'eux effaça sa signature le lendemain. La révolution faite, cette défaillance fut oubliée de tout le monde et d'eux-mêmes.

VIII

Après l'invasion de la Chambre, la colonne des étudiants s'était dispersée de plusieurs côtés.

Une partie se porta vers la Madeleine et chez M. O. Barrot, rue de la Ferme-des-Mathurins. C'était le moment où les députés rédigeaient et signaient l'acte d'accusation. Des jeunes gens se présentèrent sous les fenêtres au nom de la foule, dont on entendait les clameurs confuses; ils demandaient aux députés de descendre dans la rue avec eux, à leur tête. Ils étaient fort animés; on eut de la peine à les calmer. Cependant M. O. Barrot leur représenta que l'Opposition avait dû renoncer au banquet, pour ne pas assumer la responsabilité d'une collision inévitablement sanglante; qu'elle ne voulait et ne devait recourir qu'aux voies légales; qu'elle était réunie précisément dans le but de venger le bon droit et l'opinion publique; et il leur fit connaître l'acte d'accusation. Les délégués se retirèrent, satisfaits de ces explications; et la foule s'éloigna, chantant la *Marseillaise* et criant : *Vive la réforme!*

Sur la place de la Concorde, la plus grande partie de la colonne, refoulée par les dragons, rompue et semée en groupes à quelque distance, ne tarda pas à se rapprocher. Apercevant une masse de cailloux amoncelés près du poste de Montreuil, les plus hardis s'y précipitent ; les gardes municipaux devinent leur intention et s'élancent à leur rencontre. Alors les assaillants fondent, avec leurs projectiles, sur les soldats en armes, les culbutent, les forcent de plier et de se renfermer dans le poste avec le commissaire de police, M. Lemoine-Tacherat ; puis ils reculent, à leur tour, devant un détachement de 100 gardes municipaux, soutenu de troupes d'infanterie et de cavalerie, envoyé à la hâte au secours du poste. Mais ils ne reculent que pour revenir à la charge. Armés de pierres, de morceaux de bois, de tous les débris qui tombent sous leurs mains, ils ouvrent partout l'escarmouche. La garde municipale répond aux attaques par des charges et par de fortes patrouilles ; elle s'efforce de déblayer la place. Modérée d'abord et ne voulant faire usage de ses armes qu'à la dernière extrémité, à la fin cependant elle s'irrite : l'énergie de la répression croît avec l'énergie de l'attaque ; blessés par des cailloux, les soldats chargent, renversent et foulent aux pieds les premiers qu'ils rencontrent. Il s'y trouvait une femme : on la relève meurtrie, demi-morte, et on la porte à l'hôpital. Malheur inévitable en de telles rencontres ! Mais la foule, déjà bouillante de passion, s'en exaspère ; elle dispute le terrain pied à pied, cédant à la force, reparaissant sur le pas des patrouilles ou des charges repliées, obstinée, intrépide, criant en face des baïonnettes, sous les pieds des chevaux : « *Vive la réforme ! A bas Guizot !* »

IX

Sur la place de la Madeleine, entre la maison de M. O. Barrot et le café Durand, local ordinaire des grandes réunions de l'Opposition, la foule grossissait rapidement. C'était cette foule parisienne, au début plus curieuse qu'hostile, mais toujours redoutable, parce qu'elle couvre l'attaque et paralyse la répression. De minute en minute, on voyait arriver par les boulevards, par les rues, des groupes partis de tous les quartiers, et dont l'hostilité ne se dissimulait plus. Contre ce flot d'agresseurs probables, les commissaires de police n'avaient que la troupe du poste, force trop inégale. Sur leurs instances, on leur envoya 50 hommes de la garde municipale à cheval, conduits par le chef d'escadron Tisserand. C'était assez pour exciter l'agression, pas assez pour la contenir. Malgré les sommations, malgré les arrestations, malgré la fière attitude de ces vieux soldats, malgré les charges vigoureuses des hommes et des chevaux, la lutte s'engagea. Le peuple lançait des pierres; audacieux jusqu'à la folie, il s'attachait aux jambes des cavaliers pour les renverser; incessamment refoulé, il refluait incessamment.

Vers midi, l'agitation s'accrut de groupes animés déjà par les échauffourées de la place de la Concorde, et que les charges opiniâtres de la garde municipale en avaient rejetés; et toute cette foule, poussant des cris et des menaces contre M. Guizot, se dirigea vers le ministère des affaires étrangères.

A raison de l'impopularité du ministre, si quelque trouble éclatait, ce point était évidemment le plus menacé. Aussi le commissaire de police qui y était de service, M. Loyeux, avait-il, dès le matin, provoqué la sollicitude de M. Génie, chef du cabinet de M. Guizot. Mais le serviteur, écho de l'orgueil du maître, déclara qu'il n'y avait rien à craindre. Le ministre voisin, également impopulaire, M. Hébert, garde des sceaux, répondit, aux mêmes avertissements, qu'il ne redoutait rien de la journée, que la seule précaution qu'il consentît à prendre, c'était de tenir les portes fermées; et, malgré l'insistance réitérée du commissaire, il persista dans son aveugle détermination.

Quand la foule arriva devant l'hôtel de M. Guizot, il n'y avait pour toute force défensive qu'une trentaine de soldats de ligne, placés dans le jardin; un peloton de gardes municipaux à pied, sous les ordres d'un capitaine, M. Petit, et d'un lieutenant, M. Casier de Caumont; dans la cour des Archives, vingt-huit gardes à cheval, commandés par le lieutenant Gambon.

L'attaque s'annonça par des clameurs de haine, puis par les projectiles accoutumés. Souvenir injurieux de l'affaire Petit, des sous furent lancés dans les vitres, et atteignirent légèrement deux employés dans leurs bureaux. Dans la cour, des gardes municipaux reçurent des coups de pierre. Excitée par la haine, par ses cris, par sa propre fureur, la foule se rue sur la porte principale, cherchant à l'enfoncer par le poids accumulé des corps. La porte résiste; mais, ébranlée par la violence des coups, elle ne résistera pas longtemps. Alors les assiégés décident une attaque de flanc de la cavalerie, par la rue Neuve des Capucines. La porte des Archives s'ouvre; le maréchal des logis Lajonche s'élance le premier; la porte se referme sur lui. Assailli par un peuple furieux, il est accablé, et, malgré son courage, il va succomber au nombre, lorsque ses soldats accourent à son secours et parviennent à le dégager. En même temps arrivent au pas de course des troupes demandées aux casernes voisines. M. Loyeux somme la foule; elle se retire à pas lents, et va porter plus loin la contagion de ses colères.

Les étudiants, en grand nombre, repassent les ponts. Ils cherchent à soulever la rive gauche comme ils ont fait de la droite; divisés en deux colonnes, ils circulent dans le onzième arrondissement et dans le douzième; vers deux heures, on les voit se diriger sur l'École polytechnique. Ils essayent d'obtenir ou de déterminer la sortie des élèves. La garde municipale les repousse; ils résistent faiblement, et, soit fatigue, soit isolement, ils se dispersent enfin.

X

Jusqu'à ce moment, aucune tentative de barricade n'avait eu lieu. Mais, vers deux heures, un groupe de peuple, rejeté par la garde municipale de la place de la Concorde dans les rues Royale et de Rivoli, se précipite sur les grilles qui défendent, du côté de la place, les approches du ministère de la Marine. En un instant, par un de ces suprêmes efforts de muscles dont l'ouvrier parisien connaît seul le secret, trois travées de ces grilles sont descellées. Chaque barre de fer est à la fois une arme et un levier. Les pavés déchaussés sont brisés, lancés sur la troupe et contre les fenêtres du ministère. Quelques soldats sont blessés; dans une des salles du rez-de-chaussée, M. d'Urbec est atteint.

Poussé de front par les soldats, le peuple reçoit par derrière l'attaque d'une troupe d'agents de police en bourgeois, qui blessent plusieurs hommes et une femme. Il s'exaspère : cent bras soulèvent les pavés, les entassent à l'angle formé par les rues de Rivoli et Saint-Florentin, renversent une voiture, et donnent le signal des barricades. Une nouvelle charge de garde municipale arrête cette première tentative.

Le peuple alors se replie, par la rue de Rivoli. Voyant que la poursuite se ralentit, il fait halte, à la hauteur de la grande porte du ministère des finances, et il y commence une seconde barricade. Refoulé encore, il se jette dans les rues voisines. Rue Duphot, rue Saint-Honoré, au marché des Jacobins, les tentatives se renouvellent. Se repliant toujours vers le centre de la ville, par calcul ou par instinct de guerre, il dépave successivement les rues, et marque ce long parcours comme d'une traînée de barricades commencées. Il arrive enfin dans le camp retranché de l'émeute, dans ces quartiers inextricables qui entourent les halles, et il y élève ses fortifications de pavés, qu'il n'essaye pourtant pas encore de défendre !

XI

De l'autre côté de la place de la Concorde, les dragons gardaient le pont ; le peuple criait : *Vive les dragons !* Dans les Champs-Élysées, la garde municipale, toujours aux prises avec une foule de plus en plus considérable, soutenait courageusement une lutte de plus en plus inégale. Les arbres, les chaises amoncelées et incendiées, les voitures renversées, formaient comme un éparpillement de redoutes, moyens de défense et d'attaque à la fois pour les assaillants. Débusqués par les charges, dès que la troupe s'était repliée, ils refluaient plus animés, plus menaçants, plus agressifs. Les soldats de ligne ayant évacué, par ordre de leurs chefs, un faible poste situé au débouché de la rue Matignon, vingt-cinq gardes municipaux, poursuivis par une foule supérieure, accablés de pierres, quelques-uns blessés, s'y réfugient sous les ordres du lieutenant Doulmet. Les assaillants, enhardis par cette apparence de victoire, cernent le poste, découvrent dans un réduit voisin les outils des ouvriers employés aux Champs-Élysées, s'en forgent des armes de combat et de siége, dressent des échelles contre la porte, escaladent l'étage supérieur, cherchent à effondrer le toit, accumulent des fagots contre la porte, y versent du goudron, et se préparent à y mettre le feu. Malgré le péril, les soldats ne pouvaient se décider à tirer à bout portant sur cette masse compacte; les chefs reculaient devant la responsabilité d'un premier carnage. Heureusement les assiégés furent bientôt secourus et délivrés par un piquet de gardes municipaux à cheval et par un détachement du 25° de ligne.

XII

En exposant les gardes municipaux presque seuls aux premiers coups de la sédition, le pouvoir avait commis une faute grave. Ce corps était, de la part du peuple de Paris, l'objet d'une haine traditionnelle. Malgré le changement des noms, l'ouvrier voyait toujours en eux ces gendarmes de la Restauration dont on lui avait appris les violences, les brutalités, la barbarie vraie ou supposée. Il les accusait d'imiter leurs devanciers, de frapper sans pitié des femmes, des enfants, de les fouler aux pieds de leurs chevaux, d'abuser de leurs armes contre une foule désarmée, de maltraiter les prisonniers, de les meurtrir de coups, d'exercer de préférence leur rage sur les personnes les plus inoffensives. Reproche faux et vrai tout à la fois, car, dans une foule curieuse et hostile, la répression, ne pouvant choisir, saisit les premiers qui tombent sous sa main, c'est-à-dire ceux qui, n'ayant point provoqué le danger, songent le moins à l'éviter.

Ces vieux soldats, de leur côté, s'irritaient des attaques et des accusations. Assaillis, contusionnés, blessés par les projectiles populaires, dociles, attentifs même à ne point faire usage de leurs armes, ne répondant aux coups de pierre que par des coups de crosse et de plat de sabre, et par des charges de cavalerie, ils se révoltaient de voir ainsi méconnus et outragés des ménagements qu'ils commençaient à trouver excessifs. Leur haine s'allumait au feu de celle qu'ils inspiraient.

De cette mutuelle animadversion allait sortir une lutte pleine d'âpreté, d'acharnement, et souillée à la fin de quelques traits féroces.

Enfin, comme le peuple, aux prises avec la garde municipale, n'avait pas encore essayé la répression des troupes de ligne, chaque fois qu'il les apercevait, par jeu de haine et par politique, il criait aussitôt : *Vive la ligne! A bas la garde municipale!* et il s'établissait ainsi entre les troupes, dès le début, une distinction qui surexcitait les fureurs jalouses des municipaux, en même temps qu'elle amortissait la rigueur du soldat.

XIII

Quand l'heure de la séance de la Chambre fut venue, les places de la Madeleine et de la Concorde offrirent un spectacle significatif. Les députés de l'Opposition, reconnus de la foule, en étaient entourés, applaudis ; les plus ardents, avec enthousiasme ; mille voix les encourageaient à la lutte, les adjuraient de défendre les droits du peuple ; mille mains serraient les leurs et les portaient jusque sous les pieds des chevaux rangés devant le pont. Les cris de *Vive les députés de l'Opposition !* retentissaient comme un refrain de défi au milieu des strophes de la *Marseillaise*. Et ce n'était pas sur le peuple seulement que s'exerçait cet ascendant moral de l'Opposition. Comme un régiment débouchait du quai des Invalides, devant le palais Bourbon, la musique en tête, jouant des airs de fête, M. de Courtais s'avança vers le colonel, et lui représenta l'inconvenance de cette musique. La musique cessa.

Les députés ministériels, au contraire, passaient en silence, évitant d'être reconnus. Aucun ne fut maltraité ; quelques-uns recueillirent des marques de leur impopularité.

L'ordre du jour était celui de la veille : la prorogation du privilége de la Banque de Bordeaux. C'était le même aspect : sur les bancs de l'Opposition, le même vide, la même inquiétude irritée ; sur les autres, les mêmes orateurs ou à peu près ; le même sourire sur les lèvres de M. Guizot.

En entrant, M. O. Barrot dépose l'acte d'accusation. Le président fait appeler M. Guizot. M. Guizot regarde, lit, et rend le papier à M. Sauzet, avec un geste de mépris.

Cependant, vers quatre heures et demie, le président levait rapidement la séance et disparaissait. M. O. Barrot l'arrête et le prie d'annoncer à la Chambre le dépôt qu'il vient de faire. M. Sauzet objecte le règlement; il déclare que la proposition sera lue le jeudi suivant, non devant la Chambre, mais dans les bureaux; et il sort.

Des événements qui se passaient dans Paris, à la porte même de l'Assemblée, pas un mot! L'Opposition, comme le ministère, affectait sur ce point délicat une réserve cérémonieuse. C'est la faiblesse des Assemblées de jouer l'indifférence devant le public, lorsque, de l'autre côté de la porte, elles sont en proie à la colère ou à la peur.

A la Chambre des pairs, il y eut un incident. M. de Boissy déposa une proposition par laquelle il invitait la pairie à s'interposer comme conciliatrice. Il demandait en outre l'autorisation d'interpeller le ministère sur la situation de Paris. Cette proposition, appuyée par MM. d'Alton-Shée, Turgot et Boissy d'Anglas, fut repoussée par la noble Chambre, qui affecta de discuter quelques rapports de pétitions. Alors M. de Boissy, qui avait le privilége de parler de tout à propos de tout, prit la parole : « Songez-y, messieurs, » dit-il, « en ce moment la capitale est en grand danger. » Interrompu deux fois, il répéta deux fois sa phrase. Mais enfin, rappelé à l'ordre, il ne put continuer. Il était trois heures : les pairs se retirèrent paisiblement, convaincus que M. de Boissy était fou, qu'eux seuls étaient sages.

A ce moment, trois députés de Paris, MM. Carnot, Vavin et Taillandier, ayant pris l'avis de plusieurs membres de l'Opposition, se rendirent chez le préfet de la Seine. Introduits auprès de ce magistrat, ils lui exprimèrent la douloureuse surprise qu'éprouvait la population de ne pas voir convoquer la garde nationale. M. de Rambuteau répondit qu'il ignorait les événements, que les agitations politiques n'étaient point de son ressort, que le droit de convoquer la garde nationale appartenait aux ministres seuls, et que, pour lui, il n'y pouvait rien. L'aigreur de cette réponse frappa les interlocuteurs de M. de Rambuteau. Comme il était renommé, et justement, pour sa courtoisie, ils jugèrent qu'il n'avait été consulté sur rien, qu'il n'avait reçu aucun ordre, que ses avis étaient dédaignés. Premier magistrat de la cité, il était, en effet, profondément blessé de la nullité de son rôle en présence d'un tel conflit.

XIV

Cependant l'agitation devenait de plus en plus menaçante. On voyait successivement apparaître tous les signes précurseurs des journées révolutionnaires. Aux premiers attroupements de la matinée, avaient succédé les promenades en colonnes; après les promenades, les projectiles; puis les essais de barricades; maintenant le peuple se portait chez les armuriers. La première tentative fut faite à une heure, quai de la Mégisserie et quai de Gèvres, par un groupe refoulé de la place de la Concorde. Plus tard, entre deux et trois heures, le peuple, muni de barres de fer arrachées aux grilles du ministère de la Marine, de l'Assomption et de Saint-

Roch, se présentait rue de la Ville-l'Évêque, n° 5. Le commissaire du quartier accourt : les armes avaient disparu. A la même heure, elles sont enlevées chez Prélat, rue Saint-Honoré, 343, pour défendre une barricade dressée dans le voisinage. A trois heures et demie, tentative inutile chez Brun, rue du Roule, 19; elle est renouvelée à sept heures. Vers quatre heures et demie, M. André, boulevard Saint-Martin, voyant arriver les groupes, court à la mairie chercher du renfort; quand il revint, son magasin était vide. On entrait au même instant chez Devismes; mais il avait eu la précaution de cacher ses fusils : on ne prit point d'autres armes. M. Lepage-Moutier, armurier du roi, rue Richelieu, en face du Théâtre-Français, avait fermé son magasin; les volets, revêtus d'épaisses lames de fer, semblaient braver le pillage. Vers trois heures, une colonne armée de barres de fer, d'épées, de sabres, de bâtons, débouche de la rue Saint-Honoré; elle demande que les armes lui soient livrées. Point de réponse. La devanture, immédiatement attaquée, résiste. Furieux, les assaillants arrêtent un omnibus, en détellent les chevaux. Le timon leur sert de bélier. Le fer des volets cède. Tout secours est absent; le poste voisin, du Palais-Royal, ne compte que vingt hommes; la résistance est vaine : quelques armes sont livrées.

Avec les armes, le peuple demande de la poudre; il en cherche. Mais on touchait à l'époque de la clôture de la chasse; les approvisionnements étaient épuisés; et le pouvoir, soigneux des petites précautions quand il négligeait les plus grandes, avait fait reprendre le peu de poudre qui restait chez les débitants.

XV

Ce qui frappe le plus dans cette série de faits, c'est l'absence de toute initiative et de direction gouvernementale. Le pouvoir n'a rien prévu ; il ne pourvoit à rien. Tout semble abandonné aux agents inférieurs, à la bravoure des troupes qu'amène le hasard ou quelque réquisition subalterne. A la Madeleine, c'est un commissaire de police qui convoque des renforts suffisants pour que le poste ordinaire ne soit pas enlevé ; au ministère des affaires étrangères, c'est un commissaire de police qui appelle le secours urgent des troupes voisines ; c'est un commissaire de police qui couvre la Chambre des députés ; les troupes qui dégagent le palais accourent sur la demande d'un commissaire de police.

Puis, quand le danger devient sérieux, aucune décision, aucun ensemble. Les troupes arrivent sur les points attaqués, isolément, longtemps après l'attaque. C'est à onze heures et demie seulement que le colonel Besançon, du 5ᵉ léger, reçoit l'ordre de marcher sur le palais Bourbon ; il place un bataillon dans les cours, range les deux autres entre la Chambre et le pont. Le colonel Chambon, du 34ᵉ de ligne, part de l'École militaire à onze heures avec le général Tallandier ; il arrive quelques instants après sur l'esplanade des Invalides, et n'est mandé à la Chambre que dans le courant de la journée. Le corps de garde de l'allée des Veuves est incendié : le colonel Drouet, du 25ᵉ de ligne, y marche, voit l'édifice brûlé, balaye la grande avenue des Champs-Élysées, et réussit, non sans peine, à prévenir l'incendie du poste de la rue de Ponthieu. Les premières barricades sont essayées, vers deux heures, devant les ministères de la marine et des finances : plus d'une heure s'écoule avant que le colonel Lelouterel, du 24ᵉ de ligne, caserné rue de Rivoli, à trois cents pas de ces deux points si importants, reçoive l'ordre de les couvrir. Le peuple pousse l'audace et le courage jusqu'à élever une barricade dans la rue de Rivoli, contre le palais même des Tuileries. Pour réprimer cet excès d'offense, on ne trouve que le bataillon de service à l'État-major de la garde nationale; on le porte en hâte sur le point menacé; l'État-major reste sans défense, impuissant à disperser les groupes qui viennent sur la place même du Carrousel, contre les grilles de la demeure royale, pousser le cri de *Vive la réforme!*

Pour la garde nationale, nul n'y songe ou ne veut la convoquer. A trois heures, les officiers d'état-major, congédiés le matin, ne sont point rappelés. Les chefs prêtent l'oreille aux nouvelles qui arrivent; nul ne conseille d'agir; le danger personnel donne seul l'impulsion. Dès que l'État-major, dégarni de troupes, est exposé, le général Carbonel, accompagné d'un officier, M. de Brayer, se rend chez le général Sébastiani. Il demande des renforts. Le général manifeste une surprise sincère : des bruits vagues sont venus jusqu'à lui, rien de plus. Il est plus que temps d'agir; des ordres rapidement donnés, rapidement exécutés, préviendront à coup sûr de prochains périls : au lieu de les donner, le général en demande aux ministres. Enfin, vers quatre heures, lorsque la situation devient alarmante, on décide que Paris sera occupé militairement. Des aides de camp, des estafettes, courent dans toutes les directions; les généraux, les chefs de corps, et les colonels de la garde nationale, reçoivent l'ordre de marcher; l'infanterie, la cavalerie, l'artillerie, sillonnent la ville. A neuf heures, tous les points stratégiques sont occupés.

XVI.

Ces points étaient depuis longtemps désignés. Chaque chef de corps connaissait d'avance son poste de combat, par le plan dont nous avons déjà parlé et par les instructions conformes, dont la dernière remontait au 1er juillet 1839. Il est facile d'en saisir l'ensemble et les détails.

La Seine traverse Paris dans toute sa longueur. Sur chacune des rives du fleuve s'étend une ligne de quais, largement ouverte, aujourd'hui continue. Si du milieu du fleuve on regarde la rive droite au nord, on aperçoit un grand arc de cercle, un peu irrégulier, dont les boulevards forment la courbe; le quai, la corde; la place de la Concorde et celle de la Bastille, les deux extrémités. Sur cette double ligne, qui enserre le cœur de Paris, on trouve cinq points stratégiques, savoir : en remontant le quai de l'ouest à l'est, la place de la Concorde, le Carrousel, l'Hôtel de ville; en remontant les boulevards du même point et dans la même direction, la chaussée qui réunit les portes Saint-Denis et Saint-Martin, et enfin la place de la Bastille. Dans l'intérieur de l'arc, deux points stratégiques relient les cinq autres : ils sont établis à la place des Victoires et au marché des Innocents, à partir de l'église Saint-Eustache. Au delà des boulevards, les faubourgs : six grandes artères, les rues du Faubourg Montmartre, du Faubourg Poissonnière, du Faubourg Saint-Denis, du Faubourg Saint-Martin, du Faubourg du Temple et du Faubourg Saint-Antoine, en ouvrent l'accès aux troupes placées sur les boulevards et dans les forts extérieurs. Du haut du faubourg Saint-Martin à la place de la Bastille, les faubourgs sont traversés par une large voie diagonale, dirigée du sud au nord-ouest : les deux quais du canal Saint-Martin.

La rive gauche, moins considérable, ne compte que quatre points stratégiques, qui sont, en remontant le cours de la Seine : l'École militaire, réserve de l'artillerie ; l'esplanade des Invalides, réserve des troupes ; la préfecture de police, au milieu du fleuve ; au sud et sur le point le plus élevé de la capitale, le Panthéon, sorte de camp retranché avec trois avant-postes : la place Maubert, le carrefour de l'Odéon et la place Saint-Sulpice.

Des casernes et des corps de garde crénelés, distribués suivant les règles de l'art, dominent les points de communication et de concentration. Les fortifications extérieures complètent ce formidable ensemble.

Maintenant, animez de la pensée ce vaste réseau ; occupez par des troupes dévouées, résolues, la double ligne des quais et des boulevards ; reliez, par de forts détachements, toutes ces positions, à la fois offensives et défensives ; maintenez les communications par de fortes patrouilles : vous ne comprendrez plus qu'une tentative d'insurrection dans Paris ne soit pas écrasée sur l'heure ; vous ne comprendrez plus qu'il se rencontre un cœur assez audacieux pour la rêver. Aussi telle était la foi profonde de Charles X en 1830, de Louis-Philippe en 1848. Convaincus qu'ils maîtrisaient Paris, ils dédaignèrent tous les conseils de la sagesse. On connaît la suite.

XVII

C'est qu'il n'y a point de conception militaire dont la valeur soit absolue. Ce fameux plan stratégique, fruit des méditations des hommes de guerre les plus illustres, a un côté faible que le simple bon sens découvre, que l'expérience a démontré. Souverainement efficace contre une émeute, même formidable, il est impuissant contre une révolution. Qu'une conspiration éclate, qu'une faction descende en armes dans les rues; si le gouvernement dispose d'une armée suffisamment nombreuse et dévouée, si la garde nationale se lève pour le défendre, l'insurrection, garrottée dans ce réseau de forces vives, tardera peu à être étouffée. Que si elle est assez puissante pour résister quelque temps, la garde nationale et l'armée, soutenues l'une par l'autre, conserveront l'ascendant moral, et la victoire ne leur fera point défaut. Mais si, au contraire, la population de Paris est hostile au gouvernement, si la garde nationale, au lieu de marcher pour lui, marche contre lui, si par indifférence elle reste dans ses foyers, le plan est impraticable. Alors, en effet, les troupes disséminées sur la vaste étendue de la ville sont bientôt cernées, coupées, isolées les unes des autres par des barricades innombrables que garnissent des défenseurs intrépides; les nouvelles, les secours, les approvisionnements, les ordres, n'arrivent plus; l'initiative des commandants secondaires s'émousse, le sentiment de la responsabilité les accable; l'hésitation descend dans l'âme des soldats, ils perdent l'élan, ne se battent plus pour la victoire, mais pour le drapeau, plus pour le gouvernement, mais pour le salut : et si le salut est incompatible avec l'honneur du drapeau, ils sont facilement amenés à cesser le feu.

La guerre dans Paris est donc une question de politique beaucoup plus qu'une question de stratégie : l'état de Paris doit décider s'il est mieux de disséminer les troupes ou de les concentrer. Et autant c'est une faute grave de laisser croître, par le retrait conjuré des troupes, une insurrection que l'on aurait pu réprimer à son début, autant c'est un acte insensé d'éparpiller ses forces sur un espace qu'elles n'ont point la puissance d'embrasser et d'étreindre.

XVIII

Or, au mois de février 1848, le gouvernement ne devait pas compter sur la garde nationale. Malgré les assertions du général Jacqueminot, il n'y comptait pas, puisque, sous le coup même du péril, il répugnait à la convoquer.

Quant à l'armée, le nombre des troupes de ligne s'élevait à quarante-trois bataillons (21 500 hommes); la cavalerie donnait trente-huit escadrons (4 850 chevaux); il y avait deux régiments d'artillerie, trois compagnies du génie, trois compagnies du train des équipages et des ouvriers d'administration; en outre, la garde municipale, un bataillon de sapeurs-pompiers et les compagnies de sous-officiers vétérans. En tout, 37 797 hommes, 7 154 chevaux. Ces forces obéissaient à une double direction : l'armée, au général Sébastiani; la garde nationale, au général Jacqueminot. Comme aucun d'eux n'était capable de la direction supérieure, tous deux la désiraient ; et cette division du commandement, toujours si dangereuse, s'aggravait, par cela même, d'une rivalité d'autant plus ardente qu'elle était moins justifiée. On pensa que l'intervention du duc de Nemours suffirait à établir l'harmonie, et, par l'harmonie, l'unité. Sans lui donner le commandement en chef, on lui attribua une sorte de patronage supérieur qui tenait plus à son titre qu'à son grade. Ainsi, au lieu de simplifier le commandement, on le compliquait ; à la place d'un chef de guerre on mettait un arbitre. Et cet arbitre était un prince, c'est-à-dire un homme auprès duquel le zèle est toujours téméraire et la vérité toujours timide. Conception de Cour, ridicule et funeste, cette trinité de commandement n'était qu'une multiplication du désordre ! On ne tarda pas à le voir : mais alors il n'était plus temps.

XIX

Quoi qu'il en soit, voici comment les troupes se trouvaient distribuées dans Paris, le 22 au soir :

Place de la Concorde. — Les troupes qui occupent cette position avaient été d'abord placées sous les ordres de M. Delarue, général de brigade de la garde nationale. A dix heures du soir, il est remplacé par le général Carrelet. La cavalerie est commandée par le général Regnault de Saint-Jean d'Angely.

Place du Carrousel. — Les premières troupes arrivent entre cinq et six heures, les dernières à neuf heures. Le colonel Rébillot, chef de la première légion de gendarmerie, paraît à sept heures. Il n'a point reçu d'ordres ; mais, connaissant le danger, il ne les a pas attendus. Le duc de Nemours passe les troupes en revue, au cri de *Vive le Roi!* puis il les distribue autour du palais, et les place sous les ordres directs du général Prévost.

Place de l'Hôtel de ville. — Le général Tallandier commande des détachements de cavalerie et d'infanterie, et deux bataillons du 7e léger conduits par le colonel de Lussy-Pellissac. A neuf heures, le colonel Chambon, du 34e de ligne, lui amène son régiment et deux pièces d'artillerie. Il fait occuper par de fortes avant-gardes la place du Châtelet et les positions environnantes.

Place de la Bastille. — Le 74e de ligne y arrive le premier, conduit par son colonel, M. Baligand. Viennent ensuite des bataillons du 16e léger, du 23e et du 45e de ligne, plus quelques escadrons de cavalerie et deux pièces de canon. Le général Duhot commande ces forces. Le colonel Marchesan, du 16e léger, venu des forts de Rosny, Nogent et Charenton pour escorter une réserve de douze pièces d'artillerie, qui stationnaient à la barrière du Trône, s'avance vers la place de la Bastille par le faubourg Saint-Antoine. Ce faubourg est dominé par de forts détachements du 23e léger et du 30e de ligne, aux ordres du général Depouy, établi à la caserne Popincourt.

Portes Saint-Denis et Saint-Martin. — Un général de parlement, M. Garraube, occupe ce point si important avec deux bataillons du 45e et du 52e de ligne, un escadron de cavalerie et deux pièces de canon. La caserne voisine, la Nouvelle-France, avait été renforcée de deux bataillons du 29e de ligne. Les alentours de la position sont éclairés et couverts par de forts détachements.

Place des Victoires. — M. Friant, général de la garde nationale, y commande trois bataillons des 15e, 21e et 69e de ligne. Il envoie M. Horace Vernet, chef d'escadron, demander le secours d'un nouveau bataillon, qui lui est envoyé à dix heures du soir. Il couvre la Banque et la mairie du troisième arrondissement.

Pointe Saint-Eustache. — A cinq heures, le général Sainte-Aldegonde prend le commandement de ce poste avec le 1er léger, conduit de la caserne Poissonnière par son colonel, M. Sauvan. Dans la soirée et dans la nuit, il est successivement renforcé d'un bataillon du 69e de ligne, du 6e bataillon de chasseurs à pied, parti de Vincennes à huit heures du soir, et de deux pièces d'artillerie.

École militaire. — Les réserves d'infanterie, de cavalerie et d'artillerie stationnent sur ce point et sur l'esplanade des Invalides.

Préfecture de police. — Ce poste principal est tenu par plusieurs détachements de garde municipale et par un bataillon de chasseurs de Vincennes aux ordres du commandant Lambert Rollin. De forts détachements gardent les quais et les têtes de ponts. Dès le matin, les sergents de ville ont quitté leurs uniformes ; avec les agents de toute espèce, également en habits bourgeois, ils se tiennent à la disposition du préfet.

Panthéon. — La position est d'abord commandée par un simple colonel, M. Buisson, du 55e de ligne. Outre son régiment, il a un bataillon du 16e léger et un détachement du 7e cuirassiers. Conformément aux instructions qu'on connaît, il occupe par des détachements les positions avancées des places Maubert, Saint-Sulpice, de l'Odéon, du carrefour de l'Odéon et du pont Saint-Michel.

Chacun de ces commandants avait en outre à sa disposition : des piquets de cavalerie légère, pour la correspondance ; des commissaires de police et des escouades de garde municipale, pour les sommations et les arrestations.

Le général Perrot était commandant de place. Enfin, le général Trézel, ministre de la guerre, dépourvu de tout commandement dans Paris, avait mission de convoquer les troupes cantonnées dans les garnisons voisines.

XX

Nous n'avons négligé aucune recherche, aucune démarche, aucune investigation, afin de reproduire avec une rigoureuse exactitude cette distribution de troupes. Elle donne la preuve du désordre qui présidait au début de la lutte. On y voit, en effet, que l'ensemble des mesures stratégiques, si savamment conçues et arrêtées, est déjà rompu. Obéissant à des réquisitions diverses, marchant au commandement de la nécessité, les troupes flottent entre toutes les positions. Quand un ordre de marche arrive sur un point, les soldats n'y sont plus : on les cherche, et ils cherchent eux-mêmes leurs postes. Les bataillons d'un même régiment sont séparés : des bataillons étrangers les uns aux autres se trouvent réunis ; des compagnies même sont fractionnées. De là, dans la transmission des ordres, une suite d'irrégularités et de malentendus ; dans la distribution des vivres, des fourrages et des munitions, une série de lenteurs, de lacunes également fatales. De là aussi, pour les troupes, un peu d'étonnement, d'hésitation, des mouvements inutiles, de la force et du temps perdus. Que cette anarchie continue quelque temps encore, le désordre moral ne tardera pas à sortir du désordre matériel.

La netteté des ordres et la précision des mesures sont la condition fondamentale du succès à la guerre; mais elles sont bien plus nécessaires encore dans la guerre des rues. Sur un champ de bataille, le général en chef voit matériellement ses troupes; dans les rues, il ne voit que par la pensée. Là, si quelque faux mouvement se produit, il peut le rectifier à l'instant même; ici, n'étant averti que par des rapports qui ont cessé d'être exacts lorsqu'ils arrivent, il est contraint d'abandonner l'exécution au libre arbitre des commandants secondaires. Aussi plus le champ de l'imprévu est vaste, plus il est urgent d'entretenir la confiance des troupes dans leurs chefs, et celle des chefs secondaires dans la direction supérieure. Si cette direction faiblit, si elle hésite, si les troupes ne la sentent pas vivre et agir, la confiance s'altère, les officiers regardent leur responsabilité, les troupes se démoralisent, tout est perdu.

XXI

Dans la garde nationale, anarchie plus grande encore! Le général Jacqueminot avait affirmé au roi et aux ministres que cette milice dévouée brûlait d'en finir, et que le premier coup de tambour amènerait cinquante mille hommes. Cependant il ne pouvait se décider à la convoquer. « Laissez-moi faire, » disait-il avec des éclats de voix; « je suis un vieux routier d'émeute : le moment opportun est celui où les gardes nationaux viennent eux-mêmes demander qu'on les convoque pour comprimer l'émeute. Ils vont venir : attendez encore. » A cinq heures, on ne voulut pas attendre plus longtemps. Le rappel fut battu dans tous les quartiers. Mais la garde nationale ne se leva point. Certaines légions ne fournirent pas plus de cent cinquante hommes ; la 1re et la 10e marquèrent seules quelque zèle. La place réservée aux gardes nationaux dans les positions stratégiques resta à peu près vide, à côté des troupes émues de cette absence inusitée.

Précédemment, un piquet de cent hommes avait été commandé dans chaque arrondissement. C'étaient des hommes de choix, triés parmi les moins suspects. Des figures inconnues s'y mêlèrent. Les maires, ne recevant aucun avis, renvoyèrent cette troupe et le reste des gardes nationaux, inutiles par leur petit nombre. Quelques instants après, à une heure du matin, l'ordre de les congédier arrivait des Tuileries.

XXII

Tels étaient donc l'état de Paris, l'esprit de la garde nationale, l'attitude de l'armée, la disposition des troupes dans la soirée du 22 février. On y peut aisément discerner les éléments de force et les causes de faiblesse.

A mesure que les troupes occupaient leurs positions, les assaillants cédaient le pas ; ils reculaient peu à peu jusque vers ce labyrinthe de rues, de ruelles, de passages, situé au centre de la ville, entre les points stratégiques de la place des Victoires, de la pointe Saint-

Eustache, de l'Hôtel de ville et de la porte Saint-Denis. L'agitation suscitait les faubourgs pour les combats du lendemain; mais on n'y voyait encore aucune tentative de barricade.

L'autre partie des insurgés, que les charges répétées de la garde municipale, sur la place de la Concorde, avaient coupée en deux, refluait vers les barrières occidentales. La barrière de l'Étoile fut la première envahie. Vers six heures, plusieurs centaines d'hommes s'y portent avec impétuosité, la brisent et mettent le feu à l'un des pavillons. A l'aspect du 14ᵉ et du 15ᵉ de ligne, qui arrivent en hâte de Courbevoie et de Saint-Cloud, par l'avenue de Neuilly, ils font retentir le cri de « *Vive la ligne!* » quittent la place, courent à la barrière du Roule, la dévastent, incendient ensuite la barrière de Courcelles et coupent les fils du télégraphe électrique qui, du ministère de l'intérieur, va, par le mur d'octroi, aux chemins de fer de Rouen, du Nord et de l'Est.

Une pluie lente, épaisse, mélancolique, assombrissait la ville. La nuit tomba. Le tumulte, croissant dans l'ombre, préludait à des attaques plus téméraires, à une résistance bientôt sanglante. Il est certain que les premiers coups de fusil partirent du peuple, mais le premier sang fut versé par les soldats. Ce fut à sept heures et demie, auprès de la barrière Monceaux. Les groupes qui venaient des barrières voisines, ayant pris des armes chez un armurier du boulevard extérieur de Monceaux, à Batignolles, se présentent devant le poste défendu par une escouade de gendarmerie départementale et par un piquet de garde nationale de la banlieue. Malgré les courageux efforts du maire et des adjoints, la lutte s'engage. Le peuple tire sur les soldats : couverts par les murs, aucun d'eux n'est blessé. Ils ripostent par un feu de peloton : quatre insurgés tombent, morts ou blessés. A onze heures, les autres reviennent à la charge ; deux compagnies du 29º de ligne accourent et les repoussent ; ils se dispersent.

Au centre de Paris, le peuple brise les réverbères et les lanternes du gaz. Les boutiques sont fermées ; aucune lumière n'en sort. L'obscurité est complète ; elle couvre l'invasion des magasins d'armes et facilite les barricades. Rue Mauconseil, une troupe nombreuse et armée attaque le poste, gardé par un piquet du 23º de ligne ; deux coups de feu sont tirés sur les soldats, qui ont à peine le temps de rentrer et de barricader leur porte. Mais les coups de feu ont averti une patrouille du 69º, qui survient et les dégage. Dans le quartier Montorgueil et du Petit-Carreau, les barricades, dressées d'abord, puis abandonnées, commencent à se remplir d'hommes en armes. Vers neuf heures, un détachement de gardes municipaux, laissé dans la rue Bourg-l'Abbé pour protéger la maison des frères Lepage, commerçants et dépositaires d'une grande quantité d'armes, est vigoureusement assailli. Il se défend avec une égale vigueur, riposte au feu par le feu ; mais, trop faible devant des forces supérieures, il est obligé de battre en retraite jusque dans l'intérieur de la maison. M. Lepage court à la préfecture de police demander un renfort, qui est envoyé sous les ordres du lieutenant Bouvier.

Entre dix et onze heures, le général Garraube, averti que les barricades se rapprochent de ses cantonnements, détache, par les rues Saint-Denis et Saint-Martin, deux compagnies du 52º, sous les ordres du lieutenant-colonel Puech. Cette troupe cerne la rue Grenétat, dont les barricades cèdent après une faible résistance. A quelques pas plus loin, vers l'encoignure des rues du Petit-Hurleur et Bourg-l'Abbé, une autre barricade est enlevée après un échange de coups de feu.

Dans ces diverses escarmouches, les insurgés avaient seuls éprouvé des pertes; la troupe n'avait pas perdu un homme. C'est que la nuit, en multipliant l'audace et le nombre des attaques, rendait les coups plus incertains. Du reste, entre la ligne et le peuple, la lutte n'avait pas encore ce caractère de fureur que lui impriment le sang et la mort. Mais un meurtre inutile, commis de sang-froid par un officier de la garde municipale, fit bientôt naître cette fureur mortelle. La barricade de la rue Grenétat était emportée, toute résistance avait cessé, lorsque apparut un jeune homme. Rien ne dénotait en lui la complicité ni l'hostilité; il était sans armes : l'officier le rencontre, et le frappe d'un coup d'épée en pleine poitrine. On relève ce malheureux, on le porte chez un pharmacien; puis au poste du Conservatoire des arts et métiers : il était mort. La nouvelle du meurtre se répand; la colère s'allume : elle éclatera bientôt, avec un caractère particulier d'acharnement, sur ce même point, contre la même troupe!

XXIII

Des fenêtres qui s'ouvrent sur le jardin des Tuileries, le roi avait vu par lui-même les scènes de la journée, comme celles du matin. Il pouvait voir, à cette heure, au fond de l'avenue des Champs-Élysées, la sinistre lueur de l'incendie des corps de garde et des chaises amoncelées, et, du côté du Carrousel, l'autre aspect de la guerre civile : les troupes campées ou en marche, le cliquetis des armes, les canons braqués. Rien ne l'avait ému, rien ne semblait le préoccuper.

La reine était pâle ; elle portait tour à tour sur ceux qui l'entouraient des regards inquiets, curieux ou attendris. Mieux éclairée par la tendresse que le roi par la politique, elle sentait le danger ; et, loin de fuir la vérité, elle avait assez de courage pour vouloir la connaître tout entière. Elle interrogea un chef de bataillon de la 7e légion, de service au château, qui dévoila tout avec franchise : l'irritation du peuple, l'indifférence de la bourgeoisie, la froideur hostile de la garde nationale, l'impopularité du ministère, la nécessité impérieuse de le changer. Frappée de ce qu'elle entendait, émue en même temps du ton respectueux et pénétré de son interlocuteur, la reine reporta tout au roi, et insista pour qu'il interrogeât lui-même le chef de bataillon. Rappelé aussitôt par un aide de camp, celui-ci reparut. A l'exception du duc de Nemours, toute la famille royale était présente ; on voyait autour d'elle M. Guizot, quelques autres ministres, des personnages de la Cour, des aides de camp du roi et des princes. Le roi demande au chef de bataillon son opinion sur les événements. « Je crois, » répond celui-ci, « que c'est un devoir de conscience de ne rien dissimuler au roi. Les gardes nationaux qui sont de service au château accompliront fidèlement leur mission, qui est de défendre la famille royale. Mais la garde nationale ne se joindra pas à la troupe pour se battre contre la population. »

Le roi avec affectation : « Vous dites que la garde nationale ne se battra pas?

— Oui, sire. »

La reine : « Mais qu'avons-nous fait à la nation? Mes enfants ne se sont-ils pas montrés dignes de l'affection des Français?

— Oui, madame! Mais ce n'est point à votre famille que l'on en veut, c'est uniquement à la politique du ministère. »

Le roi : « Vous dites donc qu'il n'y a qu'un moyen?...

— Je n'oserais...

— Parlez, je le désire, et au besoin je l'exige!

— Eh bien, sire, il faut changer votre ministère dès ce soir; demain il sera bien tard! »

Le roi fit un geste dubitatif et congédia le chef de bataillon, qui se retira convaincu que l'intelligence du roi était obscurcie, et qu'il ne comprendrait la situation qu'après l'avoir perdue.

XXIV

Le duc de Nemours ne quittait pas l'État-major. Il paraissait soucieux et absorbé. Les rapports de ses officiers semblaient éveiller plus ses inquiétudes que son énergie. Il répondait mollement. — La vie manquait au commandement comme la vigueur à l'action.

Dans la salle des officiers se tenaient les généraux Magnan, Hecquet, Prévost, Thierry, Perrot, le commandant Fiéreck, aide de camp du duc de Montpensier, et un certain nombre d'officiers d'état-major de la garde nationale et de l'armée. Il y avait dans les yeux plus de contemplation que de confiance.

A neuf heures, le duc et les ministres tinrent conseil. Par une coïncidence qui n'est point indigne de la curiosité de l'histoire, cette conférence avait lieu dans le même cabinet, le même jour de la semaine, à la même heure où, dix-huit années auparavant, les ministres de Charles X, MM. de Polignac et Peyronnet, avaient délibéré la guerre civile. Il y a des lieux funestes où aiment à se jouer les forces inconnues.

A dix heures, le général Trézel sortit avec le général Delarue, chef de la direction de l'Algérie au ministère de la guerre, pour aller voir par lui-même ce qui se passait aux Champs-Élysées. MM. Guizot et Duchâtel prolongèrent assez avant dans la soirée leur présence aux Tuileries.

Vers minuit et demi, on vit entrer le préfet de police; sa physionomie annonçait la sécurité, la satisfaction même. Il communiqua au duc ses renseignements de la journée : d'après ses agents, et dans son opinion, tout allait pour le mieux. — Le ministre de l'intérieur recevait en même temps, de la préfecture, un rapport détaillé dans le même sens.

A ne juger que les apparences, les assertions de M. Delessert étaient incontestables. Paris reposait; dans les rues désertes on n'entendait que le silence; çà et là seulement le pas grave et lourd des patrouilles; sur les places, le feu des bivouacs, flamme de joie sur les champs de bataille, flamme funèbre dans les villes.

Du côté de l'Opposition, même ignorance du lendemain. Emportés jusque-là par le mouvement de rapidité que l'agitation réformiste leur avait donné, les partis s'arrêtaient. Plus de réunions chez M. O. Barrot, quelques allées et venues de curieux seulement; des questions, des prédictions, des assertions contradictoires, des craintes, des désirs plutôt d'accommodement que de victoire; rien d'actif nulle part. De même dans les bureaux du *Siècle* et du *Constitutionnel;* un peu plus de chaleur au *National* et à *la Réforme*. On n'aurait pu constater nulle part une réelle volonté d'agir. L'idée ne vint sérieusement à personne de donner l'impulsion. Les rédacteurs et adhérents de *la Réforme* s'étant réunis, vers huit heures du soir, au Palais-Royal, tout se borna à des colloques insignifiants sur les événements de la journée, à un rendez-vous pour le lendemain au carré Saint-Martin. Après leurs efforts de la matinée, les jeunes meneurs des Écoles attendaient les résultats de leur initiative : ils se tenaient en permanence dans les bureaux de leurs journaux; actifs d'esprit, inactifs de corps, appelant l'occasion, le mot d'ordre, la direction, qui ne venaient pas. Enfin, le Comité central, qui s'était réuni chez M. Pagnerre, attendait, se confirmant dans la résolution, arrêtée la veille chez M. Perrée, d'acclamer la réforme dès que la garde nationale, convoquée, serait assemblée en armes.

XXV

Dans cette première journée, le peuple avait fait preuve d'audace, de témérité même; le pouvoir avait manifesté, par ses lenteurs, son irrésolution. Ni le roi ni les ministres n'avaient pu communiquer autour d'eux la confiance dont ils étaient plus aveuglés qu'animés. Les commandants secondaires doutaient du droit, et ils ne croyaient ni à l'énergie ni à la capacité de la direction. A une attaque vive, rapide, passionnée, ils voyaient qu'on n'avait su opposer qu'une défense incomplète, tardive et molle. Les troupes, fatiguées sans résultat, marchaient par devoir de discipline, non par conviction. Leur enthousiasme se refusait à un pouvoir sans dignité; leur sympathie, à des chefs sans vigueur. Leur haine aussi s'éveillait difficilement contre un peuple qui les accueillait avec des vivat : partout dans la ville elles se voyaient entourées et fêtées. Dans la rue Saint-Honoré, le soir, vers huit heures, un bataillon de ligne, passant au milieu de cette foule qui poussait des cris de mort contre la garde municipale, en avait reçu une véritable ovation. L'absence de la garde nationale préoccupait aussi le soldat. Il voyait avec étonnement la majeure partie de ceux qui étaient venus, hostile au pouvoir, ouvertement sympathique à la réforme. Pas un d'ailleurs n'avait été tué; et si, dans la garde municipale, il y avait eu quelques hommes contusionnés, blessés, aucun n'avait perdu la vie. Parmi le peuple, au contraire, il y avait eu des blessés, et cinq ou six morts. Cette situation achevait de refroidir le soldat. Aussi reçut-il avec joie la nouvelle que tout était fini, confirmée par l'ordre de rentrer dans les casernes. A ce moment, trois heures du matin sonnaient. Les troupes repliées ne laissaient dans les rues ni un péril visible ni une menace apparente. Le gouvernement restait maître de la ville. Il croyait l'être des événements.

CHAPITRE NEUVIÈME.

23 février : Le matin, les troupes reprennent leurs positions; le commandement est concentré en un seul point. — La lutte commence dans les rues étroites du cinquième arrondissement; carrefour de la rue Neuve-Bourg-l'Abbé; marché Saint-Martin; la place du Châtelet; barricades des rues Rambuteau et Beaubourg; rue des Filles-du-Calvaire. — La lutte s'étend. — Prise du poste de la rue Mauconseil. — Garde nationale : ses sentiments; ses manifestations diverses; 1re légion, injures aux députés de l'Opposition; 2e légion, échange avec la ligne du cri « *Vive la réforme!* » poussé jusque sous le château des Tuileries; 3e légion, croise la baïonnette contre les cuirassiers; 4e légion, porte à la Chambre des députés une pétition qui demande le renvoi du ministère et sa mise en accusation; un bataillon de la 10e lui barre le passage au pont de la Concorde; imminence d'un conflit; heureuse intervention des députés de l'Opposition; 5e légion, intervient entre le peuple et les gardes municipaux du faubourg Saint-Martin, qu'elle fait rentrer dans leur caserne; 6e légion, engagée de sympathie ou d'action dans le mouvement réformiste; 7e légion; un garde national est tué en s'interposant entre le peuple et la troupe; démarche des officiers auprès du préfet de la Seine; 8e légion, les gardes nationaux du parti de l'Opposition ne paraissent que le soir; 9e légion, reste inactive dans ses cantonnements; 10e légion, sa division en conservateurs et libéraux; protestation d'un bataillon contre son colonel; 11e légion; colloque entre un officier de la ligne et un officier de la garde nationale; 12e légion, n'est convoquée qu'après toutes les autres, par défiance de son esprit démocratique; garde nationale à cheval, déclare à son colonel la nécessité des concessions. — De toutes parts les avis parviennent au roi sur les dispositions de la garde nationale; il en est ébranlé. — MM. Guizot et Duchâtel aux Tuileries; leurs démissions, offertes ou demandées. — Séance de la Chambre des députés : discussion sur le privilége de la Banque de Bordeaux; panique; incident de la 4e légion; interpellations de M. Vavin sur la situation; M. Guizot annonce que le roi a fait appeler M. Molé pour composer un nouveau Cabinet; violente agitation; pour le lendemain, ordre du jour pur et simple. — Séance de la Chambre des pairs : interpellations de MM. d'Alton-Shée et de Boissy; la Chambre ne veut pas les entendre; discussion sur le régime hypothécaire et l'expropriation forcée dans les colonies d'Amérique; son renvoi au lendemain, pour entendre M. le ministre de la marine, indisposé; la séance est levée. — C'est la dernière séance de la Chambre des pairs.

I

LE 23 FÉVRIER.

Comme la veille, la pluie tombait, lente, molle, épaisse. La nuit était noire; çà et là, les feux des bivouacs de quelques détachements maintenus volontairement, ou par mégarde, ou par suite d'ordres mal transmis. Le pas marqué des patrouilles, le qui-vive des factionnaires, le bruit lointain et sourd des pavés ébranlés pour les barricades, troublaient seuls un silence d'une profondeur sinistre.

II

Vers sept heures du matin, les troupes commencèrent à reparaître. Elles arrivaient lentement. Rien n'avait été changé dans les directions données aux régiments et aux fractions de régiments, disséminés sur les divers points. La même incohérence dans les ordres produisait le même défaut d'ensemble et de rapidité dans les mouvements. Trois heures s'écoulèrent avant que les positions stratégiques fussent complétement occupées. L'aspect des soldats était aussi le même. Les uns avaient bivouaqué la nuit, les autres n'avaient pris qu'un court instant de repos, tous paraissaient fatigués. Dans les commandements, deux seules modifications : sur la place des Victoires, le général Hecquet avait été adjoint au général Friant; le général Renaud avait été mis à la tête des troupes du Panthéon.

Dès la veille, le gouvernement avait mandé les garnisons voisines. Mais les ordres avaient été mal donnés:

quelques régiments ne les reçurent point, d'autres reçurent de mauvaises directions. La gendarmerie départementale, force imposante, avait été oubliée : son colonel prit sur lui de la conduire au Carrousel. Pour les vivres et les munitions, même désordre : il y en avait une quantité suffisante, mais, par l'irrégularité des distributions, ils manquaient sur plusieurs points. Des cuirassiers, venus de Meaux, arrivaient à dix heures sur le boulevard du Temple, sans avoir mangé. Rien n'était prêt pour les recevoir ; les plus faibles tombaient de besoin. Des secours leur furent donnés dans les maisons voisines.

Cependant, vers dix heures, les boulevards, les quais, les ponts et toutes les lignes stratégiques précédemment indiquées étaient garnis de forces suffisantes ; les points d'attaque et de résistance étaient pourvus d'artillerie. Deux pièces défendaient l'Hôtel de ville ; deux, la pointe Saint-Eustache ; deux, la porte Saint-Denis ; deux, la Bastille ; quatre, le Carrousel ; quatre, la place de la Concorde. Paris était enserré dans un vaste réseau de fer. L'État-major de la place se transportait au Carrousel : les ordres partiraient désormais d'un point central. — L'insurrection, si elle osait lever la tête, serait immédiatement étouffée !

III

Elle commença. — Au cœur de Paris, entre les boulevards, les quais, la rue Montmartre, la rue Vieille-du-Temple, se développe, du sud au nord, un vaste quadrilatère que cernent les points stratégiques de la place des Victoires, de la pointe Saint-Eustache, de l'Hôtel de ville, de la porte Saint-Denis, de la Bastille. Quatre voies principales coupent cet espace dans la direction des quais aux boulevards, savoir : les rues Poissonnière, Saint-Denis, Saint-Martin et du Temple. Vers la moitié de leur parcours, elles sont elles-mêmes coupées, presque à angle droit, par la rue Rambuteau. Entre ces compartiments, ce n'est qu'un enchevêtrement de rues, de ruelles, d'impasses, ouvertes au hasard, sans lien commun, dont quelques-unes livrent à peine passage à deux hommes de front. C'est le camp retranché de l'émeute.

Dans ces quartiers du travail, les boutiques s'ouvrent de bonne heure : ce jour-là tout restait fermé; les rues étaient désertes. Bientôt parurent des hommes du peuple; les uns étaient armés, les autres ne l'étaient point. A leur sommation, les portes s'ouvraient; ils entraient, réclamaient des armes, ressortaient armés. Des groupes se formaient, des mains actives dépavaient les rues, élevaient des barricades aux angles des voies qui débouchent sur les grandes artères de la circulation, et semaient partout des débris de verres, de bouteilles cassées, pour intercepter la cavalerie. Puis, l'œuvre faite sur un point, les groupes se dispersaient pour aller porter ailleurs les préparatifs de la guerre civile.

IV

La guerre des rues n'est qu'une série d'incidents; tour à tour audacieuse, timide, humaine, cruelle, elle s'empreint à chaque pas du caractère de celui qui commande. Vouloir suivre dans tous leurs détails ces mille engagements qui ont lieu au même instant, sans plan, sans ordre, sans concert, sur les points les plus éloignés, serait une entreprise impossible. Elle serait d'ailleurs sans intérêt. Pour ne point fatiguer inutilement le lecteur, je me bornerai à retracer les faits les plus saillants de cette matinée, principalement ceux qui font ressortir le vrai caractère de l'événement.

La rue Bourg-l'Abbé est une rue étroite et peu longue. Elle aboutit d'un côté à la rue Grenétat, de l'autre à la rue aux Ours. Par la rue Neuve-Bourg-l'Abbé, elle communique à la rue Saint-Martin, et par la rue du Petit-Hurleur, à la rue Saint-Denis. A ce carrefour viennent en outre converger trois passages et la petite rue du Grand-Hurleur. Cette position est unique dans Paris. Pour le peuple, elle est aussi facile à attaquer qu'à défendre ; pour les troupes, l'attaque en est aussi périlleuse que la défense. L'importance de ce point, les scènes de la veille, le meurtre commis par l'officier de la garde municipale sur un jeune homme inoffensif, l'irritation qui s'en était suivie, et surtout le voisinage d'un immense dépôt d'armes situé au n° 22 de la rue Bourg-l'Abbé, tout devait donc attirer de ce côté les hommes les plus entreprenants et les plus résolus.

Avertie par l'expérience des insurrections antérieures, la préfecture de police ne pouvait ignorer ce péril. Cependant elle n'y opposa que des précautions insuffisantes. Trente hommes de garde municipale, conduits par un sous-lieutenant, portèrent à quatre-vingt-cinq hommes les forces réunies sous les ordres du lieutenant Bouvier. Avec de si faibles ressources, il fallait ou fléchir au premier assaut, ou prendre une sanglante offensive et porter ainsi à son comble l'exaspération des assaillants.

A huit heures et demie, le cri des sentinelles annonça l'attaque. Aussitôt les troupes se formèrent en carré, faisant face de tous côtés. Le peuple arrivait par la rue Saint-Denis. Dès qu'il fut en vue, le combat s'engagea résolûment des deux parts, mais avec des succès différents. Les coups du peuple, tirés au hasard, ne portaient pas ; ceux de la troupe tuèrent deux ouvriers, en blessèrent plusieurs. Repoussée, l'attaque reflua plus loin.

V

En même temps, la préfecture de police recevait l'avis que la caserne du faubourg Saint-Martin (garde municipale) était menacée par des groupes nombreux. Malgré le voisinage des troupes stationnées à la porte Saint-Denis, on décida d'y envoyer de la préfecture une forte reconnaissance. Un détachement, composé de chasseurs d'Orléans, de gardes municipaux à pied et à cheval, partit sous les ordres des lieutenants Denelle et Lebrun. Sa marche fut à peine inquiétée par quelques tirailleurs et retardée par quelques barricades. Mais les officiers qui le commandaient s'empressèrent, au retour, de faire connaître à M. Delessert que la physionomie de la capitale leur semblait des plus inquiétantes.

Dans le double but de se procurer des armes et de balayer leur quartier général, les insurgés attaquaient successivement les postes qui s'y trouvaient disséminés. A onze heures, les municipaux qui gardaient le marché Saint-Martin sont énergiquement assaillis par une troupe armée. Ils ripostent ; puis, accablés par le nombre, ils se réfugient dans le corps de garde. La foule s'approche résolûment; elle brise à coups de hache la première porte; déjà la seconde, ébranlée, va céder; des feux plongeant par les meurtrières dans une masse profonde y vomissent la mort à bout portant; les assaillants sont contraints de se replier.

Quelques instants plus tard, le feu s'engageait simultanément sur la place du Châtelet et dans la rue Aubry-le-Boucher; cette fois entre la troupe de ligne et le peuple. Il y eut des deux côtés plusieurs victimes, entre autres le commandant Provençal de Saint-Hilaire, tué, sur la place du Châtelet, par une balle qui l'atteignit à la partie moyenne du front et lui traversa la tête de part en part. C'était un officier d'Afrique, jeune, déjà remarqué, plein d'avenir. Sa mort, promptement connue dans Paris, produisit partout la plus douloureuse impression.

VI

Jusque-là cependant aucune barricade n'avait été sérieusement défendue. Quand les troupes se présentaient, les insurgés déchargeaient leurs fusils et se dispersaient en hâte; la barricade occupée était renversée, puis abandonnée, et relevée aussitôt que la troupe avait disparu. Mais vers deux heures la résistance devint plus ferme. Rue Rambuteau, au coin de la rue Beaubourg, s'élevait une forte barricade formée de voitures et de pavés. Elle était défendue par soixante hommes environ, dont la moitié seulement avait des fusils. Cent cinquante hommes du 6e bataillon de chasseurs à pied et du 1er léger, aux ordres du chef de bataillon Burot, furent chargés de la détruire. Une colonne de cinquante hommes est lancée à la baïonnette par le lieutenant Deschamps. Elle s'avance hardiment à découvert et au pas gymnastique ; elle va monter à l'assaut, lorsqu'une terrible décharge éclate et la rejette en désordre vers le gros des siens. Une seconde colonne s'élance ; elle est repoussée. Enfin, à une troisième attaque, cette courageuse et formidable résistance est domptée : les soldats occupent la barricade sur les cadavres de ses plus acharnés défenseurs.

Sur un autre point, le général Perrot rencontrait une défense également solide. Il fit balayer un groupe de barricades élevées dans les rues Vieille-du-Temple, de l'Oseille, des Quatre-Fils, de la Perle. L'insurrection ne se rendit point sans combat. Dans la rue des Filles-du-Calvaire, il fallut employer le canon : deux coups, destinés à effrayer plutôt qu'à frapper les insurgés, effrayèrent la ville, en lui révélant la gravité des circonstances.

VII

Elles s'aggravaient en effet à chaque moment. L'odeur de la poudre, le sang des victimes, le besoin de vengeance, cette contagion de colères qui court à de certaines heures dans tous les cœurs, exaltaient de plus en plus l'émotion populaire. Le combat s'étendait rapidement. On se battait à la fois rue Frépillon, rue Royale Saint-Martin, sur la place du Caire, au coin de la rue des Deux-Portes, rue Saint-Honoré à l'angle de la rue du Roule, au carrefour des rues Poissonnière, de Cléry, du Petit-Carreau, rue Thévenot, rue des Gravilliers, etc. Parfois un de ces affreux incidents dont la guerre des rues abonde venait redoubler la fureur des combattants. Sur la place du Caire, une décharge de la troupe ayant abattu plusieurs personnes, une femme se trouva parmi les morts. Rue Royale Saint-Martin, trois ouvriers sont tués : aussitôt se dresse, au-dessus de leurs cadavres, un écriteau sur lequel on lisait : « *Vengeance!* » et qui resta exposé pendant trois jours. Rue Saint-Denis, une foule de peuple porte un cadavre en criant : « *Vengeance! Aux armes!* » Rencontré par un peloton de garde municipale à cheval, ce cortége est dispersé et contraint d'abandonner son fardeau dans le poste Mauconseil. Mais à peine la troupe a-t-elle disparu, que le peuple entoure le poste et redemande le mort. Le caporal Bérenger, du 23ᵉ léger, n'a que le temps de rentrer et de fermer la porte. Furieux, les assaillants renversent la guérite sur de la paille, y versent de l'essence et vont incendier le corps de garde, lorsque la garde nationale accourt, s'interpose, délivre les soldats, et les reconduit sains et saufs à la pointe Saint-Eustache. Le poste est envahi, dévasté; le cadavre est enlevé et promené de nouveau dans les rues comme un appel de guerre civile.

VIII

Tels furent les principaux incidents de cette matinée du 23. On se battit longtemps sur plusieurs points, sans résultat. Le peuple n'essaya pas de franchir les limites de ce camp retranché que nous avons décrit. Les troupes y entrèrent plusieurs fois, en parcoururent les principales voies; les généraux y envoyèrent ou y conduisirent en personne de forts détachements, sans paralyser ni l'énergie ni les moyens de l'insurrection. Il y eut du reste peu de victimes, surtout parmi la troupe : le peuple évitait avec soin de s'engager contre elle; il s'attaquait de préférence aux gardes municipaux, et, comme la veille, il ne cessait de faire retentir avec obstination le double cri de « *Vive la ligne! A mort les municipaux!* » En un mot, ce fut plutôt le prélude d'une bataille qu'une bataille véritable. Mais il était déjà facile de voir que d'un côté l'enthousiasme allait toujours croissant, et que de l'autre il n'y en avait point.

IX

Quelles étaient cependant les dispositions de la garde nationale! Sur cette question si grave, le gouvernement entrevoyait une vérité pénible, et cherchait à ne point la voir. Il écoutait avec complaisance, mais sans confiance, le tranchant optimisme du commandant en chef, M. Jacqueminot. C'est qu'au fond le temps n'était plus où la garde nationale, animée presque tout entière d'un même esprit, accourait en masse au premier coup de tambour. Sans être hostile, elle était mécontente. Parmi les officiers, comme parmi les soldats, la réforme comptait de nombreux adhérents; sans doute, le parti conservateur s'y trouvait en force, mais cette force serait-elle homogène? serait-elle active? se dévouerait-elle au salut du ministère comme au salut de la dynastie? Résolue à verser son sang pour la défense de l'ordre social, ne le refuserait-elle pas au triomphe d'un orgueil opiniâtre? Tout cela était au moins douteux. Il était plus que probable, au contraire, que la masse resterait inactive, que le reste serait dominé ou entraîné par l'énergie des hommes d'action dévoués à la réforme. Et s'il en arrivait ainsi, si la garde nationale sous les armes, au lieu de combattre les agitateurs réformistes, acclamait la réforme, où s'arrêteraient les conséquences ?

C'est au milieu de ces perplexités que partit de l'État-major l'ordre de réunir deux bataillons par chaque légion, et de les diriger sur les points stratégiques. Mais au lieu de transmettre l'ordre par les municipalités, on l'envoya directement; — les maires ne furent pas même avertis! — En sorte que les gardes nationaux, ne trouvant aux mairies ni instruction ni direction, n'eurent plus à prendre conseil que d'eux-mêmes. De là, des complications imprévues et décisives. Comme le détail en est également instructif et curieux, le voici par chaque légion :

X

Composée de riches propriétaires, de fonctionnaires publics, de commerçants et de marchands clients de l'aristocratie et de la Cour, la 1re légion était dévouée au gouvernement. Dès qu'elle fut appelée elle parut. Mais l'agitation ayant abandonné le premier arrondissement dans la matinée du 23, ce zèle ne put se manifester que par des injures adressées à quelques députés réformistes[1] qui se rendaient à la Chambre.

XI

La 2e légion se réunit de bonne heure et en grand nombre. Parmi les premiers gardes nationaux accourus pour donner l'impulsion au mouvement, étaient

---

[1] Entre autres à M. Baroche.

MM. Landrin, Leblond, les deux Madier de Montjeau, qui s'étaient groupés chez M. Montfleury. Cette légion était commandée par M. Talabot, gendre d'un ministre, M. Cunin-Gridaine. Un bataillon, le deuxième, aux ordres d'un agent de change, M. Tattet, reçut ordre de parcourir le faubourg Montmartre au pas de patrouille. L'état-major de ce bataillon était en grande partie réformiste : on voyait dans une même compagnie, sous M. Altaroche, capitaine, des officiers et délégués tels que MM. Schœlcher, Jeanron, Desmazures, Cuzon, etc. Au sortir du faubourg Montmartre, cette troupe rencontra sur le boulevard, entre les rues Rougemont et Drouot, deux régiments d'infanterie de ligne et une batterie d'artillerie. Aussitôt le cri de « *Vive la réforme!* » retentit dans tous les rangs. Les soldats y répondent par celui de « *Vive la garde nationale!* » et un grand nombre par celui de « *Vive la réforme!* »

Une telle démonstration, dans le quartier le plus riche de la capitale, au centre de la haute banque, de la haute industrie et du commerce de luxe, produisit une émotion profonde. Cette émotion redoubla bientôt. Vers une heure, le même bataillon fut envoyé dans la rue de Rivoli, avec ordre de prendre position en avant du pavillon Marsan. Suivi dans sa marche par un cortége de plus de deux mille hommes, il chantait avec eux la *Marseillaise* et acclamait avec eux la *réforme*. Ces acclamations retentissaient jusque dans les Tuileries. On les entendit même à l'État-major de la garde nationale; si bien qu'un général s'étant avancé vers le bataillon, lui dit : « Je porterai vos vœux; d'ailleurs on doit les entendre. »

XII

A sept heures du matin, la 3ᵉ légion ne présentait guère que cent cinquante à deux cents hommes sous les armes. Mais, vers dix heures, cet effectif s'augmenta considérablement par l'adjonction des compagnies Thirion, Perrée, Jouanne, Fallet, etc., toutes en très-grande majorité réformistes. A ce moment, un détachement de gardes municipaux, sorti de la caserne Notre-Dame des Victoires, rudoya vivement quelques jeunes ouvriers qui criaient : « *Vive la réforme !* » M. Degousée, garde national de la légion, se précipita pour s'interposer. Mais, enveloppé lui-même, il fut menacé, et il allait être malmené, lorsque le capitaine Fallet, voyant le peuple poursuivi et un garde national en péril, lança sa compagnie contre les gardes municipaux et les força de rentrer dans leur caserne.

Cet acte si grave fut bientôt suivi d'une autre démonstration plus grave et plus significative encore. Le général Friant, qui commandait la position de la place des Victoires, avait demandé un renfort de cavalerie. On lui avait envoyé deux escadrons des 6ᵉ et 7ᵉ cuirassiers, avec un nouveau bataillon d'infanterie (14ᵉ de ligne). Se sentant protégé par la garde nationale, le peuple adressait aux troupes des acclamations à la fois sympathiques et réformistes. La foule, de plus en plus compacte et animée, débordait sur les deux places des Victoires et des Petits-Pères, et occupait tout le carrefour des rues qu'elles enserrent. Importuné de ce voisinage tumultueux, et qui d'un moment à l'autre pouvait devenir dangereux, le général Friant ordonne à un peloton de cuirassiers de refouler le peuple et de dégager la garde nationale. Les soldats s'avancent pour exécuter cet ordre. Devant cette charge le peuple cède et se réfugie derrière la garde nationale. Les cuirassiers continuent de marcher ; la garde nationale croise la baïonnette. Deux fois ils recommencent, deux fois la garde nationale présente le fer. Devant une hostilité si imprévue, les soldats s'arrêtent. Ce n'est plus le peuple qu'ils vont avoir à combattre, c'est la garde nationale elle-même, la garde nationale avec laquelle ils ont toujours combattu, et qui, dans toutes les précédentes agitations, au lieu de barrer le chemin à la force armée, le lui ouvrait. La conscience des troupes et leur moral en reçoivent un ébranlement profond.

Cette scène décisive avait eu pour témoins des officiers d'état-major de la garde nationale dévoués à la Cour, MM. Alfred de Brayer, Bourget et Horace Vernet. Celui-ci courut à l'État-major pour en informer le prince et les généraux. Dès qu'il eut commencé de parler : « C'est impossible, » s'écrie le général Jacqueminot ; « c'est impossible ! la garde nationale est fidèle ; je la connais. » Aux yeux de ce militaire, le meilleur moyen de conjurer le péril c'était toujours de n'y pas croire et de ne le point voir. Le duc de Nemours, qui n'avait point les mêmes raisons de fermer les yeux, répugnait cependant à les ouvrir. Il acceptait volontiers cette explication : que le bataillon séditieux était composé de rédacteurs, d'employés, de clients des journaux ; que nul autre n'était animé du même esprit, et que l'exemple de la sédition ne serait point contagieux. Mais l'illusion ne tint pas contre de nouveaux témoignages. M. Besson, pair de France, colonel de la 3ᵉ légion, sollicité depuis la veille par ses officiers de voir le roi, de lui exposer sincèrement l'état des esprits et des choses, vint remplir sa mission. Il ne déguisa rien; et il alla jusqu'à déclarer qu'il n'y avait plus d'autre remède que le changement du Cabinet. Un peu plus tard, le général Friant vint lui-même aux Tuileries corroborer le témoignage de M. Horace Vernet et l'opinion du colonel Besson.

De nouveaux faits furent plus significatifs encore. En l'absence du colonel et du lieutenant-colonel, le chef de bataillon Hovyn avait pris le commandement. Réunissant les hommes placés sous sa main, il les promena autour des troupes, sur la place des Victoires. Gardes nationaux et peuple criaient à la fois : « *Vive la ligne! Vive la réforme! A bas le système!* » De la place des Victoires, la manifestation réformiste se prolongea, par les rues des Fossés-Montmartre, Saint-Eustache et Bourbon-Villeneuve, jusqu'à la porte Saint-Denis. A l'aspect des troupes stationnées sur ce point, les acclamations réformistes redoublèrent. Ces troupes étaient nombreuses; les artilleurs étaient à leurs pièces, mèche allumée : rien ne bougea. A la porte Saint-Denis, comme à la place des Victoires, les soldats regardaient ce spectacle, si nouveau pour eux, avec une curiosité anxieuse et sympathique à la fois.

XIII

De la 4ᵉ légion, les premiers qui parurent à la mairie étaient réformistes. D'autres vinrent ensuite avec des sentiments opposés. Ceux-là déclarèrent qu'ils étaient prêts à concourir au rétablissement de l'ordre, mais qu'ils y mettaient deux conditions : le changement de ministère et la réforme. Les seconds protestèrent. On leur répondit par une pétition sur-le-champ rédigée et signée par plus de cinq cents gardes nationaux, parmi lesquels plus de trente officiers. Elle était conçue en ces termes : « Nous soussignés, citoyens du quatrième arrondissement, déclarons que nous sommes prêts à prendre les armes dans les rangs de la garde nationale, sous les ordres de nos chefs respectifs, pour concourir au maintien de la sécurité publique ; mais en agissant ainsi, nous n'entendons pas nous constituer les défenseurs d'un ministère corrupteur et corrompu, dont nous repoussons de toutes nos forces la politique et les tendances, et dont nous demandons le renvoi immédiat et la mise en accusation. »

Il fallait présenter cette pétition à la Chambre. On envoya prier M. Crémieux de s'en charger. Les envoyés reviennent avec son consentement. Aussitôt la résolution est prise d'aller la porter à la Chambre, en corps, mais sans autres armes que le sabre. A une heure, le cortége se forme et se met en marche, sous la conduite de MM. Vitcoq, Dugit, Soudri, et de plusieurs autres officiers. M. Haguette, médecin du bureau de charité, portait la pétition. Le cortége était silencieux ; la foule répandue à l'entour, tumultueuse et enthousiaste. Les coups de feu qui retentissaient dans le voisinage, protestation armée à côté de la protestation pacifique, donnaient à celle-ci son vrai caractère. Si la pétition était accueillie, le feu cesserait immédiatement. Ce résultat ne suffisait-il pas à justifier l'irrégularité de la démarche et son inconstitutionnalité ? La masse du cortége le sentait ainsi et le témoignait par le calme de son attitude, par le silence gardé dans les rangs, par la sagesse des conseils qu'elle répandait sur son passage.

Au pont Neuf, la colonne rencontra les premières troupes, dont les quais étaient garnis jusqu'à la place de la Concorde. Ces troupes étaient en force plus que suffisante pour barrer le passage : elles s'ouvrirent pour le rendre libre. Leur physionomie était celle qu'on a vue ailleurs : un mélange de curiosité et de tristesse, où dominait une répugnance manifeste à verser le sang des citoyens pour la défense du gouvernement. Le cortége passa devant les Tuileries, sous les fenêtres mêmes des appartements occupés par le roi.

Le bruit de son approche arriva jusqu'à la Chambre. Ce fut un moment de stupeur. Revenus à eux, les députés des opinions les plus contraires se portèrent précipitamment sous le péristyle du pont, d'où l'œil embrasse au loin les Champs-Élysées, la place de la Concorde, les Tuileries, et toute la ligne des quais. On remarquait parmi eux MM. O. Barrot, d'Houdetot, Garnier-Pagès, Thiers, Crémieux, Marie, Beaumont (de la Somme), Courtais, etc. Quelle était cette colonne? Comment avait-elle pénétré jusque-là? Quels étaient son but, ses dispositions, ses intentions réelles? A ces questions, M. Crémieux répondait en montrant la pétition qu'il venait de recevoir des mains de M. Haguette, lequel, prévoyant quelque obstacle aux dernières approches de la Chambre, s'était détaché du cortége à la hauteur du pont du Carrousel, et avait suivi seul le quai de la rive gauche. Mais cette garantie rassurait médiocrement les conservateurs. Croyant à un péril, il firent transmettre à un bataillon de la 10ᵉ légion l'ordre de barrer le pont.

Composé de riches propriétaires du faubourg Saint-Germain et de leurs clients, ce bataillon était ou dévoué au gouvernement ou hostile à la démocratie. Il n'hésita pas. Lancé au pas de course, il vint presque heurter la tête de la colonne et l'arrêta. Pendant vingt minutes ces deux troupes se trouvèrent ainsi en présence, l'une sans armes, l'autre armée, faisant effort l'une contre l'autre. La lutte s'animait; des représentations on passait aux invectives, de la résistance à l'offensive. La cavalerie de la place serrait les derniers rangs de la colonne, dont la dixième légion pressait la tête; une collision était imminente. Le sang allait peut-être couler, lorsque les députés se hâtèrent d'intervenir. MM. O. Barrot, Garnier-Pagès et Courtais représentèrent vivement aux gardes nationaux de la 10e les conséquences terribles d'une scission armée parmi les légions. MM. Crémieux, Beaumont (de la Somme) et Marie réussirent à percer la masse accumulée sur le pont. Ils arrivèrent ainsi jusqu'aux réformistes, reçurent de leurs mains de nouveaux exemplaires de la pétition, leur donnèrent l'assurance qu'elle ne serait pas sans effet sur la Chambre, sur le pays, sur l'armée, et les engagèrent à se retirer.

Le but de la manifestation était atteint : la colonne vira de front, reprit le chemin qu'elle avait déjà parcouru, longea de nouveau les Tuileries, et regagna la mairie, où l'attendait le colonel de la légion, qui l'accueillit avec des paroles de colère. Protestation impuissante et vaine, qui ne fit que marquer et accroître la portée de l'acte !

XIV

Chaque fraction du pays a son caractère propre et sa tradition personnelle. Ainsi, l'histoire du cinquième arrondissement serait l'histoire même du libéralisme parisien. Fidèle à la cause de la liberté, aux époques où elle fléchissait presque partout ailleurs, le cinquième arrondissement n'était dépassé par aucun autre dans ce mouvement loyal et sage qui entraînait tout. Ses gardes nationaux, en immense majorité, étaient dévoués à la réforme ; les officiers appartenaient presque tous aux divers comités réformistes, au Comité central. Répandus au milieu de l'insurrection, dont le foyer principal occupait leur territoire, craignant l'apparence d'un concours au ministère, ils hésitèrent longtemps à s'armer. A la fin, cependant, quelques-uns se rendirent à la mairie, d'autres jetèrent résolûment entre la troupe et le peuple l'intervention protectrice de leur uniforme. Mais cet uniforme, respecté jusque-là, ne le fut point par les gardes municipaux postés place du Caire, qui firent feu sur le peuple et sur la garde nationale.

Le bruit de cette violence, entendu dans le quartier, le souleva. Aussitôt les uniformes parurent dans les rues en grand nombre et avec des armes ; les individus formèrent des groupes, et les groupes une colonne de plusieurs centaines d'hommes. On voyait à leur tête MM. Grégoire, commandant; Delandre, Favrel, Labélonye et Gaumont, capitaines ; Héros, Arronsohn, Lhotel, lieutenants. Comme ils se mettaient en marche, le détachement de la 3ᵉ légion, conduit par MM. Hovyn et Thirion, déboucha par la rue Neuve-Saint-Eustache.

Les deux colonnes se saluèrent de cris sympathiques. La 5ᵉ poursuivit sa marche vers la rue Saint-Martin, recruta sur son passage les gardes nationaux épars, et vint, suivie d'une masse énorme de peuple, réclamer à la mairie des cartouches, qui lui furent refusées. Répugnant à l'emploi de la force, la colonne reflua par la rue Saint-Martin vers le faubourg.

A ce moment, des coups de feu retentissent; la foule roule en désordre vers le boulevard et par les rues adjacentes. Les gardes nationaux marchent en avant; ils aperçoivent des gardes municipaux lancés au pas de course hors de leur caserne, déjà déployés dans la largeur de la rue, rechargeant leurs fusils, prêts à faire feu. La colonne s'arrête, l'arme au bras. Dans l'espace laissé vide entre les deux troupes s'avancent le capitaine Favrel et le lieutenant Chaumont; ils demandent compte aux gardes municipaux de leur violence contre des groupes désarmés. Le chef d'escadron Pomme répond que, si ces groupes sont désarmés, ils ne sont pas inoffensifs; que la caserne, cernée par une foule considérable, allait être forcée, et qu'il a dû faire feu pour tenir à distance une foule menaçante. Sur l'invitation de rentrer dans leur caserne, les gardes municipaux refusent; ils y consentent à la fin, sous la condition que la garde nationale répond de leur sûreté. Pendant ces pourparlers, la foule refluait: on voyait les masses s'épaissir à vue d'œil; des voix hostiles réclamaient les prisonniers; quelques-uns des plus audacieux se précipitaient sur le drapeau pour l'arracher. La garde nationale couvrit la caserne d'un triple rang de poitrines, relâcha sur sa responsabilité quelques prisonniers; et, pour éviter que le drapeau restât comme un objet d'excitation ou d'insulte, elle le porta à la mairie.

XV

Le sixième arrondissement était, comme le cinquième, dévoué à la cause de la liberté démocratique. Comme lui, il envoyait à la Chambre un député radical, M. Carnot ; comme lui, il était représenté dans les comités réformistes par les officiers de sa garde nationale. Aussi les différents postes ne virent-ils accourir que des citoyens engagés de sympathie ou d'action dans le mouvement de la réforme. Avec une activité et un courage qui, on le verra dans la suite de ce récit, furent mis à de terribles épreuves, ils se jetèrent dans la mêlée pour disputer, des deux côtés, des victimes à la mort.

XVI

Dans la 7ᵉ légion, même esprit, même physionomie, mêmes faits ! Les zélateurs de l'Opposition accourus à la mairie s'y trouvèrent seuls ; les conservateurs étaient restés chez eux. Quelques chefs seulement s'étaient rendus à leur poste. De fortes patrouilles, promptement organisées, parcoururent le quartier pour s'interposer entre les troupes et le peuple. Elles y réussirent d'abord ; mais, vers deux heures, on vit rentrer à la mairie une colonne qui apportait un cadavre. C'était celui d'un garde national, Rousselot, tué dans l'accomplissement de ce devoir sacré. Aussitôt l'exaspération déborda. Le maire, M. Moreau ; le colonel de la légion, M. Laveyssière, impuissants à calmer l'indignation de la garde nationale, envoyèrent immédiatement à l'Hôtel de ville une députation composée de plusieurs officiers, entre autres le lieutenant-colonel Siredey, Dauphin, Pasteur-D'étreillis, etc.

Admis devant le préfet, ces envoyés exposèrent les périls de la situation, la nécessité des mesures les plus promptes. « Ce n'est pas avec des baïonnettes que l'on peut demander au roi la retraite des troupes, » répondit M. de Rambuteau. — « La position est assez grave déjà pour qu'on ne s'occupe plus d'une question de forme, » répliqua le capitaine Pasteur. « Si vous refusez de transmettre cet avis au roi, et si le roi, informé, n'avise pas sans délai, aucune force humaine ne saurait prévenir une collision entre la garde nationale et la troupe. » Le préfet, déconcerté, envoya sans retard à l'État-major.

XVII

Dans la 8ᵉ légion, ce fut le contraire : les premiers qui parurent en armes étaient des conservateurs. La nuit approchait déjà, lorsqu'on vit arriver les gardes nationaux et les officiers du parti de l'Opposition.

La 9ᵉ, peu nombreuse, et dont la mairie touche à l'Hôtel de ville, restait inactive dans ses cantonnements, isolés les uns des autres par les barricades et par les postes militaires.

XVIII

La 10ᵉ légion était partagée. Quartier de l'aristocratie légitimiste, des ministères, des grands fonctionnaires et de leur clientèle haute et basse, le faubourg Saint-Germain renfermait des éléments en grande majorité hostiles à la liberté. Là même, cependant, l'Opposition n'était pas sans forces : pendant que le bataillon dont on a déjà parlé se signalait par une si énergique attitude contre les réformistes de la 4ᵉ légion, un autre bataillon, stationné dans la rue Taranne, manifestait avec une égale énergie des sentiments bien opposés.

Il était environ midi. Le colonel, M. Lemercier, député ministériel, venait de recevoir une de ces nouvelles fatalement favorables que la mauvaise fortune prodigue jusqu'au dernier moment aux pouvoirs qui tombent. Il s'avance sur le front des soldats, annonçant que l'émeute est terrassée, et les remerciant de leur zèle, heureusement superflu désormais. L'un d'eux, M. Bixio, sort des rangs, et marchant vers son chef : « Colonel, » dit-il, « nous sommes ici pour faire respecter les personnes et les propriétés ; mais, sachez-le bien, nous n'avons pas confiance dans le gouvernement, et, nous tous qui sommes ici, nous voulons la réforme. » — « Oui, *Vive la réforme!* » répond la presque unanimité, entraînée par l'initiative d'un seul. « *Vive la réforme!* » répète à grands cris le peuple. Déconcerté et furieux, mais n'osant s'attaquer à la garde nationale, le colonel se précipite sur un ouvrier et l'empoigne au collet. « On n'arrête pas un homme parce qu'il crie *Vive la réforme!* » s'écrient en protestant les gardes nationaux ; et ils délivrent l'ouvrier des mains du colonel. Ivre de colère, celui-ci arrache son hausse-col, le jette à terre, saute à cheval et court à l'État-major rendre compte de ce qui vient de se passer.

Communiqué à la Chambre par M. de Malleville, cet acte d'insubordination y produisit une sensation très-forte. Les conservateurs prirent l'alarme ; l'un d'eux, M. Janvier, s'empressa de le raconter aux ministres.

Ceux-ci affectèrent de ne voir là que l'insignifiante mutinerie de quelques miliciens.

XIX

Cet esprit des troupes, dont on a déjà vu des symptômes évidents, se manifesta, sur le territoire de la 11ᵉ légion, par un fait bien significatif. Deux détachements, l'un de garde nationale, l'autre de troupe de ligne, stationnaient en face l'un de l'autre sur la place de l'Odéon. Comme d'ordinaire en pareil cas, les chefs des deux troupes, après le salut échangé, se rapprochèrent, et la conversation s'établit : « Que ferez-vous, » dit l'officier de la garde nationale au chef des soldats, « si une troupe de peuple se présente? — Je ferai comme vous, » répliqua celui-ci. « Mais moi je ne dispersai pas la colonne, je la laisserai passer. — Je ferai comme vous, « répéta l'officier; » mes soldats feront ce que fera la garde nationale. »

La 12ᵉ légion ne fut convoquée qu'après toutes les autres, par le rappel du tambour. C'est dans son sein que le Banquet avait pris naissance. Le pouvoir se défiait de la vivacité de ses tendances démocratiques. Son attitude, dès qu'elle fut réunie, prouva que ce n'était pas sans raison.

XX

Enfin, la garde nationale à cheval, convoquée le matin sur le boulevard Saint-Martin, s'était rendue aux Tuileries au nombre d'une centaine d'hommes environ. Par sa composition et par le choix de ses officiers, ce corps passait aux yeux du peuple pour aristocratique.

Il lui fallut deux heures pour aller du boulevard aux Tuileries, et il laissa deux blessés en route.

Éclairés ainsi, par une cruelle expérience, sur le véritable état des choses, ces gardes nationaux en informèrent leur colonel, M. de Montalivet, lui déclarant qu'à leurs yeux la monarchie ne pouvait plus être sauvée que par des concessions promptes et sincères.

Dévoué au roi, n'hésitant pas à voir la vérité, capable de la dire, assez courageux pour la répéter malgré l'insuccès de ses tentatives antérieures, M. de Montalivet s'achemina vers la famille royale.

XXI

Déjà la reine était convaincue du péril. Ses tendres sollicitudes de femme, d'épouse et de mère, lui avaient clairement découvert le mystère que la sagacité des vieux politiques n'apercevait même pas. Ardente à s'enquérir de la vérité, son âme était assez haute pour l'accepter quelle qu'elle fût. A la fin, l'opiniâtreté de ses représentations réussit à ébranler l'opiniâtreté du roi. Tout à l'heure il n'avait pour l'Opposition que des paroles de raillerie et d'insulte : « Ce mouvement n'est qu'un feu de paille ! mes mesures sont prises ! je mettrai les Parisiens à la raison ! etc. » Maintenant, il ne plaisantait plus. Si la partie lui semblait encore loin d'être perdue, il la voyait sérieuse. Il s'étonnait et s'alarmait à la fois de ces nouvelles étranges, si peu conformes aux précédents du règne, qu'apportaient incessamment aux Tuileries et à l'État-major les chefs des légions de la garde nationale, les officiers, les familiers, les amis, quelques ennemis mêmes, empressés par patriotisme et sincères par générosité.

Quelle sorte d'illusion restait possible, en effet, lorsqu'on entendait distinctement les acclamations de la 2ᵉ légion retentir de la rue de Rivoli jusque dans la partie la plus reculée du château; lorsque, sous les fenêtres mêmes de ses appartements personnels, le roi voyait, de ses yeux, la 4ᵉ défiler dans une attitude dont le calme ne dissimulait point les menaces; lorsque la 3ᵉ dressait contre l'élite de la cavalerie la pointe de ses baïonnettes; lorsque, ayant réduit les gardes municipaux à se renfermer dans leur caserne, la 5ᵉ les y gardait en les protégeant; lorsque, par un mélange inouï de loyauté dans la rébellion, la 7ᵉ envoyait chez le premier magistrat de la ville signifier qu'elle en arriverait bientôt à tourner ses armes contre l'armée; lorsque le colonel de la 10ᵉ, réputée jusqu'alors inébranlable, était contraint de fuir, au galop de son cheval, les invectives de ses soldats; lorsque la 8ᵉ, la 9ᵉ, la 11ᵉ, la 12ᵉ, manifestaient ouvertement des dispositions non moins hostiles; lorsque enfin la 1ʳᵉ, première par le dévouement comme par le titre, laissait voir des symptômes évidents d'hésitation?

L'esprit du roi s'épuisait à comprendre un si prodigieux changement, dont les conséquences le troublaient. Roi de la bourgeoisie, que devenait sa royauté si la bourgeoisie retirait son concours? Cette royauté serait-elle assez forte pour résister seule à la réaction double et simultanée des classes aristocratiques et de la multitude? Et si, après avoir refusé ses votes, la bourgeoisie refusait ses armes; si la garde nationale, au lieu de combattre l'émeute, lui livrait passage; si, bien plus, elle se jetait elle-même en armes dans cette lutte, dont le terrain s'élargissait à chaque minute; contre un si extrême péril, l'armée suffirait-elle au salut du trône ? Mais quoi ! L'armée elle-même aurait-elle un dévouement absolu ? Accoutumée, depuis dix-huit ans, à ne jamais combattre dans les rues qu'avec la garde nationale, se laisserait-elle franchement entraîner à combattre seule ? L'absence de cette garde, sa neutralité peut-être, ne provoqueraient-elles pas dans les rangs de redoutables commentaires? Que si la garde nationale prend fait et cause pour le peuple, l'armée ne refusera-t-elle pas de tirer à la fois sur le peuple et sur la garde nationale ? Et si l'armée refuse ! si seulement elle hésite !...

Perdu dans la perplexité de ces réflexions, le roi n'en sortait que pour y retomber. Il sentait vaguement qu'il ne lui restait plus que deux partis à prendre : ou céder franchement et sans délai, ou engager le combat résolûment, tout de suite et sans merci; ou rentrer dans la sincérité du gouvernement constitutionnel, ou mourir, sans faiblesse, sur les débris de ses prétentions et dans la ruine de sa famille. Dix ans plus tôt, sans doute, il n'eût pas hésité. Mais la vieillesse pesait sur lui. Obscurcie en outre par le succès, son intelligence répugnait à la droiture brutale des situations extrêmes. Le mépris des hommes avait fini par lui donner le mépris des choses Et il avait tant éprouvé la souplesse des consciences, qu'il ne pouvait plus croire à l'inflexibilité de la force des choses. Se croyant encore le maître de composer avec la nécessité, plus confiant dans son habileté que dans sa fortune, il s'abandonna au temps.

XXII

Au fond, peut-être, sa nature blasée voyait-elle avec de secrets contentements cette occasion de se jouer des hommes et de ruser avec le destin. L'Opposition attaquait à la fois sa politique et son ministère : il pouvait donc sans dommage abandonner ses ministres. Serait-il même, en définitive, contraint de les abandonner ? Une fois les esprits calmés par l'amorce du renvoi de M. Guizot, il faudrait procéder à la reconstitution d'un nouveau Cabinet. Sur quelles bases ? Avec quels hommes ? Unie dans le combat, l'Opposition se diviserait dans la victoire. Or, dans ce pêle-mêle des antagonismes, des ambitions, des vanités, des solidarités incompatibles, que d'occasions de reprendre ses avantages et de faire prévaloir ses desseins ! Que si la crise se prolongeait, il ne serait même pas impossible que, de guerre lasse, il ne parvînt à relever son ministère, à l'exception toutefois de M. Guizot, définitivement usé. Et si, enfin, il se voyait réduit à laisser entrer dans son conseil quelques noms importuns, il lui restait dans les deux Chambres une majorité immense, dévouée à sa personne autant qu'à sa politique : levier tout-puissant qui, à l'heure attendue, jetterait de nouveau les hommes et les choses dans le courant de ses volontés !

Cependant sa situation vis-à-vis de ses ministres était bien délicate. Quelles raisons alléguer pour imposer ou pour obtenir leur démission ? L'urgence du péril ? Mais d'où venait ce péril ? De la politique obstinément suivie depuis huit années. Et cette politique était la sienne !

Après l'événement, le roi et M. Guizot se sont réciproquement rejeté la responsabilité de cette résolution suprême. M. Guizot et ses amis ont prétendu que l'initiative des concessions était venue du roi, et que cette faiblesse avait tout perdu. Le roi et ses amis ont affirmé, au contraire, que M. Guizot, reculant devant le danger qu'il n'avait pas su prévoir, avait lui-même spontanément reconnu et déclaré son insuffisance, et qu'après avoir compromis la monarchie, il s'en était séparé avant l'heure. Quoi qu'il en soit, tout porte à croire que le roi se flatta de trouver un utile auxiliaire de dissolution dans un membre même du Cabinet, M. Duchâtel, dont la supériorité de M. Guizot offusquait de plus en plus l'amour-propre.

Vers deux heures, pendant que le président du Conseil se rendait à la Chambre, M. Duchâtel vint seul aux Tuileries. C'était le moment où les nouvelles des légions y arrivaient de toutes parts. Aussitôt la reine alla vers lui, et, tout éplorée : « Notre situation est affreuse, » dit-elle ; « M. Guizot pourrait nous rendre un grand service en se retirant. » Diversement agité par cette communication, le ministre se rapprocha du roi, échangea avec lui des paroles qui ne sont pas venues jusqu'à nous, puis il se dirigea en hâte vers la Chambre. Ayant rejoint M. Guizot, il lui dit à voix basse quelques mots que celui-ci accueillit avec un geste d'étonnement et de colère, et tous deux partirent incontinent pour les Tuileries. Ils entrèrent ensemble chez le roi. Des témoins dignes de foi nous ont rapporté que la solution désirée par tous les amis du roi fut amenée par une conversation qui peut se résumer à peu près en ces termes. Après avoir exposé les faits les plus récents, le roi poursuivit :

I.

« Vous le voyez, les événements se compliquent. Faut-il dissoudre la garde nationale? faut-il accorder les réformes qu'elle réclame? faut-il la faire charger par les troupes?

— Nous n'en sommes pas réduits à de telles extrémités.

— Vous croyez-vous alors les maîtres du mouvement? Avez-vous la certitude de le comprimer sans concessions?

— Nous en avons la croyance; mais il n'est donné à personne d'en avoir une certitude absolue.

— Si vous n'avez pas cette certitude, cela devient bien grave.

— Si nous n'avons plus la confiance du roi...

— Mais si : vous l'avez toujours. Seulement vous devez examiner si vous pourrez suffire aux événements.

— Les paroles du roi nous font craindre qu'il soit lui-même d'un sentiment contraire. Dans ce cas, nous laisserions toute liberté au roi.

— Croyez-vous que je doive faire appeler M. Molé?...

— Il en sera ce que voudra le roi. Nous allons en prévenir les Chambres. »

Suivant une autre version, qui nous est fournie par un témoignage non moins recommandable, l'initiative de la dissolution du Cabinet serait venue de M. Guizot lui-même. Ayant connu, par l'attitude des légions, le vrai caractère du mouvement, exclusivement dirigé alors contre les ministres, M. Guizot serait venu vers le roi en compagnie de M. Duchâtel, et lui aurait remis les démissions de ses collègues avec la sienne. Il aurait ajouté : « Ce n'est que le ministère qui tombe aujourd'hui ; dans deux jours, c'est la monarchie elle-même qui serait en péril. »

Entre ces deux versions, où est le vrai? Le caractère de M. Guizot, son orgueil, son obstination jusqu'au dernier moment, ses protestations après la chute, rendent la dernière peu vraisemblable. Ce qui est probable, c'est que le roi, désirant la démission des ministres, éprouvait cependant beaucoup d'embarras à la demander, qu'il aura tenté de se la faire offrir, et qu'en fin de compte il aura paru comprendre qu'on la lui offrait. Ces mêmes incertitudes se rencontrent dans tous les événements analogues. Et ce n'est pas dans l'histoire un médiocre sujet d'étude. C'est pour cela que j'ai recueilli avec soin les renseignements même contradictoires, et que je les expose, jaloux d'ailleurs de bien montrer avec quel soin religieux j'ai recherché la vérité.

XXIII

A l'heure accoutumée, la Chambre des députés s'ouvrit avec le cérémonial ordinaire. Mais le président, le bureau et quelques comparses formaient seuls l'Assemblée. Des individus apparaissaient successivement à la tribune, lisaient des feuillets, redescendaient et disparaissaient en hâte pour courir aux nouvelles. C'étaient des Bordelais ou des économistes, qui discutaient, pour eux-mêmes ou pour les électeurs de la Gironde, sur le privilége de la Banque de Bordeaux. Et toutefois l'agitation perçait jusque parmi ce parti pris. Mais elle était bien plus considérable de l'autre côté du rideau.

Là, toutes les passions se donnaient librement carrière; les récriminations se croisaient sans ménagement; les groupes formés par le hasard se dispersaient, pour se reformer par l'attrait d'une curiosité nouvelle; la foule se précipitait et se renouvelait à chaque minute auprès de chaque nouvel arrivant; la colère, la peur, le dédain, la haine, accueillaient et commentaient, avec des intempérances ou des prudences de paroles, les événements de la matinée, les barricades voisines, les prises d'armes dans les quartiers du centre de Paris, les luttes du peuple contre les gardes municipaux, les habiles séductions de ses cris envers les troupes, les démonstrations successives de la garde nationale. Tout à coup les voix tombent, les visages pâlissent, toutes les oreilles écoutent avec anxiété une détonation qui roule et retentit encore dans toutes les profondeurs du palais; les plus braves s'élancent à la découverte; les timides s'informent sur place : c'était une porte chargée de bronze qui, chassée par le vent, venait de retomber avec le fracas d'une décharge d'artillerie. Révélation ridicule et triste d'une préoccupation terrible!

Cependant les députés de Paris concertaient dans un des bureaux de la Chambre les interpellations qu'ils avaient le droit et le devoir d'adresser au ministère sur la situation de la ville, sur la convocation si tardive de la garde nationale. Le nom de M. Carnot, chargé d'abord de la parole, parut ensuite trop agressif, et, par un louable sentiment de modération, on jugea convenable de lui substituer un député d'une nuance moins vive, M. Vavin. A deux heures et demie, M. Vavin monta à la tribune. Mais à peine eut-il commencé, que le ministre de la justice, M. Hébert, représenta que le président du conseil et le ministre de l'intérieur étaient retenus au dehors par les nécessités de la situation, et sollicita la remise du débat jusqu'à leur arrivée. La séance fut de nouveau suspendue ; et un message pressant manda les deux ministres dirigeants des Tuileries au palais Bourbon.

C'est à ce moment que se rapporte l'incident relatif à la 4ᵉ légion, dont nous avons déjà parlé. Cette démonstration, l'énergique opposition de la 10ᵉ, la lutte qui avait failli s'engager sous le péristyle même du palais, l'intervention des députés, tout avait jeté dans les esprits un trouble profond. L'impression de cette scène émouvante vibrait encore dans toutes les âmes, lorsque la séance fut reprise, vers trois heures un quart. Au milieu d'un silence universel, M. Vavin monta à la tribune, et présenta les interpellations convenues.

M. Guizot se lève, et répond qu'il ne serait ni conforme à l'intérêt public ni opportun pour la Chambre d'entrer en ce moment dans un tel débat. Puis il dit :

« Le roi vient de faire appeler en ce moment M. le comte Molé, et de le charger... » A ces mots, les applaudissements, les bravos, les cris de triomphe, éclatent comme la foudre sur les bancs de l'Oppositon. Forcé par le bruit de s'interrompre, M. Guizot reprend : « L'interruption qui vient de s'élever ne me fera rien ajouter ni rien retrancher à mes paroles. » (Marques générales d'approbation.) « Le roi vient d'appeler en ce moment M. le comte Molé pour le charger de former un nouveau Cabinet. Tant que le Cabinet actuel sera chargé des affaires, il maintiendra ou rétablira l'ordre, fera respecter les lois suivant sa conscience, comme il l'a fait jusqu'à présent. » (Très-bien ! très-bien !)

Le ministre se tait, le tumulte éclate. Les plus dévoués des siens se précipitent vers lui et lui serrent les mains. D'autres, dans une attitude d'orgueilleuse condoléance, insultent au triomphe de l'Opposition. Les plus ardents s'emportent en invectives, qui vont plus loin que l'Assemblée : « C'est une lâcheté, c'est déshonorant ! » Vainement le président s'épuise en efforts pour rétablir le calme; il invite les députés qui fourmillent dans l'hémicycle à reprendre leurs places; son pouvoir est méconnu et bravé. « Non! non! » disent avec rage les plus furieux. « Allons chez le roi ! » s'écrient en même temps des centaines de voix. D'autres : « Levez la séance, monsieur le président ! » Le président : « Sans doute, mais j'ai un mot à dire auparavant. »

A ce moment, M. Crémieux réclame le dépôt des pétitions remises par la garde nationale à MM. Marie, Beaumont (de la Somme), à lui-même, etc., etc. Mais sa voix se perd dans un tonnerre d'exclamations chargées de colère et de dédain.

M. O. Barrot vient ensuite, et propose d'ajourner l'ordre du jour du lendemain, c'est-à-dire la discussion, dans les bureaux, du décret d'accusation contre les ministres. M. Dupin aîné soutient cette proposition d'ajournement, dans le but, dit-il, de ne pas augmenter l'irritation des esprits. Mais M. Guizot s'y oppose : « La Couronne exerce sa prérogative. La prérogative de la Couronne doit être pleinement respectée; mais tant que le Cabinet reste aux affaires, tant qu'il est assis sur ces bancs, rien ne peut être interrompu dans les délibérations des grands pouvoirs publics. »

L'ordre du jour fut maintenu. Cet acte suprême du

Parlement de la monarchie était conçu en ces termes :

« A une heure, réunion dans les bureaux.

» Examen de deux propositions.

» A trois heures, séance publique : suite de la discussion du projet de loi relatif à la prorogation du privilége de la Banque de Bordeaux. »

Faut-il louer la dignité de cette résolution, ou bien n'y faut-il voir que l'aveugle conseil de la vanité blessée ? Quoi qu'il en soit, les premiers mots du ministre accusent plus d'amertume contre la Couronne que contre l'Opposition elle-même. Il y a un reproche évident et sanglant dans cette affectation réitérée de respect envers la prérogative royale. Réserve égoïste peut-être, mais habile, preuve pour l'avenir que le Cabinet est abandonné, mais qu'il n'abandonne pas. A son banc, le ministre disgracié fut plus explicite encore. Aux séides qui lui reprochaient sa chute comme une désertion, il répondit sans détour qu'il avait dû céder à la volonté du roi. Les uns s'en exaspérèrent; d'autres, plus prudents, s'éloignèrent sans mot dire.

Les députés de l'Opposition se répandirent dans Paris. Les ministres se rendirent aux Tuileries.

XXIV

La Chambre des pairs devait s'écrouler comme l'autre Chambre dans l'imprévoyance et dans l'impuissance; comme l'autre, elle semblait se croire engagée d'honneur à ne point avouer le péril, pour n'avoir point à le conjurer.

Dès que la séance est ouverte, M. le comte d'Alton-Shée présente une demande d'interpellations sur l'état de la capitale, sur les collisions déplorables qui ont eu déjà lieu, et qui s'aggravent de moment en moment. Appuyée par plus de deux membres, cette demande est mise aux voix et aussitôt rejetée. M. de Boissy revient alors à la charge.

« Attendu, dit-il, qu'hier le sang a coulé sur divers points de la capitale ;

» Attendu qu'aujourd'hui la population parisienne est menacée de mort et d'incendie : de mort par soixante bouches à feu, approvisionnées moitié à coups de mitraille, moitié à coups de boulet (murmures) ; qu'elle est menacée de dévastation et d'incendie par quarante pétards, le tout transporté d'urgence et en hâte de Vincennes à l'École militaire..... » Les murmures, qui avaient impatiemment ondulé pendant cette lecture, éclatent ici de toutes parts. L'orateur veut continuer : sa voix se brise, emportée dans un tourbillon de cris : « A l'ordre! » Il proteste, les cris redoublent. Rappelé à l'ordre par le chancelier, il veut s'expliquer. Ses explications soulèvent des mots injurieux qu'il rétorque avec des gestes et des paroles de mépris. Résolu cependant à pousser jusqu'au bout, M. de Boissy se décide à formuler sans détails une simple demande d'interpellation. M. d'Alton-Shée l'appuie. Il fallait encore une voix : elle ne se trouva point dans la Chambre des pairs.

Puis, comme si l'incident n'eût été qu'une habituelle incartade d'un esprit déréglé, la Chambre passa paisiblement à la discussion d'un projet de loi concernant le régime hypothécaire et l'expropriation forcée dans les colonies d'Amérique. M. Beugnot parla, puis M. H. Passy, M. Ch. Dupin et M. l'amiral de Mackau.

CHAPITRE NEUVIÈME.

Le ministre de la marine était indisposé : la délibération fut renvoyée au lendemain.

A ce moment, trois heures et demie sonnaient. La pairie venait d'accomplir le dernier acte de son histoire; elle entendait la dernière heure de son pouvoir.

CHAPITRE DIXIÈME.

La chute de M. Guizot détend la situation; joie dans Paris. — M. Molé suffit-il aux réformes demandées? L'Opposition ne le croit pas; elle en a les preuves dans l'effet produit par la nouvelle de ce changement de ministère. — Situation ambiguë : le gouvernement laisse les troupes l'arme au bras, à leurs postes; ne donne aucun ordre nouveau; laisse sans instructions les préfets de la Seine et de police, l'État-major de la garde nationale, les chefs de corps, et ne dit pas un mot au peuple ni à la garde nationale; dangers de cette situation. — Délivrance des prisonniers. — Scènes dramatiques de la rue Bourg-l'Abbé. — Incidents de troupes : à l'Entrepôt des vins; au Conservatoire des arts et métiers; à la préfecture de police. — M. Molé est mandé aux Tuileries; au sortir de chez lui, un rassemblement arrête sa voiture pour une barricade; son entrevue avec le roi. — Les ministres viennent remettre au roi leurs démissions. — Dîners aux Tuileries, à l'État-major de la garde nationale, au ministère de l'intérieur. — Tentatives de M. Molé près de MM. de Rémusat, Dufaure, Passy, Billault et Thiers; réponse de M. Thiers. — M. Molé se rend chez M. de Rémusat; mot de M. de Rémusat. — M. Molé va trouver M. Thiers; leur conférence. — Affluence chez M. O. Barrot : délibération sur la conduite à tenir; interruption par l'arrivée d'une colonne de peuple, qui est introduite dans la cour; paroles de MM. O. Barrot et Garnier-Pagès; la foule se retire; la discussion est reprise; nouvelle interruption par le bruit d'une décharge : c'est celle du boulevard des Capucines, devant le ministère des affaires étrangères; causes qui l'ont occasionnée : dispositions défensives de l'hôtel; formation d'une colonne de gardes nationaux et de peuple, place Royale, devant la mairie du huitième arrondissement; sa marche libre et pacifique à travers les troupes qui garnissent les boulevards; elle s'arrête aux bureaux du *National*, où M. Marrast lui adresse quelques paroles; elle reprend son mouvement, arrive à la hauteur du ministère des affaires étrangères, se trouve en face des troupes qui barrent le passage; impuissance de s'arrêter ou de rétrograder; les soldats croisent la baïonnette; premier coup de feu; décharge générale; blessés et morts; horrible scène. — La vérité constatée sur l'heure et sur les lieux mêmes, témoignée par *le Moniteur*. — Un chariot enlève les cadavres; il les conduit au *National*; discours de M. Garnier-Pagès; le chariot reprend sa marche; il s'arrête à *la Réforme*; il arrive à la mairie du quatrième arrondissement, où il dépose les corps. — Sensation produite sur le roi, sur M. Molé, au ministère de l'intérieur, à l'État-major, chez M. O. Barrot, dans Paris. — Les préparatifs de la lutte sont repris; le combat recommence.

I

La chute de M. Guizot était décidée. Soit dévouement, soit ambition personnelle, les familiers du château mirent un empressement extrême à la faire connaître. « Allez, » dit M. de Montalivet accouru vers les gardes nationaux à cheval, « retournez plus vite que vous n'êtes venus; parcourez Paris; annoncez partout que le roi change son ministère et consent à une réforme raisonnable. » Non moins empressés que leur chef, les cavaliers se dispersèrent en hâte dans toutes les directions, semant partout la nouvelle.

Elle fut accueillie avec enthousiasme à l'État-major : un petit nombre considéra ce changement comme une concession fatale, mais pour la plupart ce fut un soulagement immense. La situation pesait d'un poids écrasant sur tous les cœurs et sur toutes les têtes. De minute en minute les rapports se succédaient de plus en plus alarmants : « Le soldat commence à se lasser; il se dégoûte d'une lutte mal conduite, inefficace contre des barricades qui, sans cesse renversées, se relèvent sans cesse comme par enchantement. Le temps est sombre; une pluie glaciale détrempe les corps et les âmes; les distributions de vivres, mal faites, ne réparent point les forces abattues; exténués, les soldats ne reçoivent de secours que de ce peuple contre lequel on lui commande d'employer ses armes; les manifestations de la garde nationale aggravent la démoralisation. A des ordres transmis sans conviction et sans vigueur les soldats obéissent, mais mollement et avec répugnance. Les généraux eux-mêmes subissent la contagion. Doutant de l'habileté de ceux qui les dirigent, ils doutent encore du dévouement de ceux qu'ils commandent, et quelques-uns d'entre eux se plaignent sans ménagement de la position qui leur est faite, des ordres contradictoires qui leur sont transmis, de la faiblesse et de l'anarchie qui éclatent à chaque instant dans le commandement supérieur. »

Dans la ville l'allégresse fut vive et presque universelle. Ainsi qu'il arrive dans les grandes crises, les pensées les plus diverses, les plus contradictoires s'accordèrent dans un même sentiment. Pour les uns, la chute du ministère était l'humiliation du roi; pour les autres, le salut de la monarchie. Ceux-là se réjouissaient d'une victoire pacifiquement remportée; ceux-ci, d'une collision sanglante évitée. Les réformistes s'applaudissaient d'un progrès désormais inévitable; à l'exception d'une infime minorité, les conservateurs étaient heureux de voir se détendre, au prix de quelques concessions, une situation grosse de périls. La masse était agréablement émue du changement; les indifférents, de la nouveauté du spectacle. Partout donc la nouvelle fut accueillie avec transport; sur plusieurs points, aux cris de « *Vive le Roi!* ». Tant il y a de spontanéité, de sincérité et de loyauté dans les explosions de la conscience populaire.

II

Cependant la joie ne dura pas longtemps sans mélange. Quels seraient les résultats de la victoire? Quelles mains en seraient chargées? Aux noms détestés des ministres déchus, quels noms succéderaient? M. Molé, escorté de quelques députés du tiers parti! Mais M. Molé, c'était la domination perpétuée de la majorité conservatrice, la pérennité du système à l'intérieur, de la faiblesse à l'extérieur. C'était donc pour si peu que la nation avait engagé une si grande lutte! Ces longs travaux, ces efforts si multipliés, tant de manifestations et de sacrifices, un combat, le sang répandu! tout cela pour remplacer M. Guizot par M. Molé, tombé naguère lui-même sous les coups de la coalition parlementaire de 1839, dont M. Guizot était l'âme, la voix, l'instrument et l'un des chefs les plus passionnés! Non! une si déplorable issue ne serait qu'une duperie, une dérision, une honte! Elle n'était acceptable à aucun prix.

Ces réflexions se communiquèrent avec rapidité. Aussi les messagers du château, reçus d'abord avec satisfaction, virent-ils s'élever les plus vives clameurs lorsqu'ils prononcèrent le nom de M. Molé. M. Carnot put constater la même animadversion dans le sixième arrondissement, qu'il représentait. MM. Garnier-Pagès et Luneau la virent également naître et grandir sur les divers points qu'ils parcoururent successivement. Elle éclatait surtout avec force dans les bureaux des journaux de l'Opposition, *le Siècle, le Courrier français, la Démocratie pacifique, le National, la Réforme*, où affluaient les écrivains, les visiteurs, les familiers, et les envoyés de ceux qui, depuis la veille, se battaient derrière les barricades. Toute cette partie énergique de la population repoussait, comme ridiculement insuffisantes, les réformes promises par le nom de M. Molé, et jurait de ne point cesser la lutte avant d'avoir obtenu des garanties vraiment sérieuses. De fait, cependant, la lutte cessa incontinent partout. Si l'avénement, encore incertain d'ailleurs, de M. Molé, n'était point de nature à supprimer la manifestation, la chute de M. Guizot avait nécessairement pour effet d'arrêter la bataille.

De là sortit une situation ambiguë, mal définie au premier abord, peu connue encore à présent, dont le péril devint bientôt irrésistible et qu'il importe de connaître pour bien comprendre les faits qui ont suivi.

III

La cause fondamentale du conflit, c'était la politique du ministère. Le ministère tombé, il n'y avait donc plus de conflit. On le sentit ainsi de part et d'autre. Peuple et soldats relevèrent les armes : la lutte cessa.

Dès lors la présence des troupes devenait inutile ; inutile, elle était périlleuse. Quelle souveraine imprudence, en effet, de laisser le soldat inactif de bras et de cœur sur la voie publique, également exposé à la séduction, à quelque irruption soudaine, à ces mille accidents qui se dégagent, comme l'électricité, des grandes masses en suspens ! que pouvait-il ? Repousser brutalement la sympathie déclarée du peuple ? Employer la force ? Mais quelle sanglante folie de défendre par la force un ministère abandonné du roi et de lui-même ! Accueillir l'empressement du peuple ? laisser l'ennemi de tout à l'heure aborder ses rangs, porter dans son âme la contagion du sentiment qui possède la ville, et amollir son cœur par la gratitude des services offerts et acceptés ? Mais alors comment renouveler la lutte, si la lutte redevient nécessaire ?

Cette imprudence fut pourtant commise. Au lieu de résigner la police de la ville, le rétablissement de l'ordre, le maintien de la tranquillité, à la garde nationale, dont l'ascendant moral était encore intact, on conserva les troupes. Sur quelques points cependant il y eut des retraits partiels; mais par cela même, ils n'étaient point de nature à amortir les défiances que surexcitait une occupation militaire, d'autant plus menaçante qu'elle paraissait sans objet.

D'ailleurs, nulle précaution de détail. La trêve permettait au moins de masser les troupes sur les points stratégiques; elle permettait de rappeler et de rallier les petits postes, disséminés utilement pendant la lutte, puisqu'il faut bien aller chercher l'ennemi là où il est, mais qui ne sont qu'un éparpillement dangereux lorsqu'il n'y a point de combat. On aurait pu tracer autour de ces rassemblements un rideau de garde nationale, et, en isolant les troupes, supprimer le péril des paroles échangées. On ne fit rien. M. Guizot avait dit à la tribune qu'il continuait à gouverner : et, par le fait, il n'y avait plus de gouvernement. L'impulsion ne venait de nulle part. La préfecture de la Seine était sans informations. La préfecture de police, sans ordres, n'osait en donner que d'insignifiants. A l'État-major, le duc de Nemours, le duc de Montpensier et les généraux, l'œil troublé, le visage étonné, l'oreille ouverte à tous les bruits, ne savaient plus qu'ordonner, de la paix ou de la guerre. Destitué de toute autorité morale par les preuves écrasantes de son aveuglement, le chef de la garde nationale n'était plus compté. Chacun laissait la situation flotter au hasard. Les chefs de corps, en l'air au milieu de la ville, sans ordres, sans renseignements, sans instructions, ne savaient que faire de leurs soldats, ni quelle contenance tenir en présence d'un peuple dont un manque de foi déchaînerait de nouveau l'hostilité.

Ce peuple même! que faisait-on pour le rassurer, pour faire tomber de ses mains ses armes encore frémissantes? Rien! Jusqu'à ce moment, il n'y avait d'autre garantie de la parole du roi que les assurances de quelques familiers; du reste, nul engagement public; comme promesse de réforme, le nom seul de M. Molé. La prudence, la loyauté demandaient et conseillaient plus. Une proclamation aux habitants de Paris ou à la garde nationale, ferme, nette, catégorique, était nécessaire pour abattre le soupçon qui déjà renaissait. Négligence ou calcul, rien ne parut.

IV

Quoi de plus faux qu'une telle situation? Quoi de plus périlleux? Cependant le peuple ne demanda d'abord d'autre garantie que la délivrance des prisonniers. Cela était logique et naturel : puisque le roi concédait la réforme, il amnistiait virtuellement ceux qui la voulaient.

Vers trois heures, à la porte Saint-Denis, dès que le général Garraube eut annoncé au peuple le changement de ministère, un étudiant, M. Pilhes, réclama les citoyens détenus au poste Bonne-Nouvelle. Privé d'instructions, mais frappé de la justice évidente de la demande, le général hésitait. Alors le peuple se porte vers le corps de garde, dresse une échelle, escalade les murs et délivre les captifs. Immobile et l'arme au bras, la troupe laissa faire.

Le poste de la Bastille était, dit-on, rempli de personnes arrêtées. Les officiers de la 8ᵉ légion décidèrent que l'un d'entre eux irait exiger leur élargissement. M. Cerceuil, désigné, traverse la place couverte de troupes et pénètre seul dans le corps de garde. Il n'y avait point de prisonniers. Où étaient-ils donc? Le peuple se répandit pour les chercher. Grâce aux dispositions pacifiques des soldats, il put partout visiter les postes, les corps de garde, les casernes : au bout de quelques heures tous les prisonniers étaient libres.

V

Ainsi la guerre cessait sur tous les points. Mais l'irritation réciproque de la garde municipale et du peuple faillit compromettre ce commencement de paix. Depuis la veille, le combat durait dans la rue Bourg-l'Abbé. Incessamment repoussé, le peuple revenait incessamment à la charge. Ce jeune homme tué la veille, inoffensif et sans défense; quelques morts, des blessures plus nombreuses; ces munitions, ces armes si vigoureusement défendues; la conviction chez les soldats qu'ils étaient détruits s'ils étaient forcés, exaspéraient la lutte jusqu'à l'excès de la rage et du désespoir.

Cependant des jeunes hommes accoururent, agitant leurs mouchoirs et annonçant la pacification. Le combat s'arrête; les colères tombent; le peuple n'a plus que de la pitié pour ces soldats qui, depuis vingt-quatre heures, se battent sans nourriture; il apporte des vivres et du vin à ceux que, tout à l'heure, il voulait massacrer. Mais les habitants, que l'émeute avait enfermés chez eux, descendent dans la rue; ils réclament le rétablissement de la circulation, seulement pour les personnes isolées. Limite impossible à garder! A un passant en succède un autre; les individus s'accumulent; c'est encore la foule. Dès lors le poste est à la merci d'une attaque; les gardes municipaux barrent le passage.

Leur prudence est regardée comme violence : ils veulent donc recommencer la lutte! Les esprits s'échauffent, les voix éclatent, les poitrines se touchent. La garde fait effort; elle refoule ceux qui la poussent. Quelques-uns résistent : la garde les saisit, les fouille, montre qu'ils portent des armes sous leurs habits, et les emmène. Le peuple les redemande avec des menaces de mort. Le péril des soldats était flagrant. Contre une quadruple masse, toujours grossissante, ils n'étaient que quatre-vingt-cinq! Ils n'avaient reçu aucun secours! Un détachement de trente hommes, envoyé pour les rejoindre, avait été détourné, par un officier supérieur, pour l'attaque des rues Saint-Martin, Royale et Frépillon. Le lieutenant Dupouey, qui commande, comprend l'impossibilité de la résistance. Par un pressant message, il expose au préfet de police le suprême danger de sa position. Le messager revient sans réponse. Nouvelle dépêche. Pas de réponse. Les malheureux se voient abandonnés. Que vont-ils faire? Céder? La stupide et cruelle indifférence du pouvoir leur en donne le droit; mais le sentiment de la discipline est plus fort. Ils préfèrent résister, à tout hasard, jusqu'au bout; et, laissant la rue à la foule, ils se retirent dans la maison Lepage, emmenant leurs prisonniers. Le sang va donc couler. Des parlementaires se présentent; ils affirment que la captivité seule des prisonniers exaspère la foule, que leur mise en liberté calmera les esprits. Les officiers cèdent à ces instances : les prisonniers sont rendus. Les vivat retentissent.

Vivat de triomphe, non de gratitude! La foule s'enhardit. Maintenant, elle veut la poudre du magasin Lepage. La poudre ne suffit pas : elle veut les armes. Alors, abandonnée, convaincue qu'elle est sacrifiée et qu'il n'y a de salut que dans un excès d'énergie, la troupe se divise en deux sections, ouvre les portes, sort, fait face à droite et à gauche, et, la baïonnette en avant, charge. A cette attaque inattendue, le peuple recule. Mais à la surprise succède une colère rendue plus âpre par la honte. Malgré l'attitude formidable des soldats, les fuyards reviennent. La nuit approche; tout prend un aspect sinistre. La mêlée va s'engager, lorsque le tambour retentit. C'est le maire du sixième arrondissement, M. Cotelle, le colonel de la légion, M. Husson, le lieutenant colonel, M. Corbeau, accompagnés d'officiers et d'une cinquantaine de grenadiers, qui viennent s'interposer.

Bouclier pour les gardes municipaux, la garde nationale était pour le peuple un renfort. En effet, en abordant le chef du poste, M. Cotelle lui fit de vifs reproches sur son agression, lui représenta tout le péril d'une telle provocation, et obtint qu'il rentrât dans la maison Lepage avec tous ses hommes. Les officiers de la garde nationale y entrèrent avec eux, laissant leurs hommes rangés devant la porte pour en défendre l'accès. Mais, la rue à peine devenue libre, le peuple s'y précipita; les derniers poussant les premiers, ce fut bientôt une avalanche terrible, irrésistible, qui emportait tout. Vainement, cramponnés à toutes les anfractuosités du mur, les gardes nationaux luttaient de la voix, des mains et du cœur : le tourbillon les enlève dans une indéfinissable mêlée où s'abîme toute résistance. La porte s'ébranle sous les coups des assaillants. Des cris de mort, des menaces d'incendie, retentissent. « Assez de faiblesse! » disent les gardes municipaux. « Nous ne voulons pas nous laisser égorger comme des moutons! » Et ils préparent un retour offensif et désespéré. Les officiers et le maire persistent, avec un indomptable courage, dans leur mission d'humanité. Au risque de leur vie, ils se jettent entre les soldats et le peuple. Entre temps, M. Cotelle offre au chef du poste d'aller lui-même à la préfecture de police chercher des ordres. La foule est infranchissable : on le descend avec des cordes dans une rue voisine. Il court, arrive, et revient apportant cette réponse : « Le préfet refuse de donner à la garde l'ordre de mettre bas les armes, mais il ratifie d'avance tout ce que le chef fera pour sauver ses hommes. »

Dernière sauvegarde, un petit nombre de soldats du 7º léger venaient de disparaître, enlevés, noyés, mais non maltraités dans le flot populaire. Les officiers de la garde nationale restaient seuls, intrépides jusqu'à la mort, mais tout à l'heure enveloppés eux-mêmes dans l'impuissance. Irrité d'une résistance qu'il juge insolente par son inégalité, fier de sa masse, exalté par toutes les passions qui déchaînent, le peuple pèse sur le frêle obstacle qui le sépare de ses victimes. Déjà la porte fléchit, les torches brillent. En vain tous les officiers, en vain M. Étienne Arago, ses amis et d'autres, s'épuisent en efforts héroïques : la catastrophe est imminente, lorsque les gardes municipaux, sentant qu'ils ont fait plus que leur devoir, se résignent enfin à céder à des forces si supérieures.

Mais, au milieu d'un tel tumulte, une capitulation régulière était impossible. Faire sortir les soldats en bataille et avec leurs armes, c'était provoquer le combat. On espéra éluder le péril en décidant que chaque garde municipal sortirait entre deux officiers de la garde nationale. Le premier qui parut était un vieux soldat, le brigadier Verdier; fidèle, à tous risques, à l'honneur militaire, il avait refusé d'abandonner ses armes. Un de ses bras s'appuyait sur M. Étienne Arago; un officier de la garde nationale le couvrait de l'autre côté. La foule fit place et le cortége s'élança rapidement. A peine était-il dans la rue, qu'un enfant de quinze ans se jette en avant, le pistolet à la main, et assassine le malheureux brigadier dans les bras impuissants de ses protecteurs indignés. Au bruit de ce guet-apens, tous s'arrêtent; l'horreur glace la colère : l'instinct avertit les sauveurs qu'il faut profiter de la stupéfaction, et ils accélèrent la retraite, au milieu d'une foule dont les passions meurtrières se rallument. Deux officiers restaient encore : c'était à eux que l'on reprochait le sang versé. MM. Husson, Corbeau et leurs amis adjuraient la foule de leur livrer passage : la foule se resserrait. M. Étienne Arago se dévoue encore. Il sort le premier, le visage rayonnant de résolution. Sa main tient la main du lieutenant Bouvier, qu'entourent des officiers de la garde nationale. Tous se précipitent. Mais refoulé, le lieutenant Dupouey n'a pas eu le temps de sortir : le colonel le pousse dans une chambre, la ferme, en garde l'entrée, et parvient, au bout de deux heures d'efforts surhumains et de cruelle agonie, à le conduire sain et sauf à la préfecture de police.

C'était vers ce même point que s'étaient dirigés les gardes municipaux conduits par les officiers de la garde nationale. Rejoints, en route, par un détachement du 1er léger et par un peloton du 7e cuirassiers, envoyés trop tard à leur secours et qui n'avaient pu parvenir jusqu'à la maison Lepage, ils avaient été assaillis par des bandes furieuses qui venaient les frapper jusqu'au milieu de leur escorte. Obligés de se détourner de leur direction pour éviter des rassemblements de trop hostile attitude, ils arrivèrent enfin, vers neuf heures du soir, à l'Hôtel de ville, dans l'état le plus déplorable, mais sans avoir à regretter d'autre perte que celle du brigadier Verdier.

VI

Des incidents analogues, heureusement moins graves, se passaient, en même temps, sur trois différents points.

L'Entrepôt des vins, situé dans le quartier Saint-Victor, était, comme la maison Lepage, gardé par une compagnie de municipaux. Abordée par une forte colonne d'insurgés, la petite garnison ferma les grilles et se retira dans le poste. Un drapeau flottait au-dessus de la porte : un assaillant escalade la grille pour le saisir. Ignorant les nouvelles, sans ordre et sans vivres, la garde municipale se croit menacée d'un péril sérieux ; elle fait feu par les meurtrières. Plusieurs hommes tombent, les uns blessés, les autres tués ; le reste s'enfuit avec des cris d'indignation contre cette sanglante violation de la trêve tacitement conclue dans le reste de la ville, et va répandre dans tous les quartiers de la rive gauche l'horreur de cette trahison.

Aux Arts-et-Métiers stationnaient deux compagnies du 15° de ligne, commandées par le capitaine Barbier. Elles avaient été successivement renforcées par une compagnie du 1er léger et par une section du 6° bataillon de chasseurs à pied, ceux-ci aux ordres du capitaine Desgranges, qui prit le commandement, par droit d'ancienneté. Vers cinq heures du soir, cette faible troupe se vit enveloppée par une foule immense; elle se retira dans une première cour. La porte extérieure, attaquée aussitôt, céda au bout de deux heures. La garnison se renferma dans une seconde cour. Mais rien ne résiste à la pression des foules parisiennes. La seconde porte fléchit bientôt comme la première. Réfugié dans un troisième asile et se voyant près d'y être forcé de nouveau, le chef du détachement jugea convenable d'évacuer la place. Sage résolution d'un brave officier, qui dans une conjoncture difficile sut éviter le double écueil d'abandonner ses armes ou de verser, sans un ordre formel, le sang des citoyens.

De forts détachements de gardes municipaux, deux escadrons de dragons, une compagnie de chasseurs d'Orléans, trois compagnies du 14° de ligne, gardaient la préfecture de police. Accablé d'avis sur des projets d'attaque, le préfet avait donné l'ordre de veiller avec soin autour de lui et de repousser énergiquement toute tentative. Vers huit heures, une colonne considérable déboucha sur la place du Châtelet : quelques-uns étaient armés, le plus grand nombre portait des torches et chantait le chœur des *Girondins*. A la lueur des torches, la garde de la préfecture aperçoit des armes; elle croit au péril et fait feu. Quelques coups répondent. La cavalerie s'avance, charge le cortége et le disperse dans les rues adjacentes.

Telle était donc, vers la fin de cette journée, la situation de la capitale. Le roi cédait, mais cauteleusement, la population acceptait les concessions annoncées, mais avec défiance. Des deux côtés, les contendants restaient debout, en présence et armés. Que fallait-il donc pour allumer un incendie terrible au milieu de ces éléments si inflammables? Une étincelle! Certes, nul ne peut affirmer que la retraite immédiate des troupes eût annulé tout danger; mais elle était cent fois moins périlleuse que la permanente menace de leur maintien sur pied. Ce qui est certain du moins, c'est que, si le roi, embrassant sa position d'un œil ferme et d'un cœur loyal, eût abandonné ses ministres sans esprit de retour, s'il eût désigné un ministère d'Opposition, s'il eût énoncé nettement les réformes qu'il accordait, si enfin il eût publié toutes ces mesures dans une proclamation signée de lui ou d'un nom qui eût paru une garantie formelle, il n'y aurait pas eu une révolution à Paris le 24 février 1848.

VII

On a vu que M. Molé avait été mandé aux Tuileries. Quand le message du roi lui parvint, il sortait de la Chambre des pairs. Soit hésitation, soit quelque motif secondaire, au lieu de se rendre directement à l'appel du roi, le comte marcha vers sa propre demeure, située rue du Faubourg-Saint-Honoré. Il en ressortait au bout de quelques instants; tout aussitôt, un rassemblement arrêta sa voiture pour en faire un instrument de barricade. Bien que les assaillants n'eussent manifesté aucune hostilité contre sa personne, M. Molé vit dans cet acte audacieux l'indice des redoutables difficultés de la situation, et il en ressentit une impression très-forte. Introduit dans le cabinet du roi, il le trouva assis devant sa fenêtre, regardant au hasard dans le jardin, et comme absorbé par une méditation profonde.

Ce qui frappait surtout l'esprit du vieux prince, c'était l'attitude de la garde nationale. Une émeute populaire n'avait rien qui l'étonnât; mais la froideur, mais l'hostilité de la bourgeoisie, de cette classe moyenne pour laquelle il gouvernait, qui régnait avec lui et par lui, c'était là une nouveauté monstrueuse, incompréhensible, qui déroutait toutes les traditions de son esprit. « Cela ressemble au commencement d'un 20 juin 1792, » dit-il à M. Molé avec une douloureuse amertume. Puis il ajouta que les ministres ne se sentant plus maîtres de la situation, avaient cru devoir se retirer; qu'il approuvait leur détermination; que cependant il ne l'avait point provoquée; et il se plaignit que, devant les députés, M. Guizot eût rejeté sur la Couronne toute la responsabilité d'une démission volontairement donnée par lui. Il termina par ces mots : « Maintenant, je compte sur vous. » — M. Molé répliqua qu'il était toujours prêt à se dévouer au roi et au pays, mais que sa situation personnelle lui paraissait peu en harmonie avec la situation générale; qu'il était, avant tout, conservateur; qu'il ne pouvait conséquemment s'associer, même pour le maîtriser, à un mouvement dirigé contre la politique du parti conservateur autant que contre le ministère; que les seuls hommes capables de gouverner un tel mouvement étaient ceux qui lui avaient donné l'impulsion; et il conseilla nettement d'appeler MM. Thiers et O. Barrot. « M. Thiers! » s'écria le roi, « et que dira l'Europe ? » — « Lorsque l'on a l'incendie chez soi, il faut songer à l'éteindre avant de se préoccuper de ce que dira le voisin. » Mais le roi ne voulait pas entendre parler de M. Thiers. Il insista auprès de M. Molé, qui de son côté persistait, avec une respectueuse fermeté, dans l'expression de sa conviction. « Mais enfin, » dit le roi, « vous ne me refuserez pas au moins de voir et de consulter MM. Dufaure, de Rémusat, Billault, Passy?... » — « Puisque le roi le veut, je ne puis lui refuser cette démarche. » Et il sortit.

Quelques moments après les ministres arrivaient. Le roi les reçut d'un air à la fois gêné et affectueux. Il déplora les circonstances qui les mettaient dans la nécessité de lui donner leur démission. M. Guizot objecta que cette démission avait été demandée par le roi lui-même. « Quoi qu'il en soit, » reprit Louis-Philippe, « je vous prie de me continuer vos services. » Les ministres protestèrent de leur dévouement; et le roi les congédia avec des regrets polis et des compliments.

VIII

Le dîner suivit, plutôt semblable à un conseil de guerre ou de politique qu'à un délassement de famille. Parmi les convives était le maréchal Bugeaud, spontanément venu pour offrir ses services, qui ne devaient être acceptés que plus tard. A chaque moment, des rapports arrivaient, annonçant que l'agitation ne se calmait pas. Le roi faisait de continuels efforts pour maintenir sur son visage son masque de sérénité ; mais la préoccupation perçait ; et il réussissait mal à communiquer à ceux qui l'environnaient la tranquillité qu'il n'avait plus. Le double poids de la vieillesse et de la situation pesait sur son front. Non qu'il s'affligeât de la ruine de sa famille : il était loin de la prévoir ; mais il craignait l'humiliation de sa politique, et il attendait avec impatience le résultat des démarches de M. Molé.

A la même heure, les princes dînaient à l'État-major, chez le général Jacqueminot. Le duc de Nemours avait à sa droite le général Sébastiani et à sa gauche le général Rulhières. Les rapports affluaient, mais chargés d'erreurs. Ainsi l'un affirmait, et le prince ne craignit pas de le répéter à haute voix, que la préfecture de police était assaillie par une véritable armée de dix à douze mille hommes. Le lecteur sait à quel point cette affirmation était exagérée. On annonçait également que l'hôtel des affaires étrangères était menacé. Ceci était également faux, et ne fut vrai que plus tard. Cependant le duc se hâta d'y envoyer le lieutenant-colonel du 14e de ligne, M. Courant, avec une compagnie de grenadiers, une de voltigeurs et une du centre. Sur l'état réel de la capitale, sur les effets du changement des ministres, les rapports ne fournissaient que des renseignements contradictoires. Le duc était visiblement alarmé ; de temps en temps, il parlait bas à ses voisins. Chacun était morne et inquiet. On eût dit un repas de funérailles.

Mais il y avait moins de tristesse au ministère de l'intérieur. L'amphitryon, M. Duchâtel, n'avait pas cru devoir contremander des invitations antérieures aux événements. On voyait autour de lui la majeure partie de ses collègues, M. Guizot en tête, et un certain nombre d'amis politiques. Ce qui égayait surtout les convives, c'était le ministère futur et les impossibilités de sa situation. Au fond, cette gaieté était plus sincère qu'hypocrite. Il n'est pour ainsi dire pas un homme d'État qui ne se croie l'homme indispensable, qui pense que l'on puisse gouverner après lui, sans lui. Et en outre, quand un ministre tombe au milieu d'une tempête, tout en gémissant de voir le pays perdu, il se sent heureux de n'avoir plus la responsabilité du naufrage ou du salut. D'ailleurs, MM. Guizot et Duchâtel ignoraient complétement la réalité des choses. Si le premier avait quitté, par prudence, l'hôtel des affaires étrangères, le second n'avait mandé, pour la défense du ministère de l'intérieur, qu'un détachement de quarante hommes et douze chevaux de la garde municipale, aux ordres du lieutenant Deleuze. Dans la soirée vinrent des députés et des pairs de France. Des tables de whist étaient dressées dans les salons. Sauf quelques visages composés et quelques paroles affectées, vous eussiez cru assister à une des réceptions semainières du ministre.

Malheureusement, cette indifférence qu'ils étalaient dans leurs salons, ces hommes déchus la découvraient bien plus clairement encore par leurs actes. M. Guizot avait déclaré à la tribune qu'il continuerait à gouverner jusqu'à l'installation de ses successeurs; le ministère en avait fait au roi la promesse formelle. Cet engagement d'honneur fut oublié. Pendant tout le reste du jour, excepté M. Trézel, qui se tint constamment à la disposition du roi et des princes, aucun des ministres ne prescrivit une mesure, aucun d'eux ne donna un ordre, aucun d'eux ne prit l'initiative d'une résolution, aucun d'eux ne fit un effort pour rétablir la paix dans la cité, pour calmer ou pour réprimer l'effervescence des esprits, pour éteindre l'incendie allumé par leurs propres mains. Peut-être ne comprenaient-ils pas qu'il est des circonstances suprêmes où la mauvaise humeur devient de la trahison ! Peut-être aussi avaient-ils conscience de leur impuissance !

IX

M. Molé, lui, s'était empressé d'agir. A peine sorti du palais, il avait appelé à son aide MM. de Rémusat, Dufaure, Passy et Billault ; il avait également sollicité la venue de M. Thiers. On perdit beaucoup de temps à la recherche des premiers ; M. Thiers répondit qu'il attendait M. Molé chez lui. Vers huit heures, n'ayant encore vu paraître personne, M. Molé prit le parti de se rendre auprès de M. de Rémusat. Il le trouva plutôt préoccupé qu'alarmé. « C'est une Révolution de Juillet qui aboutira à un changement de ministère ! » dit cet esprit ingénieux. Sans les événements, ce mot aurait couru le lendemain dans les salons et dans les couloirs de la Chambre. M. de Rémusat ajouta qu'il ne se regardait pas comme libre de rien décider sans le concours de M. Thiers, et il engagea M. Molé à le voir, sans plus de retard.

De retour chez lui, impatienté d'être toujours sans nouvelles de M. Dufaure et de ses amis, M. Molé se dirigea vers la demeure de M. Thiers. Il était neuf heures. Les rues regorgeaient d'agitation. Ceux qui arrivaient de l'intérieur de la ville semblaient raconter aux autres quelque événement extraordinaire ; ceux-ci levaient les bras au ciel avec des signes de douleur et d'épouvante. Prêtant une oreille attentive, M. Molé entendit parler de coups de fusil, de nombreuses victimes, de catastrophe, sans parvenir cependant à se rendre un compte bien net et bien précis de ce qu'il entendait ; mais il sentait confusément que les difficultés de la situation, déjà si graves, s'aggravaient encore autour de lui à chaque pas.

Une foule énorme, répandue au loin, encombrait la petite place sur laquelle est situé l'hôtel de M. Thiers. Mille voix acclamaient les députés de l'Opposition, la chute de M. Guizot, l'avénement d'un ministère réformiste. Derrière la grille fermée, M. Thiers se tenait debout entre quelques amis, échangeant avec la foule des paroles de congratulation et des promesses. Réservé, comme il convient à un sage politique, devant cette foule dont il avait tant de fois, et la veille encore, éprouvé les brusques variations, on voyait cependant que ce branlant retour de popularité chatouillait les intimes replis de son cœur, et que son orgueil en savourait avec délices la caresse oubliée.

Dans l'intérieur de l'hôtel, une affluence considérable ! toute la clientèle parlementaire ou extra-parlementaire du centre gauche se pressait autour de son chef. Le succès de la journée, l'allégresse publique, la lutte suspendue, terminée sans doute, les nouvelles apportées par les amis et surtout l'ovation de tout à l'heure, avaient chassé toutes les alarmes et suscité toutes les confiances. Pour la seconde fois de sa vie, M. Thiers se voyait l'arbitre souverain de la situation, le maître des volontés, de la volonté royale elle-même. Il accueillit avec empressement M. Molé, et l'emmena dans son cabinet. Ce qui se passa dans cet entretien, qui dura trois quarts d'heure, je l'ai su par eux-mêmes. Chacun d'eux a bien voulu m'en faire le récit.

M. Molé raconta d'abord l'appel du roi, ses impressions, ses propositions; il dit comment il avait déclaré sa propre insuffisance et désigné M. Thiers; il rapporta l'exclamation du roi à ce nom redouté, et tout le détail qu'on a déjà lu. Finalement, M. Molé demanda à M. Thiers si, pour la reconstitution d'un ministère, il pouvait compter sur son concours et sur celui de ses amis. M. Thiers répondit que, dans une si grave conjoncture, les considérations d'amour-propre ne sauraient avoir de poids ; que cependant la présidence du conseil étant dévolue à M. Molé par son âge et par l'appel du roi, il ne pouvait entrer de sa personne dans un cabinet dont il ne serait point le chef; que, quant à ses amis, il ferait tous ses efforts pour obtenir leur adhésion, mais qu'il ne pouvait prendre pour eux, sans eux, aucun engagement formel. Interpellé sur les conditions de ce concours, M. Thiers répondit que, personnellement, il ne demandait rien, qu'il lui suffisait de voir une situation si périlleuse détendue par la chute du ministère; mais que ses amis exigeraient certainement la réforme parlementaire, la réforme électorale et la dissolution de la Chambre. « Les deux premières questions sont déjà considérables, » objecta M. Molé; « pour la dissolution, jamais on ne l'obtiendra du roi. » M. Molé était d'ailleurs peu disposé à y consentir, car, dans ce cas, il ne serait bien évidemment que l'introducteur d'un nouveau cabinet. « Mais, » dit M. Thiers, « vous ne connaissez pas cette Chambre. Quand vous l'aurez vue de près, vous serez plus que moi convaincu de la nécessité de la dissoudre. Au surplus, c'est à vous seul de voir s'il vous convient de poursuivre ou d'abandonner la formation d'un cabinet sous les conditions que j'indique. » Tous deux se séparèrent alors avec des protestations de bon vouloir réciproque : l'un gardant la conscience de sa force, l'autre de plus en plus pénétré du sentiment de sa faiblesse.

X

Une affluence au moins égale se pressait dans les salons de M. O. Barrot. Dès sept heures et demie, un grand nombre de députés, de journalistes, de membres du Comité central, y étaient accourus. A côté des principaux représentants de la gauche et du radicalisme, on voyait aussi quelques membres du centre gauche, tels que MM. Duvergier de Hauranne, de Malleville, d'Aragon, etc. La situation bien établie par le récit contradictoire des faits les plus récents, la réunion aborda l'examen des conséquences probables : « Un ministère Molé et Dufaure est-il acceptable ? Le centre gauche peut-il, doit-il former à lui seul un cabinet ? N'est-il pas indispensable au contraire de réunir dans un même cabinet tous les éléments de l'Opposition dynastique, c'est-à-dire la gauche avec M. O. Barrot, le centre gauche avec M. Thiers ? » — Sur ces trois questions, M. Duvergier de Hauranne s'empressa de déclarer que l'avénement immédiat de la gauche au pouvoir était, à ses yeux, la nécessité même des choses ; que, pour son compte, ayant marché d'accord avec les hommes de la gauche durant toute la campagne des banquets, il n'entrerait point dans un cabinet dont le chef de la gauche ne ferait point partie. M. de Malleville protesta des mêmes sentiments.

Quelle serait dès lors la conduite à tenir? Quelles démarches à faire auprès des différents partis parlementaires, et, avant tout, auprès du roi? La délibération s'ouvrait sur cette double question, lorsqu'un bruit, profond d'abord, puis éclatant, s'éleva de la rue. Voici quelle en était la cause.

Un de ces mille groupes qui se formaient pour se dissoudre et se transformer à l'infini sur tous les points de la ville, s'était accumulé vers le haut de la rue Montmartre. Non loin se trouvait la boutique d'un marchand de bougies et de lampions, appât irrésistible pour le gamin de Paris. En un instant le groupe s'émailla de lampions et de torches; et des voix ayant crié : « Allons chez les députés! allons chez Barrot! » tout se mit en marche. Grossie, dans sa course, de plusieurs centaines d'affluents, la colonne suivit le boulevard, s'engouffra dans la rue de la Ferme-des-Mathurins, et vint faire éclater, sous les fenêtres de M. O. Barrot, le tonnerre de son adhésion. Aussitôt la porte extérieure fut ouverte, et l'irruption encombra la cour et les escaliers. Sur les trois faces de cette cour règne une galerie découverte : les députés vinrent s'y placer, dominant de quelques mètres la foule qui les touchait pour ainsi dire des yeux. La lumière des torches, resplendissant jusqu'à la hauteur du second étage, perdue ensuite dans l'épaisseur de l'ombre, accentuait fortement toutes ces têtes étincelantes d'enthousiasme. La sympathie jaillissait comme l'électricité de ce foyer de flamme et de vie, ardente et multiple. Le silence de la foule est profond. La parole de M. O. Barrot retentit au loin lorsqu'il l'éleva pour remercier le peuple de cette démonstration.

Il dit en paroles énergiques les efforts incessants de l'Opposition, sa persévérance, son succès tardif, mais définitif; la réforme électorale et parlementaire promise, obtenue, certaine; puis il engagea le peuple à persévérer dans la sage modération qui avait produit de tels résultats; à ne rien compromettre par des démarches hasardées, dont les adversaires du progrès ne manqueraient pas de tirer parti; il termina par une exhortation politique, à tous les assistants, de se considérer comme personnellement chargés du maintien de l'ordre. Une courte allocution de M. Garnier-Pagès suivit les paroles applaudies de M. O. Barrot : « Les résultats de la journée n'étaient qu'un commencement de satisfaction. La chute du ministère, c'était la chute même, la chute irrévocable et définitive de ce système auquel la France avait été si longuement asservie. » — Le nom de Garnier-Pagès était, depuis longtemps, cher au peuple pour les services de celui qui le premier l'avait porté. — Il fut accueilli avec une faveur qui rejaillit sur ses paroles. Puis la foule, ayant acclamé les députés de l'Opposition, se retira paisiblement.

La discussion, interrompue par cet incident, recommença aussitôt devant un auditoire accru de quelques nouveaux venus, tels que MM. Isambert, Pierron, Bixio, Corbon, Courtais, etc. M. Courtais conseillait l'attitude la plus vigoureuse et en même temps la plus sage : « Le seul moyen de conjurer les événements, c'est d'écarter ce ministère intérimaire, de se rendre immédiatement aux Tuileries, et d'obtenir un ministère qui donne pleine et entière satisfaction à l'opinion publique. » A ce moment, un homme se précipite dans le salon. C'est M. Chambaron, secrétaire de M. O. Barrot. Le visage effaré, il dit que les boulevards sont envahis par une foule immense; que cette foule, lancée en colonne, touche le front des troupes rangées devant l'hôtel des affaires étrangères; qu'elle semble vouloir forcer le passage; qu'il a cru reconnaître en tête M. Lagrange..... — Ici le craquement d'une décharge lui coupe la voix : « Tenez, » reprend M. Garnier-Pagès, « on tire sur votre ministère intérimaire. »

XI

Cette décharge, c'était le massacre du boulevard des Capucines! Bien des erreurs, bien des mensonges ont été répandus et acceptés sur ce triste sujet. Obligé de savoir la vérité, je l'ai recherchée avec un soin religieux, dans ses plus intimes détails. La voici, telle que me l'ont fournie la lecture de tous les témoignages écrits, une enquête sévère faite sur les lieux mêmes, l'audition de plus de trois cents témoins oculaires, assidûment contrôlés avec l'inflexible sévérité d'un devoir d'honneur.

On connaît la position du ministère des affaires étrangères. Ses bâtiments sont bornés, à l'ouest, par la rue Neuve-des-Capucines; au midi et à l'est, par des propriétés particulières; au nord, il se présente sur le boulevard des Capucines, avec sa cour, une aile étroite et son jardin. Le jardin surplombe, d'un mètre environ, le trottoir, qui lui-même domine la chaussée d'une hauteur à peu près égale. Au delà de la chaussée, l'autre trottoir, séparé par une balustrade à hauteur d'appui de la rue Basse-du-Rempart, située à deux mètres plus bas.

Par cela seul qu'il était la demeure de M. Guizot, ce ministère attirait, plus qu'aucun autre, l'animadversion et les attaques. La présence de la garde municipale ajoutait encore au péril. Aussi avait-il été assailli dès le matin du 22 février. On se hâta d'y envoyer des renforts en infanterie et en cavalerie. Mais, dans la matinée du 23, les attroupements se renouvelèrent, poussant avec une nouvelle fureur leurs cris de « *Vive la ligne! A bas la garde municipale!* » Pour enlever ce moyen d'action à l'émeute, l'officier commandant ordonna aux gardes municipaux de rentrer dans l'hôtel et de se renfermer dans les cours et dans le jardin. De ce moment et jusqu'à la fin de la lutte, cette milice ne parut plus sur le boulevard. Les attaques cessèrent.

Cependant on n'était pas rassuré dans l'intérieur du ministère. Sur l'invitation de M. Génie, M. Loyeux, commissaire de police, écrivit à l'État-major, qui envoya M. Braquehé, chef d'escadron, prendre le commandement. Des forces suffisantes couvraient toutes les avenues qui conduisent à l'hôtel. Mais les craintes ne se calmaient pas; à mesure que la nuit approchait, les habitants du ministère, de plus en plus tristes et découragés, demandaient de nouveaux renforts. C'est alors qu'arriva le lieutenant-colonel Courant. La garde de l'hôtel se trouva ainsi composée : à l'intérieur, défendant les cours et le jardin, la garde municipale, commandée par le capitaine Petit; au dehors, un détachement du 1er régiment d'infanterie légère, capitaine Roulin; 80 soldats du 21ᵉ de ligne, capitaine Auband; 100 hommes du 52ᵉ, capitaine Baraban; 100 cuirassiers du 6ᵉ; 50 dragons du 8ᵉ; trois compagnies du 14ᵉ de ligne.

D'abord les troupes furent échelonnées le long de l'hôtel; mais, à l'arrivée du lieutenant-colonel Courant, une autre disposition prévalut. Toutes les troupes furent massées en carré sur le trottoir qui borde l'hôtel et sur la chaussée, de la rue Neuve-Saint-Augustin à la rue Neuve-des-Capucines, l'infanterie aux extrémités, la cavalerie au milieu. Restaient libres pour la circulation, le trottoir du boulevard au-dessus de la rue Basse-du-Rempart, cette rue même et les rues adjacentes. Les compagnies du 14ᵉ formaient le côté du carré perpendiculaire à la pointe du jardin, face au boulevard, à vingt mètres environ du point où débouche la rue Neuve-Saint-Augustin.

Vers neuf heures, le colonel Talabot arriva, menant avec lui le deuxième bataillon de la 2ᵉ légion de la garde nationale. Il prit position en avant des troupes. A ce moment, la foule commençait à refluer vers le ministère. Irrité de voir que les fenêtres n'étaient point illuminées, le peuple criait : « *Des lampions! des lampions! A bas Guizot!* » Çà et là quelques menaces d'incendie. La position était dangereuse. Engouffré dans l'ouverture laissée libre sur le trottoir qui longe la rue Basse, le flot venait battre, cerner le carré des troupes et peser sur leur flanc d'une pression bientôt irrésistible. Le colonel Talabot, secondé par M. Altaroche, capitaine, et par les autres officiers du bataillon, se hâta d'intervenir ; et, sur leurs observations, la foule s'éloigna sans résistance. Puis M. Talabot signala au colonel Courant le danger de la position qu'il avait prise. Reconnaissant la justesse de l'observation, celui-ci étendit ses troupes sur le trottoir, jusqu'à la balustrade de la rue Basse. Dès lors, le boulevard se trouva complétement barré, la circulation des personnes qui venaient du boulevard des Italiens n'ayant d'autre issue que la rue Neuve-Saint-Augustin, à gauche, et l'étroit couloir de la rue Basse, à droite. La garde nationale conserva sa position en avant, le dos à la troupe, la face au boulevard.

Ainsi le passage, maintenu libre sur la ligne entière des boulevards, de la Bastille à la Madeleine, s'était successivement resserré sur un seul point, le ministère des affaires étrangères. Au début, les troupes n'occupent que le trottoir au pied des murs; un peu plus tard elles s'avancent et couvrent la chaussée, laissant ouvert le trottoir qui longe la rue Basse; et enfin elles garnissent à la fois les trottoirs et la chaussée, de manière à supprimer la circulation ou à la refouler sur elle-même.

Du côté qui regarde la Madeleine, cette disposition n'avait pas d'inconvénients. Là, le développement du boulevard est trop court pour que le peuple s'y puisse accumuler en grandes masses. Il n'y arrivait, pour ainsi dire, que par petits groupes; et des charges de cavalerie ou d'infanterie, exécutées avec une lenteur ménagée, les dispersaient facilement. Mais il n'en était pas ainsi vers la rue Neuve-Saint-Augustin. Les troupes qui faisaient tête sur ce point avaient devant elles la ligne entière des boulevards. Supposez une colonne de peuple formée au loin, sur un point quelconque de la ville : elle parcourt la chaussée, grossie en marchant de quelques milliers d'hommes ; elle approche, elle arrive, ne trouve point d'issue ; le mouvement accéléré par la masse ne peut s'arrêter ; il faut que la colonne rompe l'obstacle ou soit rompue par lui. A la vérité, tant que la garde nationale couvre le front des troupes, le danger est à peu près nul. Son influence suffira pour détourner la colonne avant le choc. Mais si, par un hasard quelconque, la garde nationale s'éloigne, les troupes se trouveront en contact direct avec la multitude ; et le choc, un choc terrible par ses conséquences, semble impossible à éviter. Or, par un hasard fatal, la garde nationale s'éloigna. Voici pour quelle cause.

Après M. Guizot, M. Hébert, ministre de la justice, tenait la première place dans la désaffection du peuple. Vers huit heures et demie, un attroupement peu considérable, bientôt plus nombreux, vint s'amasser devant son hôtel. Naturellement, l'illumination brillait par son absence. La foule s'en irrite et demande à grands cris des lampions. Les fenêtres restent closes. La foule alors se jette sur une grille en bois qui défend l'approche des murs, la brise, menace d'enfoncer la porte et d'y mettre le feu. Ce n'était que du bruit. Un détachement du poste de l'État-major suffit à disperser les assaillants et à les refouler hors de la place Vendôme. Mais les assiégés, ne voyant pas bien le danger, l'estiment plus sérieux. Par trois messages successifs, le ministre réclame du colonel Talabot le secours de son bataillon. Le péril semble imminent ; peut-être le ministère de la justice est-il déjà livré aux flammes : M. Talabot n'hésite point. Quittant avec son bataillon la position qu'il occupe, il court en toute hâte vers la place Vendôme. Le 14ᵉ de ligne reste dès lors à découvert, sans bouclier entre ses baïonnettes et la poitrine du peuple.

XII

Or, quel était à ce moment l'état de la ville? Nous l'avons dit. La chute du ministère avait calmé les hostilités, mais non l'effervescence; la manifestation gagnait à chaque minute en étendue, en force, en importance. Tout l'attisait : le succès, la contagion de l'exemple, le besoin de nouvelles concessions après un premier avantage, la loyauté soupçonnée du roi, le nom de M. Molé, le vague des promesses connues, l'absence, calculée sans doute, d'un engagement formel et public, enfin cette passion, irrésistible chez le vulgaire : la curiosité. Toute la population se versait dans les rues; ces nerveux enfants de Paris, dont rien n'arrête ni l'audace ni la malice, couraient en tous sens, criant et répétant ce refrain plaisant alors et depuis funeste : « *Des lampions! des lampions!* » Volontaire presque partout, forcée sur certains points, en un moment l'illumination fut universelle. Une lumière multiple, infinie, nombreuse comme les étoiles, sillonna la nuit. Le jour évanoui reparut comme pour une fête immense. Hommes, femmes, enfants, vieillards, ouvriers, gardes nationaux, bourgeois, toutes les classes, toutes les conditions, toutes les misères, toutes les élégances se coudoyaient dans cette vaste mêlée, mille fois brisée, reformée mille fois, également produite par le calcul et par le hasard.

XIII

Place Royale, une foule compacte encombrait les abords de la mairie du huitième arrondissement. Bien qu'ils n'éprouvassent nulle crainte d'invasion, les gardes nationaux qui en occupaient le poste jugèrent prudent de se dégager. « Allons à la Bastille ! » dit le sergent Launette. « Allons à la Bastille ! » répètent le sous-lieutenant Blot, le lieutenant Schumacker et des gardes nationaux, MM. Neveu et Colin. Et, prenant par le bras les plus voisins, ils s'organisent en colonne et marchent. Le branle est donné ; la foule suit. La place est évacuée, la mairie dégagée.

Arrivée devant la colonne de Juillet, la foule se découvre et en fait processionnellement le tour aux cris de « *Vive la réforme !* » Un autre cri « *Vive la ligne !* » salue les troupes qui couvrent la place, et qui, l'arme au bras, regardent, immobiles. A ce moment, quelques-uns affirment qu'il y a des prisonniers dans la caserne de Reuilly : il faut les délivrer ! L'attroupement s'engage dans le faubourg Saint-Antoine, jusqu'à la rue de Reuilly, arrive à la caserne, où l'on apprend que les prisonniers ont été mis en liberté. Puis, il remonte jusqu'au rond-point de la barrière du Trône ; fraternise avec les ouvriers qu'il y rencontre, en entraîne un certain nombre ; prend à gauche ; revient, par les rues des Boulets, de Charonne, Basfroy, de la Roquette, sur la place de la Bastille ; trouve les troupes dans la même attitude, ferme, mais sans hostilité ; les salue du même cri sympathique ; et fait une seconde fois le tour de la colonne.

Là, le boulevard présente ses larges ouvertures : on y entre. L'ordre de marche est ainsi réglé : comme lieutenant, Schumacker est seul en tête; après lui, le sous-lieutenant Blot et le sergent Launette; puis MM. Neveu, Colin, et une vingtaine de gardes nationaux. Viennent ensuite : quelques hommes du peuple avec des fusils armés, en guise de baïonnettes, de petits drapeaux ou de chandelles allumées; des gamins, agitant des torches; deux drapeaux portés par MM. Débonnaire et Constant, trois ou quatre autres dans des mains inconnues; enfin la file immense, organisée militairement, rang par rang, peloton par peloton, qui s'avance avec ordre, et s'allonge, s'allonge incessamment.

A l'entrée du boulevard du Temple, la colonne rencontre un régiment de ligne. Massé sur les trottoirs, il borde d'une double haie la chaussée principale. La colonne poursuit. *Vive la réforme! Vive la ligne!* et tout passe sans obstacle, avec des témoignages réciproques de sympathie. A la hauteur de Franconi, nouveau régiment, même scène. Au Château-d'Eau, c'était de l'artillerie; les canons occupaient la chaussée. Empressés d'ouvrir le passage, les artilleurs déplacent eux-mêmes leurs pièces; et ce témoignage éclatant d'un libéralisme connu, avivant les sympathies, les exalte jusqu'à l'enthousiasme le plus vif. Devant l'Ambigu, ce sont des cuirassiers. Le cortège défile encore sans difficulté. — Un député ministériel, le général Garraube, commande les troupes stationnées entre les portes Saint-Martin et Saint-Denis. Dominé par l'expansion du sentiment qui charge l'air autour de lui, il laisse tout passer; deux soldats quittent les rangs pour se mêler au peloton des gardes nationaux. La colonne continue sa marche pacifique, entre une double rangée de maisons resplendissantes de lumières et de promeneurs qui la saluent de leurs vivat, l'excitent de leurs gestes et l'accroissent de leur concours.

Cependant on approchait des bureaux du *National*, situés alors à l'entrée de la rue Le Peletier. « Montons au *National!* » dit une voix sortie des premiers rangs. Le cri gagne de proche en proche; et le cortége fait halte. Schumacker monte, suivi de deux personnes. Launette reste debout devant la porte pour en défendre l'entrée. C'est l'heure où les rédacteurs se trouvent réunis pour la composition du journal. Schumacker paraît devant eux et dit : « Le peuple ne veut plus être trompé. Il exigera cette fois des garanties sérieuses; un simple changement de personnes ne serait qu'un vain leurre; il faut obtenir un changement de système. Dans ce but, l'orateur et ses amis ont pris l'initiative de cette démonstration, qui attend sous les fenêtres : démonstration, d'ailleurs, qui n'a rien d'agressif. » Il cite, en preuve de ces dispositions pacifiques, l'attitude réciproque de la troupe et du peuple sur tout le long parcours des boulevards. M. Launette donne les mêmes assurances à M. Hetzel, envoyé pour juger par lui-même du vrai caractère de la manifestation. Sur quoi M. Marrast paraît au balcon.

D'une voix émue et vibrante, il remercie le peuple du témoignage qu'il apporte aux rédacteurs du *National*; il le félicite de son attitude, des heureux résultats de la journée; puis il l'exhorte à persévérer, à rester debout jusqu'à ce qu'on ait obtenu ces améliorations si longuement réclamées : la réforme parlementaire, la réforme électorale, une sincère liberté de la presse, le licenciement de la garde municipale et la mise en accusation des ministres. Il termine en recommandant au peuple une attitude modérée, circonspecte, résolûment pacifique. Des bravos unanimes répondent à ces sages conseils. La colonne se remet alors en marche, croise, à l'entrée du boulevard, une compagnie de la 2º légion, fraternise avec elle, et poursuit, au milieu d'une vaste et onduleuse affluence de curieux. — Neuf heures sonnaient à une horloge voisine.

A la hauteur de la rue de la Paix, la colonne Vendôme dessine dans le clair obscur sa haute silhouette. Un sentiment de patriotique hommage détourne, dans cette direction, les pas irrésolus des premiers rangs. Mais le bruit du tumulte qui s'agite sur cette place, devant la Chancellerie, arrive jusqu'à eux, il faut éviter toute occasion de trouble : et le cortége, fléchissant de nouveau sur sa droite, reprend la ligne des boulevards. A ce moment même le bataillon de la 2º légion, sous les ordres du colonel Talabot, quittait sa position.

L'ordre était le même qu'au départ : en avant le lieutenant Schumacker, seul, le sabre à la main ; derrière lui, Blot, Launette, sabre au fourreau ; les porte-drapeaux ; puis les gamins avec les torches ; une vingtaine de fusils et d'armes diverses ; enfin, à perte de vue, le flot des suivants, qui coule entre deux rives de promeneurs.

On approchait. Déjà les premiers rangs du cortége pouvaient apercevoir le premier rang des troupes. Mais, sans doute ici, comme partout jusque-là, le passage est libre : on avance. L'intervalle, dévoré par le mouvement, raccourcit à vue d'œil. Le péril devient visible à tous les yeux. Entre ces deux masses, l'une mouvante, animée, dominée par cette impulsion irrésistible qui, des profondeurs de la haute mer, lance la vague contre le granit et la brise en poussière, l'autre immobile, cohérente comme un bloc, hérissée de baïonnettes, véritable mur de fer, le choc est imminent; il est inévitable. Quelques-uns fuient éperdus; d'autres, glacés de terreur, s'arrêtent immobiles. Plus courageux, un petit nombre fait une tentative désespérée : au risque d'être écrasé entre les deux masses, il se jette dans l'espace encore vide, adjurant à la fois les assaillants et les soldats. M. Perrin, ancien député, court à un officier debout au premier rang : « Mais vous allez vous faire enfoncer; il n'est pas possible que vous résistiez à l'impulsion d'une si grande foule! » A un autre : « Placez vos hommes le long du jardin, et livrez passage à cette colonne qui semble inoffensive. » — « Cela vous est aisé à dire, » répond l'officier, « j'ai des ordres, je dois les exécuter; c'est à vous à empêcher qu'on me force. » La tête de la colonne avançait toujours, faisant des efforts inouïs pour modérer son élan, mais évidemment impuissante à y résister. M. Perrin, M. Colard, quelques autres encore, se retournent vers elle; ils s'agitent pour la détourner sur la rue Neuve-Saint-Augustin; leur tentative, leur dévouement se perdent dans le tumulte.

Le mouvement gagnait. M. Schumacker marche au colonel Courant, qui est à cheval devant le front des troupes. « Colonel, » s'écrie-t-il, « ouvrez-nous les rangs; nos intentions sont pacifiques; vous voyez que la retraite nous est impossible; la foule nous presse! » A chaque minute, en effet, l'impulsion s'amoncelait.

« Ce n'est pas ma consigne, » répond le colonel, « vous ne pouvez passer. » Et il rentra dans les rangs. Ici, la force d'impulsion, qui court en se multipliant de la queue à la tête de l'énorme masse, écrase la résistance, rompt le premier rang et le jette en désordre contre la troupe. — « Grenadiers, croisez la baïonnette ! » crie le colonel. Au commandement, les armes s'abattent : un coup de fusil part à l'extrémité gauche de la ligne [1] ; d'autres coups suivent, puis, comme par une communication électrique, une décharge, puis une autre. Toute la troupe a tiré sur toutes ses faces!...

Ce fut un bien horrible spectacle ! Les feux, plongeant à hauteur d'homme, avaient frappé, à bout portant, dans cette foule compacte. On la vit tomber comme le blé sous la faux, se relever, retomber, tourbillonner sur elle-même avec des cris d'épouvante, et s'enfuir dans un inexprimable désordre. En quelques secondes, vide d'êtres vivants, la chaussée laissa voir sur toute sa longueur un amas confus de morts, de mourants, de blessés, roulés dans des mares de sang, au milieu d'un affreux pêle-mêle d'armes, de drapeaux, de torches fumant encore, de vêtements et de débris souillés d'une boue sanglante.

Saisis d'horreur, les soldats reculent ; les rangs se confondent, l'infanterie se rejette sur la cavalerie, la panique se répand, la débandade commence. Déjà les premiers fuyards ont dépassé le ministère. Mais l'énergique intervention des officiers arrête ce mouvement : la troupe se rallie, l'ordre se rétablit.

[1] Plusieurs témoins de cette scène m'ont déclaré avoir vu le coup de feu partir de bas en haut. (*Note de l'auteur.*)

XIV

Des trois officiers de la garde nationale qui marchaient en tête de la colonne, l'un était mort : c'était le sous-lieutenant Blot, frappé d'une balle en plein front. Un miracle avait sauvé Launette : voyant les armes s'abattre, il se précipite en avant et crie : « Mais vous ne pouvez pas tirer sur nous ! » Dans ce moment le pompon de son schako rencontre la pointe d'une baïonnette et tombe à terre ; Launette se baisse pour le ramasser : le feu passe au-dessus de sa tête. Schumacker voit sur sa poitrine un canon de fusil ; il l'écarte d'un revers de main ; le coup part, dévie : mais Schumacker tombe, et dans sa chute se blesse aux deux jambes. Deux fils l'accompagnaient. Éperdu, le malheureux père les cherche de la voix et des yeux : l'un d'eux répond, l'autre est en sûreté dans une boutique du voisinage. Un homme, blessé par les premiers coups, se renverse sur M. Perrin ; celui-ci est entraîné, et trouve son salut dans sa chute. Un nommé Paquet donnait le bras à deux de ses camarades. Tous deux fléchissent, il tombe avec eux. Il se relève ; tire à lui son compagnon de droite, mort ! va au compagnon de gauche, mort ! Terrifié, il se précipite en aveugle, va se heurter à la balustrade de la rue Basse, y culbute, retombe de plusieurs pieds dans la rue, se relève sans blessure, retourne sur ses pas, charge sur ses épaules ses deux camarades, et les porte chez un pharmacien, à l'entrée de la rue Caumartin. Dévouement admirable, mais inutile ! Un ouvrier ébéniste, nommé Abraham, reçoit un coup de feu dans la jambe. Renversé, il trouve sous sa main le fusil d'un garde national, s'en saisit, et, furieux, le décharge au hasard sur la troupe.

Du côté qui regarde la Madeleine, une patrouille du 10ᵉ dragons débouchait d'une rue sur le boulevard. Elle reçut le feu de la quatrième face du carré. Plusieurs dragons furent blessés. Transportés dans la boutique voisine de M. Gouache, confiseur, ils y reçurent les soins du docteur Cerise.

Dans la rue Basse-du-Rempart, il y eut aussi des morts et des blessés. Les soldats, placés sur le haut du trottoir, tiraient de haut en bas, à bout portant, sur les passants et dans les boutiques ouvertes. Quelques balles dirigées sur les fenêtres pénétrèrent jusque dans les appartements.

Çà et là, des individus renversés par le choc tourbillonnant de la foule, entraînés dans la chute des morts et des blessés, meurtris, foulés aux pieds, se relevaient souillés de sang, étonnés de se sentir encore en vie. Les uns, frappés de vertige, s'enfuyaient au hasard, d'autres restaient sur place, hébétés de frayeur; ceux dont le cœur battait encore pour autrui cherchaient si leurs amis, leurs parents, étaient sauvés du désastre; les plus dévoués et les plus fermes s'empressaient de secourir les blessés. Toutes les maisons du voisinage s'ouvrirent avec empressement pour ce soin pieux. Les loges des portiers, les boutiques des pharmaciens, celles des marchands de vin voisins, furent aussitôt transformées en ambulances, où retentissaient les gémissements des blessés et les imprécations de la foule.

Quel fut le nombre des morts et des blessés? On n'a pu le savoir avec une rigoureuse exactitude, plusieurs d'entre eux ayant été transportés directement dans leur domicile. Mais un rapport sommaire, dressé par un commissaire du quartier, constate qu'il y eut dans ces ambulances improvisées 35 morts et 47 blessés.

XV

Quoi qu'il en soit, le premier moment de stupeur passé, les chefs militaires se hâtèrent de rechercher les causes de cet affreux désastre. « Pourquoi avez-vous commandé le feu ? » s'écria, du milieu des rangs, une voix empreinte de colère et de surprise. « Ce n'est pas moi, c'est vous ! » répondit une autre voix sur le même ton. Les soldats, pâles, muets, l'œil hagard, étaient comme paralysés; quelques-uns versaient des larmes. Aux interrogations de leurs chefs, aux reproches des citoyens accourus, la plupart ne savaient que répondre : « Ils avaient vu partir un coup de feu suivi de plusieurs autres : et, machinalement, ils avaient tiré. » Un capitaine du 14° de ligne, aidant à transporter le cadavre de M. Blot dans le magasin de M. Teurkauf, marchand sellier au coin de la rue Neuve-Saint-Augustin, donnait les signes d'un profond désespoir. Il ne cessait de répéter : « Quel malheur ! quel malheur ! Une journée si bien commencée ! C'est un malentendu, un horrible malentendu ! » MM. Georges Lafayette, Beaumont (de la Somme), Luneau, Courtais, Bixio, sortis en hâte de chez M. O. Barrot pour se rendre compte de cette formidable détonation qu'on venait d'entendre, reçurent des mêmes bouches les mêmes protestations.

Du *National* était accouru ; au premier bruit, un des rédacteurs, M. Dornès; M. Charles Beslay l'accompagnait. Ils découvrent avec horreur ce sanglant abatis et le franchissent. M. Dornès traverse bravement la ligne des troupes. Transporté d'indignation, M. Beslay va au colonel et lui adresse les plus vifs reproches. « Vous me voyez aussi désolé que vous, » répond le colonel Courant, avec l'expression d'une douleur sincère et profonde. « C'est une fatalité. J'ai donné l'ordre de croiser la baïonnette. Dans le mouvement un coup de fusil est parti ; et l'on a tiré. Cette décharge est le résultat d'un malentendu ou de la maladresse de quelque soldat. » Et tous les officiers confirmaient par leurs paroles et par leur attitude les assertions du colonel.

Cependant, à la première épouvante succédait une indignation générale et terrible. Elle gagnait, comme une traînée de poudre, sous les pas des fuyards criant : « On nous assassine ! C'est une trahison infâme ! Vengeance ! vengeance ! Aux armes ! aux armes ! » La foule commençait à refluer avec des imprécations et des menaces. « Vous voyez déjà les conséquences, » dit M. Beslay au colonel Courant. « Si vous voulez éviter de nouveaux malheurs, il faut charger quelques-uns de vos officiers d'aller au milieu du peuple expliquer le malentendu. » Le danger d'une telle mission était flagrant : le colonel hésitait. Un lieutenant, M. Baillet, réclama ce périlleux honneur ; il partit, donnant le bras à M. Beslay, qui avait engagé sa parole de respecter le droit des gens dans sa personne. Mais ce courageux dévouement devait être inutile. Il y a des moments terribles où l'âme de la foule est sourde. A la hauteur des Bains chinois, un attroupement se rua, menaçant, autour de MM. Baillet et Beslay. Intrépide, M. Baillet continue d'avancer. Mais, devant le café de Paris, la foule est tellement compacte et hostile qu'il n'est plus possible de faire un pas. Les yeux menacent, les mains s'approchent, des voix crient : *A mort! à mort l'officier du 14e!* En vain M. Baillet veut s'expliquer; en vain M. Beslay invoque le droit des gens, sacré même dans les guerres civiles; en vain il se jette au-devant des coups : M. Baillet est saisi, frappé. Ses vêtements sont lacérés, ses épaulettes arrachées; une main serre avec violence sa cravate autour de son cou pour l'étrangler; une autre lève au-dessus de sa tête un couteau de chasse : il va succomber, lorsque le troisième bataillon de la 2e légion, heureusement averti, arrive et le délivre.

XVI

Telle fut cette catastrophe du boulevard des Capucines. Les conséquences qu'elle entraîna sont tellement énormes, qu'on a essayé depuis d'y rattacher des circonstances fabuleuses. On a voulu voir les traces de je ne sais quelle préméditation atroce dans ce qui fut le résultat d'une série fatale d'incidents.

Sur toute son étendue, de la Bastille aux Affaires étrangères, le boulevard est libre; la circulation même des attroupements y est permise; les chefs militaires l'autorisent; les soldats aident et applaudissent; un seul point est fermé comme une impasse de fer. L'attroupement s'avance; rue de la Paix, il se détourne; par un conseil de sagesse, il revient sur ses pas. La garde nationale, milice amie et respectée, était présente : elle disparaît. La foule est précipitée; la troupe résiste. Un ordre est mal donné, ou mal entendu, ou mal compris; sottise, hasard, émotion peut-être, un coup part, et le sang a coulé! Voilà le vrai! le vrai recueilli sur place, de la bouche même des acteurs du drame, recueilli dans la sincérité des premières expansions, constaté irrévocablement par des témoignages spontanés, précis et concordants.

A toutes ces preuves, l'histoire ajoute le témoignage du gouvernement lui-même. Quelques heures après la catastrophe, d'après une enquête aussi rigoureuse que le permettait la rapidité du temps, le ministère envoyait au *Moniteur* un récit, qui parut dans le numéro du lendemain 24. Le voici textuellement :

« Aujourd'hui, vers dix heures du soir, un gros rassemblement, précédé de quelques hommes portant deux drapeaux et des torches allumées, s'est dirigé par le boulevard vers l'hôtel des affaires étrangères. Un poste d'infanterie, placé sur ce point, somma ce groupe de s'arrêter, et fit croiser la baïonnette à sa troupe.

» Dans ce mouvement, un coup de fusil partit, et cette détonation produisit une panique, au milieu de laquelle les corps tirèrent les uns sur les autres. Ce déplorable accident, grossi par la malveillance, a occasionné de part et d'autre la mort de quelques hommes.

» Il est rare que, dans des mouvements si tumultueux et prolongés pendant la nuit, on n'ait pas à déplorer de si tristes accidents. »

Ainsi, au premier moment, sous la pression souveraine du fait, le gouvernement n'accuse pas; il s'excuse : la catastrophe est un accident *grossi par la malveillance;* il n'est pas le crime prémédité d'un scélérat. La vérité éclate incontestable, incontestée, avouée par tous[1].

---

[1] Voici au surplus l'origine et l'explication des différentes versions

XVII

Cependant, l'autorité sentit bien vite combien il était urgent de faire disparaître jusqu'à la dernière trace du sanglant désastre. Il était surtout d'une immense importance que l'insurrection ne s'emparât point des cadavres, car le plus formidable drapeau de guerre civile, c'est le sang des victimes. M. Rébillot, colonel de la 1re légion de gendarmerie, reçut l'ordre d'exécuter cette opération difficile : il se hâta d'envoyer, avec un tombereau, quelques gendarmes habillés en bourgeois. Mais il était déjà trop tard ! Les cadavres étaient enlevés ; des débris, des flaques de sang attestaient seuls le massacre ; le reste avait disparu. Voici comment :

A dix heures moins dix minutes, un chariot partait

---

qui se sont accréditées, pendant un temps plus ou moins long, dans le public :

1º Le lendemain de la catastrophe, une des compagnies du 14e de ligne, qui avait pris part à la fusillade, était de garde dans la cour des Tuileries. M. Joseph Turninger, capitaine, entendit un fusilier se vanter d'avoir tiré le premier coup de fusil sur un homme du peuple qui voulait lui prendre sa baïonnette. Interrogé, cet homme, nommé Demanton, se troubla et finit par déclarer que le fait n'était pas vrai. Sans le savoir, *ut in magnis mendax*, Demanton refaisait l'histoire de ce Julius Atticus, soldat de la garde impériale, qui, tenant à la main un glaive ensanglanté, se vantait devant Galba d'avoir tué Othon, au moment même où Othon volait l'empire de Galba.

2º Après la décharge générale, on trouva sur le trottoir de la rue Basse-du-Rempart un fusilier nommé Henri. Ce malheureux était mort. Au moment où le coup le frappa, il était au second rang, à deux pas environ en arrière d'un autre fusilier nommé Boyer. Un autre fusilier, nommé Poisson, était blessé. Comme les rangs des soldats, peu nombreux sur ce trottoir, étaient assez espacés, il est probable qu'il y eut des balles mal dirigées par la troupe dans cette confusion subite, ou que le coup de fusil tiré par l'ouvrier Abraham alla tuer Henri en épargnant Boyer. Quant à Poisson, sa blessure peut, avec la même vraisemblance, être attribuée à l'un de ces coups que, suivant le témoi-

de la cour des messageries Laffitte et Caillard[1], conduit par un employé chargeur nommé Junieau. Il transportait au chemin de fer de Rouen trois émigrants et leur bagage. Parvenu rue de la Paix, à l'entrée de la rue Neuve-des-Capucines, il n'avait pu y pénétrer, avait remonté jusqu'à la rue Neuve-Saint-Augustin; et il débouchait sur le boulevard à dix heures et quelques minutes. Là, se trouvait un officier de cavalerie à la tête d'un escadron. Cet officier s'avance, et s'adressant à Junieau : « Venez-vous, » dit-il, « chercher les morts et les blessés? » — « Non, » répond Junieau, « mais si vous ordonnez que je les enlève, je vais le faire. » —

---

gnage du *Moniteur, les corps tirèrent les uns sur les autres, au milieu de la panique.*

3° Au milieu de cette panique, le cheval du colonel Courant s'abattit; le colonel tomba. De là cette assertion qu'un premier coup de feu avait cassé les jambes du cheval du colonel, et qu'alors la troupe avait riposté. Mais sur la chaussée, les soldats étaient serrés les uns contre les autres comme les pierres d'un mur : le colonel était dans les rangs, une balle ne pouvait toucher son cheval sans toucher auparavant un homme. Or, sur la chaussée, aucun cheval ne fut blessé; le cheval même était sain et sauf; et lorsque, quelques heures plus tard, M. Beslay arriva, le colonel lui donna une tout autre explication, celle que nous avons rapportée.

4° D'autres ont affirmé, dans un autre esprit, que le premier coup de feu avait été tiré du jardin, par un garde municipal, dans un but de provocation. Cette assertion est une contre-calomnie. La vérité est que les gardes municipaux ne tirèrent pas. Le premier coup de feu *fut vu* au delà de la chaussée, sur le côté du boulevard opposé au jardin.

5° Quant à M. Lagrange, le héros privilégié de la calomnie dans cette affaire, il n'était point sur les lieux; à la même heure, il était dans le faubourg Saint-Germain. M. Chambaron, qui avait cru le voir, ne l'avait point vu. Peut-être quelque faux semblant l'avait trompé. Toujours est-il qu'il faut rattacher à cette erreur les calomnies contre lesquelles M. Lagrange et la vérité protestent. Cette opinion est celle des personnes présentes chez M. O. Barrot quand M. Chambaron y arriva, et je l'ai entendu exprimer par plusieurs d'entre elles, notamment par M. de Malleville.

[1] Chariot n° 6, à quatre roues, attelé d'un seul cheval.

« Faites, » répliqua l'officier. M. Junieau fait descendre les émigrants et les confie avec leur bagage à des commissionnaires, qui les reconduisent aux messageries, puis il range sa voiture le long de la chaussée. Aussitôt, des bourgeois et des gardes nationaux y placent les cadavres restés sur le boulevard. Il y en avait seize, parmi lesquels ceux du sous-lieutenant Blot et du fusilier Henri.

Sur ces entrefaites, un grand nombre de personnes arrivent, entourent le chariot et s'en emparent en criant : « A la Bastille ! Au *National !* » Ému sans doute de la récente catastrophe, l'officier ne peut se résoudre à engager une nouvelle lutte sur ce sanglant théâtre : il laisse faire. Et ce char funèbre, qui devait être le tombeau de la guerre civile, en va devenir le piédestal.

XVIII

Le cortége de la mort et de la vengeance s'ébranle. Il marche; et les victimes arrosent de leur sang ce même boulevard que foulaient tout à l'heure leurs pas allègres. A la hauteur du boulevard des Italiens, plusieurs personnes entourent le char avec des torches. Rue Le Pelletier, tout s'arrête. La porte du *National* retentit sous des coups multipliés; elle s'ouvre, et l'on apprend l'arrivée des morts. Seuls parmi les rédacteurs, MM. Duras, Degouve-Denuncques, Hauréau, Gauguin, etc., étaient présents. Sur le bruit, mensonger d'ailleurs, qu'après la fusillade des Capucines *le National* était menacé de l'invasion des troupes, M. Marrast et ses collaborateurs chargés de rédiger la feuille du lendemain s'étaient retirés dans une maison voisine. Quelques députés étaient aussi dans les bureaux, entre autres MM. Vavin, d'Aragon, de Malleville, Garnier-Pagès, et des amis politiques, tels que MM. Pagnerre, Biesta, Bisson, Monduit, Mallefille. Celui-ci, connu par l'ardeur de ses impressions, voyant entrer les députés, s'était précipité au-devant d'eux en s'écriant : « Pouvons-nous compter sur les députés ? Il faut qu'ils marchent avec nous, la médaille à la boutonnière ! » — « Je ne sais ce que feront les autres, » avait répondu M. Garnier-Pagès, « mais pour moi je suis prêt ; le peuple peut compter sur moi. »

Alors un citoyen demande que des paroles soient prononcées sur les victimes[1]. En l'absence de M. Marrast, M. Garnier-Pagès est invité à parler. Il s'avance, entouré de ses amis. La fenêtre s'ouvre : tous reculent d'horreur ! Le char était là, spectacle atroce ! Éternel et hideux souvenir de guerre civile ! Des corps de tout âge et de tout sexe ; des lambeaux sanglants, des membres brisés, des visages meurtris, des têtes fracassées, un affreux mélange de chairs lacérées, palpitantes, de vêtements souillés, la mort sous tous ses aspects ! Debout sur les rebords du tombereau, des ouvriers épanchaient sur la pâleur des morts la lumière blafarde de leurs torches ; d'autres agitaient les leurs pour en augmenter la clarté. Au-dessous, la foule. Point de tumulte, peu de cris : la mort impose le respect ! çà et là, quelques sanglots, quelques menaces contenues ; des mains qui se pressent dans l'ombre avec des promesses de vengeance. A ce moment, une voix émue s'élève et retentit dans les profondeurs du silence, c'est la voix de M. Garnier-Pagès :

[1] Il était onze heures environ.

« Un crime horrible, un abominable attentat vient d'être commis! Une population inoffensive a été frappée à mort par des ordres sanguinaires. Elle a été frappée, lorsque nous croyions tous la lutte terminée! Le sang du peuple a coulé : il sera vengé. » (*Oui! oui! Bravo! Vengeance!*) « Il sera demandé un compte sévère et terrible aux dépositaires de l'autorité! Justice sera faite. » (*Oui! oui!*) « Pour moi, je prends l'engagement solennel, devant vous, devant ces malheureuses victimes, de poursuivre sans relâche ces ministres sur lesquels pèse la responsabilité du sang versé. » (*Oui! oui! Vengeance! Vive Garnier-Pagès!*)

Si ces paroles donnaient satisfaction aux sentiments passionnés de la foule, elles étaient bien loin de les dépasser. Eu égard aux circonstances, quelques-uns les jugèrent modérées. Quoi qu'il en soit, l'effet en fut électrique. Mille voix criaient : « *Aux armes! aux armes! Vengeance! Aux églises! Sonnons le tocsin! Organisons la résistance! Aux barricades! aux barricades!* » Et la foule exaspérée se répandit dans toutes les directions. Dans les bureaux du *National,* moins de bruit, mêmes sentiments : une délibération courte, ferme; et la résolution de marcher dans les rues avec le peuple.

Le cortége reprit son funèbre itinéraire, portant partout l'horreur et la contagion de son aspect. Il se dirigeait vers la Bastille. Mais, près de la porte Saint-Denis, il rencontra une barricade qui déjà coupait la ligne du boulevard. Il revint sur ses pas, suivit les rues Poissonnière, Cléry, Montmartre; Jean-Jacques-Rousseau, et fit un moment halte au coin de la rue Coquillière. Cent cinquante personnes seulement l'accompagnaient encore; quelques-unes montèrent dans les bureaux de *la Réforme*. On se remit en marche, par la rue Coquillière, vers les Halles. Là, des coups de feu retentissent : on stationne, et l'on frappe à la boutique d'un armurier, qui livre ses armes sans résistance. Le cortége retourne par les rues J.-J.-Rousseau, Tiquetonne, Pavée-Saint-Sauveur, Française, Mauconseil, Saint-Denis, aux Ours, et il est arrêté, une troisième fois, rue Saint-Martin, devant une barricade. Il s'engage alors dans les rues Quincampoix, des Cinq-Diamants, des Lombards, où il fait une station de dix minutes, afin de se procurer de la lumière et des armes. Il était réduit à une centaine de personnes. Le chargeur des Messageries, qui n'avait point voulu abandonner les rênes de son cheval, et qui les avait fermement retenues malgré des luttes réitérées, décide le cortége à se rendre, par les rues Courtalon et des Lavandières, à la mairie du quatrième arrondissement, pour y déposer son triste fardeau. Au bout de quelques minutes, le char arrivait enfin sur la place du Chevalier-du-Guet, devant la mairie. Il était une heure et demie du matin.

En apercevant ce rassemblement, ces torches, ces armes, ce tombereau sinistre, les sentinelles avancées se replient sur le poste, en criant : « *Aux armes!* » Les portes sont aussitôt fermées. Le poste, commandé par le colonel de la légion et composé d'une compagnie de garde nationale et de vingt-cinq soldats de ligne, croyant à une attaque, se prépare à la résistance. Mais des personnes du cortége s'avancent et en font connaître le caractère. Les portes s'ouvrent; le chariot pénètre dans la cour; les cadavres sont déchargés et provisoirement déposés dans une salle. — Le lendemain, on les transporta à la Morgue. — Enfin, la marche funèbre était finie! M. Junieau put revenir sans obstacle aux Messageries. Il était deux heures du matin. Ce char mortuaire avait circulé pendant trois heures dans les rues de Paris, portant dans ses flancs les victimes et la chute de la monarchie!

XIX

En effet, le contre-coup de la fusillade fut décisif partout. Le roi, l'État-major, les députés, la ville, tout le monde comprit que la situation était horriblement aggravée.

C'est vers dix heures et demie que le roi en fut instruit. Il parut péniblement affecté. Sans manifester plus d'inquiétude sur le résultat final de la lutte, il témoigna plus d'impatience de voir M. Molé. M. Molé n'arrivait pas. Le roi lui dépêcha M. de Montalivet.

M. Molé avait appris la catastrophe, chez M. Thiers, de la bouche même de M. Dosne. M. Dosne, beau-père de M. Thiers, se trouvait sur le boulevard des Capucines au moment de la fusillade. Il l'avait essuyée, et il arrivait en proie à une vive émotion. Son récit, confirmé à M. Molé par M. de Vogué, avait violemment impressionné cet homme d'État. Rentré chez lui, il y trouva MM. Passy, Dufaure et Billault. Ces messieurs partagèrent ses sentiments, l'autorisant à déclarer au roi la conviction où ils étaient de leur insuffisance, et la nécessité d'appeler, sans délai, au pouvoir les promoteurs des banquets. M. de Montalivet survenant, on lui fit part de cette détermination. Il n'en parut point surpris et se hâta d'aller la reporter au roi.

La fusillade retentit au delà de la rivière jusqu'au

Ministère de l'intérieur. Mais les habitants de l'hôtel ne s'inquiétèrent point du bruit. Exactement renseignés plus tard, MM. Guizot et Duchâtel se rendirent à l'État-major.

Tout y était sombre. Les rapports, qui se succédaient rapidement, apportaient des nouvelles de plus en plus sinistres. Les généraux, penchés sur le plan de Paris, en épinglaient les points stratégiques. Le duc de Nemours, visiblement inquiet, expédiait des ordres. Un peu après minuit, on vit arriver le maire du troisième arrondissement, M. Decan, le lieutenant colonel de la légion, M. Lambert, et M. Hovyn, chef de bataillon. Le maire exposa au duc la situation, avec ménagement, mais sans affaiblir la vérité. M. Lambert insista. M. Hovyn dit qu'il serait indispensable de faire afficher et tambouriner aux flambeaux, à l'instant même, un ministère de gauche, afin que le peuple en eût connaissance dès la pointe du jour; sinon, les événements les plus graves se préparaient, et le lendemain le roi ne coucherait pas aux Tuileries. Le duc parut ému; mais il ne décida rien.

Quand les députés, sortis de chez M. O. Barrot, y revinrent, les mains teintes du sang des blessés qu'ils avaient secourus, l'indignation éclata, vive et profonde. « Il faut aller chez le roi, » dit un des membres de la réunion. — « Pour demander sa déchéance! » répondit une voix. — « On fond des balles en ce moment! » dit M. Courtais. M. Georges Lafayette, dont l'âme honnête frémissait de douleur, conseillait les mesures les plus énergiques. M. Beaumont (de la Somme) voulait que les députés descendissent dans les rues, avec leurs médailles, pour s'interposer entre les soldats et le peuple. Chacun voyait la bataille inévitable et l'intervention des députés commandée par l'honneur. Cependant on ajourna toute résolution au lendemain.

XX

Mais l'initiative populaire n'admettait point de tels tempéraments. Déjà l'incendie, prêt à s'éteindre, se rallumait partout. Comme il arrive dans les grands faits de l'histoire, le massacre fut connu sur l'heure même dans la ville entière. Les uns avaient vu, de leurs yeux, la fusillade, le hasard seul les avait épargnés; d'autres racontaient le nombre des morts, les cris des blessés, le guet-apens présumé des soldats, la trahison du ministère, l'horreur universelle. La vue du tombereau confirma tout. Alors le soulèvement devint général. Beaucoup se jetèrent dans la lutte, qui jusque-là étaient demeurés neutres. De onze heures à minuit, le tocsin de toutes les églises appela le peuple; dans les rues, la générale ou le rappel; tout ce qui restait d'armes chez les armuriers fut enlevé; on somma les mairies de livrer leurs dépôts; les barricades furent entreprises sur tous les points et continuées sans relâche jusqu'à la fin.

Bientôt on entendit le bruit des coups de feu. C'était le colonel du 7ᵉ léger, M. de Lussy-Pélissac, qui attaquait, avec une forte colonne, une barricade élevée dans la rue du Temple. Il y eut un soldat tué et deux blessés.

A onze heures, le peuple assaillait le poste du marché Saint-Martin. La garde municipale qui le défendait soutint, sans fléchir, trois assauts consécutifs. Mais, trop inférieurs en force, dans l'impossibilité d'obtenir aucun secours et de résister à un quatrième assaut, les assiégés parvinrent à se sauver. Le peuple avait perdu trois morts et cinq blessés.

En même temps, le poste des Arts-et-Métiers et les baraques des gardiens du marché Saint-Martin étaient livrés aux flammes.

A minuit, la garde municipale évacuait la caserne du faubourg Saint-Martin, attaquée par le peuple avec une rare énergie.

L'insurrection occupait Saint-Sulpice et le tocsin retentissait avec fracas. Le chef d'escadron Tisserand, qui commandait la caserne de la rue de Tournon, lança contre l'église un peloton de garde municipale. Après quelques coups de feu échangés, la troupe occupa l'église.

La place du Palais-Royal était gardée par une centaine d'hommes appartenant aux deuxième et troisième compagnies du premier bataillon du 14ᵉ de ligne, sous le commandement du capitaine Soupault, des lieutenants Péresse, Bertrand et Saint-Clair, des sous-lieutenants Gosse et Audouy. Une escouade de municipaux, capitaine Perrin, défendait le poste du Château-d'Eau. Une vive effervescence régnait dans les environs. — Des groupes s'avancent et sont refoulés. Un cortége paraît, portant une jeune femme et deux jeunes gens blessés; la foule s'exaspère et crie : « *Aux armes!* » Envoyé vers l'État-major, pour rendre compte de ce qui se passe et demander des ordres, le sergent-major Hacquard revient avec cette réponse du général Perrot, donnée en présence du duc de Nemours : « Marchez sur les barricades et enlevez-les quand même! » Aussitôt les troupes font évacuer la place, arrêtent ceux qui résistent, posent des sentinelles avancées et tiennent les passants à distance par des *Qui-vive?* et des coups de fusil. Un homme est tué dans la rue de Valois; un autre, blessé. A minuit, on apprend qu'une barricade est dressée rue Saint-Honoré, au coin de la rue du Coq et de la rue Croix-des-Petits-Champs. On y envoie un détachement de gardes municipaux et de soldats du 14°. Un homme est tué, deux sont blessés. Les arrestations continuent; les prisonniers sont conduits au Carrousel.

Ainsi finissait, dans les fureurs de la guerre civile, une journée passée sous de meilleurs auspices. Tout espoir de paix était perdu. Des milliers de bras prenaient les armes, fondaient des balles, préparaient des cartouches, dépavaient les rues, dressaient des barricades. La générale, le rappel, le tocsin, annonçaient à la nuit les funérailles du lendemain.

FIN DU TOME PREMIER.

TABLE DES MATIÈRES

DU TOME PREMIER.

Avant-Propos. 1

CHAPITRE PREMIER.

Élections de 1846. — Ministère et Opposition en présence. — Organisation des partis dans la Chambre. — Organisation des forces électorales dans le pays : Comité central des élections de la Seine; son but; son influence; sa composition; sa circulaire relative aux élections signale vivement les vices de la loi électorale. — Le vote Pritchard devient une arme dans les mains de l'Opposition. — But du ministère; espoir de l'Opposition. — Manifestation et promesse de M. Guizot au banquet de Lisieux. — Attentat du 29 juillet contre le roi; il produit en province, sur les élections, un effet favorable au gouvernement; mais, à Paris, l'Opposition nomme onze députés sur quatorze. — En résumé, l'armée ministérielle compte deux cent soixante-dix membres contre cent quatre-vingts opposants. — Un nouveau groupe de députés surgit : celui des conservateurs progressistes. — Le résultat des élections réjouit également les conservateurs et les radicaux : ceux-là, fiers de leur nombre; ceux-ci, résolus à une action plus étendue et plus vive. — Ouverture des Chambres; session de dix-huit jours. — Discours du roi; son assurance sur l'avenir réservé à sa famille. — L'Opposition accuse le ministère de fraudes électorales. — Le résultat de cette session est la solidarité bien acquise du parti conservateur avec le gouvernement. — La session et le renouvellement par tiers des Conseils généraux témoignent encore de la puissance du parti conservateur; mais les élections municipales sont peu favorables à la politique du Cabinet; celles de la garde nationale lui sont hostiles. — Au cœur même de la nation le système du gouvernement est condamné. — Fraudes dans le service maritime, à Rochefort; elles sont poursuivies. — Fraudes à Toulon; incendie dans l'arsenal; l'enquête administrative, substituée à l'action de la justice, ne découvre rien. — La magistrature s'immole à la politique; elle fait de la répartition des annonces judiciaires une subvention indirecte de la presse gouvernementale dans les départements. — Autre cause de mécontentement : la disette est prédite par tout le monde, et le gouvernement, dans sa sécurité, dédaigne les avis de tous; des troubles éclatent; les Conseils municipaux, la charité publique s'inquiètent et agissent; le gouvernement fait une enquête et déclare que les esprits doivent être rassurés; les troubles continuent. — Nouveau sujet d'inquiétude : sous la triple influence de la disette, de l'augmentation des dépenses et du système d'exécution appliqué aux chemins de fer, une crise financière se déclare; déficit du budget; insuffisance de l'épargne; nécessité de spéculations; engouement pour les valeurs; pénurie de la Banque; dépréciation des valeurs. — Situation de l'Europe : Russie; Prusse; Autriche; puissances secondaires; Suisse et Sonderbund; Angleterre. — Politique des Bourbons de France sur l'Espagne; projet des mariages espagnols; négociations, à Eu, avec lord Aberdeen; bases et réserves posées par l'Angleterre; lord Palmerston succède à lord Aberdeen; polémique injurieuse de la presse anglaise contre Louis-Philippe; division entre les deux Cabinets; les mariages espagnols se concluent au détriment de l'alliance anglaise. — L'Europe profite de cette mésintelligence : la Russie prête son appui au mariage du duc de Bordeaux avec la princesse de Modène; la Prusse, l'Autriche et la Russie suppriment la République de Cracovie. — L'année 1846 finit sous ces sombres auspices.................................... 7

CHAPITRE DEUXIÈME.

Ouverture de la session de 1847. — Le discours du roi, plein de sérénité, est d'un laconisme étudié; la presse radicale en signale les faiblesses; la presse ministérielle et le Corps diplomatique étouffent ces critiques sous leurs flatteries. — Aveu et explications du ministère relativement à la crise. — L'encaisse de la Banque diminue de 100 millions en trois mois. — Le ministère demande à élever de 65 millions le chiffre des bons du Trésor; il se déclare, d'ailleurs, tout à fait rassuré. — Déficit de 243 millions dans le budget. — Cherté du blé; troubles; meurtre de Buzançais; répression par les armes et par l'échafaud; le gouvernement s'emploie enfin à l'importation des subsistances. — Discussion sur les mariages espagnols dans les Chambres : cette question partage l'Opposition; un nouveau groupe de députés se forme sous la conduite de MM. Dufaure et Billault; une majorité considérable donne raison au système du gouvernement. — La fortune politique de Louis-Philippe est à son apogée. — Sans attendre la discussion du budget, M. Duvergier de Hauranne interpelle le gouvernement sur l'état des finances; son amendement est repoussé. — L'Adresse est votée par 248 voix contre 84. — Nouvelle gloire du gouvernement : lord Normanby et M. Guizot se réconcilient sous l'influence de l'ambassadeur d'Autriche; et le czar achète à la Banque de France 50 millions de rentes. — Mort de M. Martin du Nord; M. Hébert lui succède au ministère de la justice; ce choix paraît un acte de colère; la Chambre y répond en remplaçant à la vice-présidence M. Hébert par M. Léon de Malleville; irritation du Cabinet et violentes attaques de la presse ministérielle. — Réforme électorale : proposition Duvergier de Hauranne; M. Duchâtel nie l'existence même de la question en dehors de la Chambre; M. Guizot prétend que le progrès est dans la modération des excès de la liberté, et il fait la leçon aux conservateurs progressistes; la proposition est rejetée par 252 voix contre 154. — Réforme parlementaire : proposition Rémusat; exclusion des officiers et des fonctionnaires des maisons du roi et des princes; hostilité de M. Thiers contre la Cour; la proposition est rejetée par 219 voix contre 170; cent vingt-neuf fonctionnaires ont voté dans cette majorité déjà diminuée. — Le parti radical entrevoit son triomphe dans ces défaites. — Paroles de M. Garnier-Pagès à M. Guizot. — Impuissance du Cabinet; M. Desmousseaux la caractérise : Rien! rien! rien! — Échafaud de Buzançais. — La session de la Chambre devient une session de Cour d'assises. — Malversation dans la manutention des vivres de la guerre, à Paris; vols dans les fournitures de l'État; sévices et désordres de l'administration navale, signalés par MM. d'Angeville et Benoît Fould; la majorité couvre le ministère. — Affaire Teste et Cubières. — Modification ministérielle : M. Guizot sacrifie les trois ministres qui ont le plus souffert dans les discussions parlementaires; résistance de M. Lacave-Laplagne; la nomination des trois nouveaux ministres paraît dans *le Moniteur* du 10 mai; ils sont pris tous les trois en dehors des Chambres; mécontentement des conservateurs; le roi et les ministres les apaisent ainsi que M. Lacave-Laplagne; et le ministère est définitivement constitué; c'est le dernier de la monarchie de Juillet. — Satisfaction des radicaux en voyant pousser à ses derniers termes le système gouvernemental. — Création de prélats de cour, de nobles. — La Chambre des pairs s'émeut de l'atteinte portée à sa dignité dans un article de *la Presse*, signé par M. Émile de Girardin, qui accuse en même temps le ministre de l'intérieur d'actes de corruption; elle demande à la Chambre des députés l'autorisation de faire paraître M. de Girardin à sa barre. Dans la discussion sur cette autorisation, M. de Girardin soutient hardiment ses accusations; MM. Duchâtel et Guizot lui répondent; la Chambre des députés accorde l'autorisation; la Chambre des pairs acquitte M. de Girardin; il revient à la Chambre des députés soulever et raviver le débat par de nouvelles accusations; il demande une enquête ou une information judiciaire; sur la proposition de M. de Morny, 225 voix contre 102 lui répondent en se déclarant satisfaites des explications fournies par le Cabinet. — Discussion sur l'Algérie : elle dévoile de nouveaux désordres. — La majorité commence à se refroidir. — Le ministère, qui avait favorisé l'insurrection catholique en Suisse, combat l'insurrection libérale en Portugal. — Coupes abusives dans les forêts de la Liste civile. — Fraudes de l'agent comptable de l'hospice du Gros-

Caillou. — Jugement et condamnation de MM. Teste, Cubières, Parmentier; la presse ministérielle s'empresse de faire valoir la haute conduite de la justice dans cette affaire. — Discussion du budget : déficit énorme; précautions et alarmes de la majorité; demande et vote d'un emprunt de 350 millions. — Chute de tous les projets de loi d'affaires. — Dernière révélation de concussion faite par *le National*. — Les *Débats* résument avec tristesse toute la session. . . 28

CHAPITRE TROISIÈME.

Le ministère et les forces extra-parlementaires sont en présence; sécurité du ministère. — État de ces forces : la gauche; le centre gauche; le tiers parti; l'extrême gauche; les radicaux exclusifs. — L'extrême gauche et les radicaux exclusifs ont le même but, mais ils diffèrent sur les moyens. — Ce dissentiment, représenté par *le National* et *la Réforme*, éclate vivement à la suite du discours de M. Ledru-Rollin, au Mans, et de celui de M. Garnier-Pagès, à Verneuil; ces deux journaux soutiennent et développent la lutte; des conciliateurs s'entremettent et font nommer un comité mixte où les deux fractions sont représentées; rédacteurs et comités du *National* et de *la Réforme*. — Les Sociétés secrètes : leur impuissance, leur abandon. — Les Écoles : réveil de leur esprit politique; leurs journaux; leur comité. — Le socialisme : Saint-Simonisme; doctrine Buchez; Fouriérisme; Sectes communistes; Cabet; Louis Blanc; Achille Comte; Pecqueur; Proudhon; Vidal; Louis Bonaparte; tourbe des sectes anonymes. — Le peuple se laisse pénétrer lentement par les promesses du socialisme; le gouvernement s'y montre indifférent et dédaigneux; la gauche et le centre gauche n'y prennent garde; les radicaux s'en préoccupent, mais en différant là encore sur les moyens; afin de s'entendre, ils forment une réunion proposée par les rédacteurs de *l'Atelier*; la discussion porte particulièrement sur les deux principes de l'association volontaire (soutenue par M. Corbon) et de l'association forcée (soutenue par M. Louis Blanc); le premier système réunit le plus d'adhérents. — Organisation active du Comité central des électeurs de la Seine; il relie les forces de l'Opposition. 64

CHAPITRE QUATRIÈME.

M. de Morny, tout en complimentant le roi au sujet des élections de 1846, lui rappelle les promesses de M. Guizot; réponse ironique de Louis-Philippe. — La gauche se décide à recourir à l'agitation pacifique. — Première réunion de toute l'Opposition chez M. O. Barrot; accord de toutes les nuances, chaque principe sauvegardé. — Deuxième réunion : on décide que le Comité central prendra l'initiative du mouvement réformiste; M. Pagnerre est chargé de préparaun projet de pétition pour la réforme électorale et parlementaire, pour obtenir cette réforme, on adopte trois moyens d'action : la pétition, signalant les vices de la loi électorale; des banquets, constatant et cimentant l'accord de toute l'Opposition; un comité mixte, centralisant la direction du mouvement réformiste. — Prévision de M. Garnier-Pagès. — Réunion du Comité central chez M. Pagnerre. — Réunion chez M. de Lasteyrie : on y adopte qu'un banquet sera offert aux députés réformistes par le Comité central et par les comités d'arrondissement du département de la Seine. — Après cette réunion, la direction du mouvement passe aux mains du bureau du Comité central. — Il commence par agir sur les comités d'arrondissement et les entraîne. — Les souscriptions pour le banquet, d'abord lentes, affluent et dépassent de beaucoup le chiffre déterminé; le Comité fixe le jour au 7 juillet, et le lieu de réunion au Château-Rouge; après avoir signifié l'interdiction, le ministère la retire; le banquet a lieu le 9; quatre-vingt-six députés y assistent; discours et toasts de MM. de Lasteyrie, Recurt, O. Barrot, Pagnerre, Duvergier de Hauranne, Sénart, Grisier, Riglet, Hamelin, Marie, G. de Beaumont, Chambolle, Frédéric Degeorges, de Malleville; paroles amères et écrasantes de MM. O. Barrot, Duvergier de Hauranne, de Malleville; effet immense de ce banquet en France et à l'étranger. — Le Comité central se met en rapport avec les comités et les journaux des départements; il leur communique son activité et son dévouement. — Banquets à Colmar, Strasbourg, Soissons, Saint-Quentin. — Crime de Léotade. — Assassinat de la duchesse de Praslin par le duc son mari; profonde sensation en France. — Le duc d'Aumale est nommé gouverneur général de l'Algérie. — Le maréchal Soult se retire; M. Guizot devient président du Conseil. — L'agitation des banquets se propage; à celui de Cosne, un premier dissentiment se déclare entre les nuances de l'Opposition : M. Gambon, magistrat, proteste contre un toast au roi, proposé par l'Opposition dynastique; il est suspendu pour cinq ans. — Les radicaux exclusifs, d'abord hostiles aux banquets, se décident à y prendre part : MM. Ledru-Rollin et Flocon au banquet de Lille; M. O. Barrot veut y faire modifier les toasts, en ajoutant à l'un d'eux une reconnaissance implicite de la monarchie de Juillet; les commissaires refusent; M. O. Barrot et ses amis se retirent. — Au banquet d'Avesnes, M. O. Barrot fait une confession de foi monarchique, sur laquelle il s'était tenu muet jusqu'alors. — Le mouvement des banquets continue. — Les premiers résultats de cette agitation se font sentir : plusieurs Conseils généraux se prononcent pour la réforme; des élections partielles sont contraires au gouvernement; le roi est obligé de remettre à M. Berger la mairie du deuxième arrondissement de Paris. — Les radicaux exclusifs prennent le parti d'organiser des banquets exclusivement radicaux : banquets de Dijon, de Chalon-sur-Saône. — Polémique entre les radicaux exclusifs et les radicaux parlementaires. — Banquets de Montpellier, du Neubourg ; les radicaux réformistes y soutiennent leur cause ; fusion de toutes les nuances de l'Opposition, sous réserve complète des principes. — Banquet de Rouen ; les radicaux réformistes refusent d'y assister, un toast devant être porté aux institutions de Juillet. — Dernier banquet proposé par le douzième arrondissement. — Conséquence de la campagne des banquets : réveil de l'opinion publique. 92

CHAPITRE CINQUIÈME.

Dans le discours du trône, le roi intervient directement contre les députés de l'Opposition, dont il traite les opinions de passions ennemies ou aveugles ; l'Opposition relève l'offense et résout de ne point fléchir. — Quelques tentatives de conciliation sont repoussées par M. Guizot ; prévision du duc de Joinville ; sa lettre au duc de Nemours ; démarches de M. de Montalivet, du maréchal Gérard, du maréchal Sébastiani ; observations de Madame Adélaïde ; le roi n'écoute rien. — Mort de Madame Adélaïde. — Les Autrichiens entrent dans les duchés de Parme et de Modène. — Le Sonderbund expire, malgré l'appui de la France et de l'Autriche. — Prise d'Abd-el-Kader. — Affaire Petit ; trafic de places de référendaires à la Cour des comptes. — Discussion de l'Adresse à la Chambre des pairs ; discours violent de M. de Montalembert. — Chambre des députés : interpellation de M. O. Barrot sur l'affaire Petit ; réponse de M. Guizot ; mot de M. Lherbette ; un ordre du jour est adopté, qui implique un témoignage de confiance ; mais quelques conservateurs ont refusé leur absolution au ministre. — Discussion de l'Adresse. — Appréciation de la situation financière par MM. Léon Faucher, A. Fould, J. de Lasteyrie ; défense de M. Dumon, ministre des finances ; exposition complète, faite par M. Thiers ; sa prévision d'une prochaine catastrophe ; assurance de M. Duchâtel. — Dette flottante de 800 millions (note trouvée sur le bureau de M. Dumon). — Politique intérieure : amendement Billault sur la moralité ; réquisitoire de M. Billault ; après paroles de MM. Léon de Malleville et Émile de Girardin ; opinion de M. Dufaure ; l'amendement est rejeté. — Question extérieure : M. de Lamartine dit que la France n'est française nulle part ; M. Guizot répond par la menace de la coalition ; bombardement de Palerme ; M. Thiers attaque le système ; M. Guizot lui répond qu'il n'y a entre eux deux que la différence des situations ; M. O. Barrot déclare que les traités de 1815 n'existent plus que de fait ; à propos de la question suisse, M. Thiers affirme que, sans être radical, il est et sera toujours du parti de la Révolution, tant en France qu'en Europe ; M. Guizot soulève les murmures en annonçant que le gouvernement veut intervenir contre la Diète helvétique, où le radicalisme a triomphé. — Question des banquets. — Nouveaux efforts de quelques amis du ministère, qui lui proposent un amendement conciliateur; hésitation de M. Duchâtel; refus net de M. Guizot; les députés de l'Opposition, réunis chez M. O. Barrot, décident que la question du banquet du douzième arrondissement sera vidée après la discussion de l'Adresse, la nécessité de le maintenir étant reconnue. — Discours de MM. Duvergier de Hauranne, Marie, de Malleville; piqué par les paroles de ce dernier, M. Duchâtel n'hésite plus, il est résolu à la compression; M. O. Barrot dégage la responsabilité de son parti de cette voie de violence; M. Boissel montre l'inconséquence entre l'autorisation de tous les précédents banquets et le refus, pour celui du douzième arrondissement; M. Hébert soutient que tout ce qui n'est pas expressément permis est défendu; M. Ledru-Rollin attaque et étouffe cette doctrine; M. Hébert insiste et s'emporte jusqu'à la menace; clameurs; paroles de M. O. Barrot; le trouble augmente; le président a disparu de son fauteuil; la discussion générale est close par le tumulte; éclat dans Paris de cette séance orageuse; billet de M. Duchâtel à M. Guizot.—Le lendemain, le tumulte renaît; amendement Darblay; vives paroles échangées entre MM. O. Barrot, Thiers et Guizot; l'amendement est rejeté; amendement Desmousseaux de Givré, qui retranche de l'Adresse les paroles injurieuses du discours du roi; M. de Lamartine l'appuie; vive impression de son discours; l'amendement est rejeté par 228 voix contre 185 (le président de la Chambre ayant voté, l'Opposition lui fait signifier qu'aucun de ses membres ne se présentera plus chez lui); le paragraphe des paroles injurieuses contre l'Opposition est adopté par 223 voix contre 18, l'Opposition s'étant abstenue; amendement Sallandrouze; M. de Morny ne demande qu'un simple engagement du ministère; M. Guizot refuse net; désordre; émoi des conservateurs; leurs insistances près du président du Conseil; M. Guizot est inébranlable; danger du vote pour le ministère; une tactique de MM. Thiers et de Rémusat, qui se croient près du pouvoir, le sauve; l'amendement est rejeté; vote sur l'ensemble de l'Adresse : il réunit 244 voix. — Situation critique de l'Opposition, du ministère, du roi. 131

CHAPITRE SIXIÈME.

M. A. Marrast conseille aux députés de l'Opposition une démission en masse; réunion des radicaux pour en délibérer, chez M. Marie; la décision est ajournée. — Réunion générale des députés de l'Opposition, au café Durand : on rejette la proposition de démission en masse, ainsi que celle de présenter un acte d'accusation contre le ministère; on déclare le maintien du droit de réunion; un comité de rédaction est nommé; il fait publier, dans les journaux du lendemain, le but, les débats et les décisions de cette réunion.—Un seul député, M. E. de Girardin, donne sa démission. — Présentation de l'Adresse au roi; pas un seul membre de l'Opposition ne fait partie de la députation; mécontentement muet du roi. — Conversation du duc de Montpensier avec M. de Morny. — Réception particulière aux Tuileries : quelques conservateurs progressistes s'y rendent; froid et dédaigneux accueil du roi. — Défiances et prévisions contre la garde nationale; rumeurs publiques; état des esprits à Paris. — Réunion, chez M. O. Barrot, des membres du comité du douzième arrondissement : ils se mettent sous la direction du comité général des députés, des journalistes et des électeurs; l'organisation du banquet est arrêtée; une commission est nommée, qui est chargée de tous les détails; difficulté de trouver un local; offre de M. de Morny; rumeurs. — Les *Débats* cherchent à atténuer les paroles de M. Guizot contre toute réforme; les exaltés du parti conservateur en sont indignés. — Préparatifs militaires du gouvernement. — La commission fixe au 22 février la manifestation du banquet; les journaux l'annoncent. — Le 19, réunion au café Durand : M. O. Barrot rend compte des travaux de la commission; M. Darblay, au nom de quelques-uns de ses collègues conservateurs, tente de détourner l'Opposition de sa voie de résistance extra-parlementaire; M. de Lamartine répond qu'entre le péril et la honte pour le pays, il n'y a plus qu'à faire acte de citoyen; la liste d'adhésion est couverte de signatures. — Le 20, les journaux de l'Opposition rendent compte de cette réunion et de ses décisions, et font appel au calme de la population. — Quelques députés conservateurs tentent de nouveaux efforts de conciliation; le roi, MM. Guizot et Hébert les repoussent; M. Duchâtel les admet et entraîne à son avis la majorité du conseil; en conséquence, le ministère charge MM. de Morny et Vitet de négocier, et l'Opposition nomme pour la représenter MM. de Malleville, Duvergier de Hauranne et Berger; conventions réciproquement consenties, l'honneur de l'Opposition sera sauvegardé par le maintien de la démonstration; le banquet n'aura pas lieu et la question sera soumise aux tribunaux. — Aveu de M. Flocon sur la détresse du journal *la Réforme*. — Les radicaux exclusifs se réunissent à la coalition réformiste; M. Ledru-Rollin assistera au banquet. — M. Louis Blanc obtient de M. O. Barrot que, lors de la démonstration, les ouvriers occuperont une place spéciale dans le cortége. — Accord avec les Écoles. — La condition d'une manifestation pacifique et solennelle est acceptée par tous; les départements envoient leurs adhésions et leurs félicitations. — Au cortége, les gardes nationaux porteront-ils leurs sabres? — Le ministère donne des ordres conformes aux conventions arrêtées. — Le 21, les journaux donnent communication du programme de la manifestation. — Programme. 173

CHAPITRE SEPTIÈME.

Sensation produite par le programme; le ministère y voit une usurpation de pouvoir; il rompt les conventions; MM. de Morny et Vitet se rendent chez M. O. Barrot pour le prévenir de cette rupture; M. Duvergier de Hauranne leur remet une note à publier, rectification de ce programme; le ministère refuse cette réparation; M. de Morny redoute la garde nationale; le général Jacqueminot dit qu'il en répond; M. de Morny demande à dégager sa parole de tous ces pourparlers et réclame une proclamation; M. Duchâtel l'autorise à la faire; elle est publiée le soir même. — Les ministres se rendent chez le roi, fort satisfait de cette rupture. — Conversation de MM. d'Houdetot et Garnier-Pagès. — Paroles du roi à M. de Rambuteau, à M. Duchâtel : on ne le surprendra pas. — Le ministère décide que, la manifestation étant menaçante, il tolérera le banquet si l'on s'y rend individuellement, mais qu'il dispersera tout cortége; il fait donner des ordres conformes à cette résolution. — Le général Tiburce Sébastiani convoque les généraux et les colonels de l'armée de Paris; il leur communique les décisions du gouvernement et leur fait donner lecture d'un plan de bataille, en vue d'une lutte dans Paris; ces communications reçoivent un froid accueil. — Préparatifs du préfet de police. — Préparatifs du peuple pour la manifestation. — Séance à la Chambre des députés : M. O. Barrot interpelle le ministère; vif débat avec M. Duchâtel; fautes réciproques des deux orateurs. — Après la séance, réunion chez M. O. Barrot; discussion animée; l'ajournement du banquet est adopté. — Proclamations, affiches, ordonnances du gouvernement. — Le soir, réunion, chez M. O. Barrot, des membres de la Commission générale, des délégués du Comité central, de ceux du douzième arrondissement et des journalistes : à la démonstration du cortége et du banquet on substitue un acte d'accusation contre le ministère. — Notes de MM. Thiers et Vivien, de la Commission générale, du Comité électoral du deuxième arrondissement. — Réunion chez M. Perrée, au *Siècle* : les députés y envoient deux députations; irritation contre eux; proposition de M. Perrée; la garde nationale, convoquée par le gouvernement, fera la manifestation. — Réunions aux bureaux de *la Réforme* : elle recule devant l'initiative de la bataille; note de M. Flocon; ajournement d'une prise d'armes. — Le comité des Écoles annonce l'abstention aux étudiants. — Les Sociétés secrètes n'agiront pas. — La Révolution de 1848 n'est pas sortie d'un complot. — A la nouvelle de ces résolutions de toute l'Opposition, les ministres de l'intérieur et de la guerre donnent contre-ordre à la convocation de la garde nationale et de l'armée. — Abandon de la lutte par les deux parties. — Triomphe aux Tuileries. — Le peuple se réserve son acte de souveraineté. . 207

CHAPITRE HUITIÈME.

Mardi 22 février. — On défait les préparatifs du banquet; les commissaires de police et les gardes municipaux quittent le terrain du banquet; les officiers d'état-major de la garde nationale rentrent chez eux.—Dans le quartier des Écoles, agitation : une colonne de jeunes gens et d'ouvriers se forme sur la place du Panthéon ; elle se met en marche, arrive place de la Concorde et envahit la Chambre des députés ; elle se retire sur de simples observations. — Le préfet de police et le ministre de l'intérieur sont avertis. — Mot du roi à M. Horace Vernet. — Rédaction de l'acte d'accusation contre le ministère, chez M. O. Barrot.— Une partie de la colonne des étudiants se rend chez M. O. Barrot ; une autre partie entame la lutte avec les soldats du poste de Montreuil et la soutient contre les renforts qui surviennent. — Lutte sur la place de la Madeleine et au ministère des affaires étrangères. — Les étudiants rentrent dans leur quartier, font une tentative sur l'École polytechnique et se dispersent. — Première tentative de barricade. — Luttes dans la rue de Rivoli et ses environs, aux Champs-Élysées. — Irritation mutuelle et croissante du peuple et de la garde municipale ; le peuple crie : « Vive la ligne ! A bas la garde municipale ! » — Accueil du peuple aux députés qui se rendent à la Chambre. — Séance : M. O. Barrot dépose l'acte d'accusation ; dédain de M. Guizot. — Chambre des pairs : incident Boissy. — Trois députés de Paris se rendent chez le préfet de la Seine ; aigres paroles de M. de Rambuteau. — L'agitation de la rue augmente ; le peuple s'empare des armes chez les armuriers.— On ne voit nulle part la direction gouvernementale ; ce n'est que le soir que la ville est occupée militairement. — Exposé du plan stratégique de Paris ; sa faiblesse. — Dénombrement des troupes ; leur mauvais commandement est compliqué par la nomination de M. le duc de Nemours à la direction supérieure ; leur distribution sur les points stratégiques. — Annulation de la garde nationale.— Mouvements aux barrières ; premiers coups de feu ; premières victimes. — Scène aux Tuileries, entre un chef de bataillon de la garde nationale et la famille royale. — M. le duc de Nemours : il tient conseil avec les ministres ; singulière coïncidence. — Sécurité du préfet de police.— Tranquillité du gouvernement. — Expectative de l'Opposition. — Les troupes reçoivent l'ordre de rentrer dans leurs casernes. — Le gouvernement est maître de la ville. 252

CHAPITRE NEUVIÈME.

23 février : Le matin, les troupes reprennent leurs positions ; le commandement est concentré en un seul point. — La lutte commence dans les rues étroites du cinquième arrondissement ; carrefour de la rue Neuve-Bourg-l'Abbé ; marché Saint-Martin ; la place du Châtelet ; barricades des rues Rambuteau et Beaubourg ; rue des Filles-du-Calvaire. — La lutte s'étend. — Prise du poste de la rue Mauconseil. — Garde nationale : ses sentiments ; ses manifestations diverses ; 1re légion, injures aux députés de l'Opposition ; 2e légion, échange avec la ligne du cri « *Vive la réforme!* » poussé jusque sous le châ-

teau des Tuileries; 3e légion, croise la baïonnette contre les cuirassiers; 4e légion, porte à la Chambre des députés une pétition qui demande le renvoi du ministère et sa mise en accusation; un bataillon de la 10e lui barre le passage au pont de la Concorde; imminence d'un conflit; heureuse intervention des députés de l'Opposition; 5e légion, intervient entre le peuple et les gardes municipaux du faubourg Saint-Martin, qu'elle fait rentrer dans leur caserne; 6e légion, engagée de sympathie ou d'action dans le mouvement réformiste; 7e légion, un garde national est tué en s'interposant entre le peuple et la troupe; démarche des officiers auprès du préfet de la Seine; 8e légion, les gardes nationaux du parti de l'Opposition ne paraissent que le soir; 9e légion, reste inactive dans ses cantonnements; 10e légion, sa division en conservateurs et libéraux; protestation d'un bataillon contre son colonel; 11e légion, colloque entre un officier de la ligne et un officier de la garde nationale; 12e légion, n'est convoquée qu'après toutes les autres, par défiance de son esprit démocratique; garde nationale à cheval, déclare à son colonel la nécessité des concessions. — De toutes parts les avis parviennent au roi sur les dispositions de la garde nationale; il en est ébranlé. — MM. Guizot et Duchâtel aux Tuileries; leurs démissions, offertes ou demandées. — Séance de la Chambre des députés : discussion sur le privilége de la Banque de Bordeaux; panique; incident de la 4e légion; interpellations de M. Vavin sur la situation; M. Guizot annonce que le roi a fait appeler M. Molé pour composer un nouveau Cabinet; violente agitation; pour le lendemain, ordre du jour pur et simple. — Séance de la Chambre des pairs : interpellations de MM. d'Alton-Shée et de Boissy; la Chambre ne veut pas les entendre; discussion sur le régime hypothécaire et l'expropriation forcée dans les colonies d'Amérique; son renvoi au lendemain, pour entendre M. le ministre de la marine, indisposé; la séance est levée. — C'est la dernière séance de la Chambre des pairs. 293

CHAPITRE DIXIÈME.

La chute de M. Guizot détend la situation; joie dans Paris. — M. Molé suffit-il aux réformes demandées? L'Opposition ne le croit pas; elle en a les preuves dans l'effet produit par la nouvelle de ce changement de ministère.—Situation ambiguë : le gouvernement laisse les troupes l'arme au bras, à leurs postes; ne donne aucun ordre nouveau; laisse sans instructions les préfets de la Seine et de police, l'État-major de la garde nationale, les chefs de corps, et ne dit pas un mot au peuple ni à la garde nationale; dangers de cette situation. — Délivrance des prisonniers. — Scènes dramatiques de la rue Bourg-l'Abbé. — Incidents de troupes : à l'Entrepôt des vins; au Conservatoire des arts et métiers; à la préfecture de police. — M. Molé est mandé aux Tuileries; au sortir de chez lui, un rassemblement arrête sa voiture pour une barricade; son entrevue avec le roi. — Les ministres viennent remettre au roi leurs démissions. — Dîners aux Tuileries, à l'État-major de la garde nationale, au ministère de l'intérieur.—Tentatives de M. Molé près de MM. de Rémusat, Dufaure, Passy, Billault et Thiers; réponse de M. Thiers.—M. Molé se rend chez M. de Rémusat; mot de M. de Rémusat. — M. Molé va trouver M. Thiers; leur conférence.—Affluence chez M. O. Barrot : délibération sur la conduite à tenir; interruption par l'arrivée d'une colonne de peuple, qui est introduite dans la cour; paroles de MM. O. Barrot et Garnier-Pagès; la foule se retire; la discussion est reprise; nouvelle interruption par le bruit d'une décharge : c'est celle du boulevard des Capucines, devant le ministère des affaires étrangères; causes qui l'ont occasionnée : dispositions défensives de l'hôtel; formation d'une colonne de gardes nationaux et de peuple, place Royale, devant la mairie du huitième arrondissement; sa marche libre et pacifique à travers les troupes qui garnissent les boulevards; elle s'arrête aux bureaux du *National*, où M. Marrast lui adresse quelques paroles; elle reprend son mouvement, arrive à la hauteur du ministère des affaires étrangères, se trouve en face des troupes qui barrent le passage; impuissance de s'arrêter ou de rétrograder; les soldats croisent la baïonnette; premier coup de feu; décharge générale; blessés et morts; horrible scène. — La vérité constatée sur l'heure et sur les lieux mêmes, témoignée par *le Moniteur*. — Un chariot enlève les cadavres; il les conduit au *National*; discours de M. Garnier-Pagès; le chariot reprend sa marche; il s'arrête à *la Réforme*; il arrive à la mairie du quatrième arrondissement, où il dépose les corps. — Sensation produite sur le roi, sur M. Molé, au ministère de l'intérieur, à l'État-major, chez M. O. Barrot, dans Paris. — Les préparatifs de la lutte sont repris; le combat recommence. 330

FIN DE LA TABLE DU TOME PREMIER.

www.ingramcontent.com/pod-product-compliance
Lightning Source LLC
Chambersburg PA
CBHW050419170426
43201CB00008B/471